高校语文教育教学研究

赵翠明　著

天津出版传媒集团
天津科学技术出版社

图书在版编目（CIP）数据

高校语文教育教学研究 / 赵翠明著. -- 天津 : 天津科学技术出版社, 2023.4

ISBN 978-7-5742-1113-1

Ⅰ. ①高… Ⅱ. ①赵… Ⅲ. ①大学语文课 - 教学研究 Ⅳ. ①H193

中国国家版本馆CIP数据核字(2023)第075272号

高校语文教育教学研究

GAOXIAO YUWEN JIAOYU JIAOXUE YANJIU

责任编辑：田　原

责任印制：兰　毅

出　　版：天津出版传媒集团
天津科学技术出版社

地　　址：天津市西康路35号

邮　　编：300051

电　　话：（022）23332377

网　　址：www.tjkjcbs.com.cn

发　　行：新华书店经销

印　　刷：石家庄汇展印刷有限公司

开本 710 × 1000　1/16　印张 15.5　字数 208 000

2023年4月第1版第1次印刷

定价：88.00元

前言

preface

作为高等学校的公共性教育课程，高校语文是语文教学过程中较为高级的一个阶段，也是高校较为重视的一门基础课程，旨在塑造大学生健全人格和提高其语言文字运用能力。在人类生活、学习和工作中，所有内容都与语文有着密切的联系。学习语文，特别是高校语文，既能循序渐进地提高学生的思维能力和创造力，又能培养学生的审美力和文字鉴赏力，另外还能提高学生的语言运用能力，进而丰富和充盈学生的精神世界，提升学生的情商，使之人格趋于完善。所以，高校语文教学的作用不容小觑。因此，关注和研究高校语文教育教学具有十分重要的现实意义，对于大学生综合素质的提升起着促进作用。

鉴于此，笔者撰写了《高校语文教育教学研究》一书，其理论意义和实践价值自是不言而喻。笔者在本书创作过程中，在内容编排上共设了八章，各章节内容如下。

第一章：笔者主要从语文教育的工具性、民族性、人文性、本质观四个角度入手，对语文教育的本质做出了明确的阐述，奠定了高校语文教育教学研究的理论基础。

第二章：笔者主要从母语高等教育的主要渠道、传承中华优秀文化的重要平台两方面入手，详细地介绍了高校语文教学的功能。同时，对高校语文的教学目标展开了多维度分析，为高校语文教学的有效实施奠定了坚实的理论基础。

第三章：在本章论述中，笔者全方位、系统、综合地分析了高校语文课程的概念，对高校语文课程进行了定位，强调了高校语文课程的地位和重要性。同时，阐述了高校语文课程价值的存在形式，并围绕如何更好地实现高校语文课程价值提出了几个有效路径，旨在促进高校语文课程价值的充分展现。

第四章：在本章的论述中，笔者主要从“阅读”素养、理论思维素养、以“立人”为核心的教育思想素养三个角度进行论述，分析了高校语文教育的素养观培养的具体策略，旨在不断提升高校语文教师的素养观。

第五章：在本章的论述中，笔者主要论述了高校语文教学的开展需要具备的基本技能，即教学准备技能、课堂教学技能、教学综合技能、教学研究技能，并注重讲解各个技能的重要性以及具体的应用策略。

第六章：在本章的论述中，笔者主要探讨了高校语文教学与中华优秀传统文化的融合，重点围绕两者融合的必要性、意义、创新途径三个角度展开论述，以促进高校语文教学质量的提升。

第七章：在本章的论述过程中，笔者主要对网络时代下高校语文教学的理论基础进行了梳理，并从多角度论述了互联网与高校语文教学的整合，最后对未来高校语文教学中的翻转课堂进行了探讨。

第八章：本章重点从有效教学模式、和谐课堂教学模式、生态课堂教学模式三个方面入手，阐述了高校语文教学模式的创新路径，旨在探索更加高效、先进的高校语文教学模式，促进高校语文教学的高质量发展。

由于笔者知识和水平有限，书中错漏之处在所难免，恳请各位领导、专家、教师同行及阅读本书的朋友们多提宝贵意见，以便我们不断改进与完善。

目 录

contents

第一章　语文教育的本质

第一节　语文教育的工具性

语文教育具有教学语言和使用语言教学两方面的含义。语文是人类重要的交际工具和思维工具，是中华文化的基因和根脉，工具性是语文教育的基本特点。强化语言训练是语文教学的天然使命，换言之，脱离语言工具性特点的语文教育并非真正意义上的语文教育。语文教育致力于系统地教授语言文字，逐步提升学生正确运用语言的能力，激发学生的想象力、创造力、观察力和思维能力，让学生了解祖国语言的博大精深，培养学生对祖国语言的热爱之情。语文教育的工具性主要体现在两方面，即语言本身的工具性和语文学科的工具性。

一、语言本身的工具性

语言既不是自然现象，也不是个人现象，而是一种特殊的社会现象。语言和人类社会息息相关，它不仅依附于社会而存在和发展，还是社会必不可少的组成部分，是社会进步和发展的重要推动力量。语言是人类社会特有的一种符号系统，人与人之间、人与社会之间的联系需要以语言为媒介，在语言的支撑下，生活在同一或相邻区域的社会成员才能共同生产、生活，并分享生产、生活的经验。因此，语言和社会之间存在着相互依存、相互制约、相互推动、相互影响的关系，语言是人类生产和生活非常重要的工具。而语言的工具性的本质主要表现在以下三方面，如图 1–1 所示。

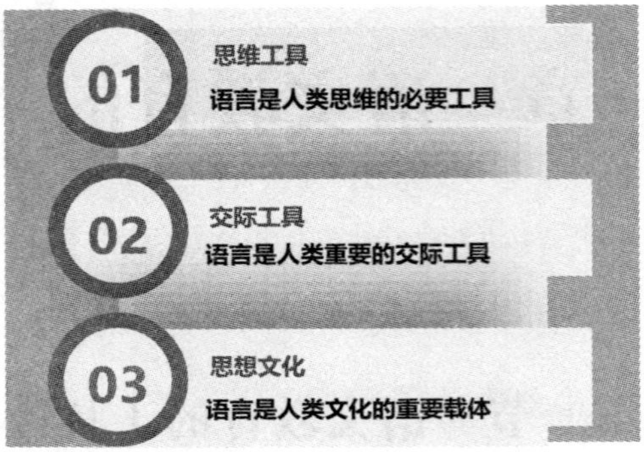

图 1–1　语言的工具性的本质表现

（一）语言是人类思维的必要工具

语言作为人类基本的传播手段，是人类通过劳动创造的，具有沟通交流、传递信息的功能。而思维作为人脑的技能，是人脑对客观事物本质和规律的反映。语言和思维是两种相对独立的现象，但思维过程的推进离不开语言这一辅助性工具，语言是思维存在和发展的必要因素，所以两者形影相随、密不可分。苏联生理学家、心理学家伊凡·彼德罗维奇·巴甫洛夫（Ivan Petrovich Pavlov）提出，语言在人脑反映外部现实的生理机制中，承担着第二信号系统的职能。① 思维则是以抽象的形式对外部现实进行间接、概括地反映，而语言是思维活动进行的必要工具。脱离语言的间接、概括的思维活动不可能顺利推进。语言是思维的载体和

① 巴甫洛夫．高级神经活动杂志译丛：第一专辑 [M]. 北京：人民卫生出版社，1955：92–103.

外壳，是思维存在的形式，简明、生动、得体、连贯、准确的语言，对于思维的发展具有重要作用。思维成果依靠语言得到了有效的记录，思维的明晰化、条理化和层次化又对语言的简明性、生动性、得体性、连贯性、准确性具有直接影响。语言不仅是思维成果的表达载体和传播载体，又能促进思维在原有基础上得到进一步的提升。

马克思认为，语言是思维本身的要素。[①] 从某种意义上来看，个体的语言发展水平代表着其思维发展水平。语言和思维是相互依赖、相互作用的，语言的发展能够促进思维的发展，思维的发展又反作用于语言的发展。思维敏捷、活跃、开放，语言自然流畅、丰富、灵活；思维迟钝、呆板、保守，语言也就凝滞、单调、僵硬；思维严谨缜密，语言就会清晰准确；思维混沌模糊，语言也就表达不清。

（二）语言是人类重要的交际工具

德国哲学家卡西尔（Cassirer）提出，人类在生命伊始就具备了一定的语言能力，语言与人类智力发展的每一步紧依为伴。[②] 语言在时间的陀螺中无处不在，人类栖居于语言的世界中，音乐、舞蹈、绘画均属于语言，人们时刻能够感受到语言的色彩和魅力，语言是无可替代的。人类说和写的目的都在于传递思想、人际交往，而人类在说和写的过程中所应用的语言就是传递思想、人际交往的工具。

语言是获取、储存、转换、传播信息的有力手段。在生活、工作和学习中，人类借助语言工具表达自己的思想，也能利用语言工具实现对他人思想的理解。对于社会全体成员而言，语言是统一的、共同的，无论地位、学养、身份的高低，每个人都必须遵守社会的语言习惯，任何人都不能垄断。与此同时，人们在语言的应用中又呈现出差异化的风格，

① 马克思，恩格斯．马克思恩格斯选集：第一卷[M]．中共中央马克思恩格斯列宁斯大林著作编译局，译．北京：人民出版社，1966：80-82.

② 卡西尔．语言与神话[M]．于晓，译．北京：生活·读书·新知三联书店，1988：29-30.

比如，从遣词造句角度来看，普通人和学界巨擘之间存在着显而易见的差异；在私人场合和社交场合两种不同的场合中，人们的说话用语必定有所区别，但都需要遵循语言的基本规则。又比如，通俗易懂的相声艺术深受人们的喜爱，它的语言表达方式与说书艺术有所不同，也区别于其他文艺作品，它的突出优势在于语言精练、幽默含蓄、耐人寻味，但又没有偏离人们日常生活中共同遵循的语言规则。因此，虽然相声艺术在语言表达上突破了常规，但并未对受众的理解造成不利影响。

众所周知，人类在人际交往中惯用的工具是语言，但不拘泥于语言，除此之外，肢体动作、文字、数学符号、化学公式、红绿灯、电报代码等都是人们使用频率较高的交际工具。但肢体动作、文字、数字符号等都是以语言为基础的具有辅助作用的交际工具。如文字具有记录语言的功能，借助文字能够使语言交际突破时间和空间的制约，但文字在交际活动中所发挥的作用要远远落后于语言，毕竟社会的发展可以没有文字，但绝不能没有语言，没有语言的社会将无法生存和发展。总之，与其他交际工具相比，语言才是人类社会必不可少的、与人类社会方方面面联系密切、实现思想感情深层次交流的交际工具。

（三）语言是人类文化的重要载体

文化蕴含着丰富多彩的内容，主要包括历史、地理、生产、生活、习惯、信仰等。语言自形成的那一刻起，就具有特定的内容和形式，同样的语言有着不一样的意义，暗示了语言与现实世界、人类社会和思维之间存在着相互依存的关系。每一个民族的语言都是本民族思想和文化的承载体。无论是哪个民族的文化都是经过长期历史发展所积淀的，体现了该民族各个方面的特征，如生活习俗、劳动创造、共同观念、价值取向、艺术成就等。因此，语言载体观也能被理解成：语言对文化来说是一种具有“装载”功能的工具。

二、语文学科的工具性

传统语文教学相比于其他学科，具有更加悠久的历史。语言的形成建立在人类大脑和声带发育的基础之上，语言的产生与发展为人类群居提供了便捷条件，而群居则构成了人类社会。人类社会的进步和发展需要共同的交际语，即口头语，但口头语的不足在于缺乏时间上的留存性和空间上的延展性，无法满足人类社会的发展需要，于是书面文应运而生。在口头语阶段，人们以口耳相传为传承语言的主要形式，随着书面文的产生，书面文则需要依赖教育传承语言，这样一来就促成了语文教育的产生和发展。1949 年，中华人民共和国正式成立，中国的政治、经济、文化、教育等各方面都踏上了新征程，与上层建筑息息相关的语文教育也需要紧跟社会发展步伐，积极探索创新发展的新道路。同年，担任华北人民政府教科书编审委员会主任的叶圣陶先生提出了“语文”概念，同时明确指出口头为“语”、书面为“文”。① 语言是文字、文章、文学产生和发展的基础，这揭示着语文作为一门以语言的学习和运用为主要内容的学科，主要任务在于传授基本的语文知识和人类生存发展所需的语文技能。语文学科的工具性主要表现在以下三方面，如图 1-2 所示。

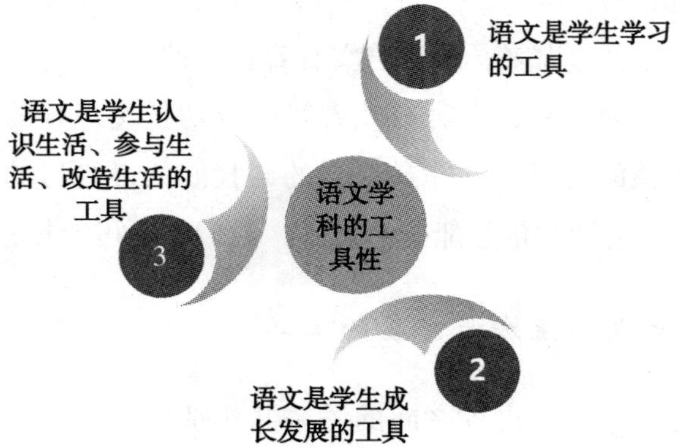

图 1-2　语文学科的工具性的本质表现

① 叶圣陶 . 叶圣陶语文教育论集 [M]. 北京：教育科学出版社，2021：138.

（一）语文是学生学习的工具

无论哪一门学科课程的内容，均开始于识字，均离不开写字、阅读、口语表达的基本功，均离不开思维活动，而且均以语文为表现形式，所以，语文是学生学好其他学科的基础和获取知识的工具。这与叶圣陶先生所说的“语文是工具。自然科学方面的天文、地理、生物、数、物、化，社会科学方面的文、史、哲、经，表达和交流都要使用这个工具”① 有异曲同工之妙。任何课程的学习都需要以语文为支撑，它们不仅需要以语文的形式展示其内容，以语言文字的形式实施教学，还需要以语文的形式展示出学习成果。无论是学习笔记、学习心得的撰写，还是研究成果的总结与概括，抑或是毕业设计、毕业论文的完成，离开语文都将是海市蜃楼、空中楼阁。特别是理工科学生在撰写实验报告、制定计划方案、完成工作总结时，叙事说理、表意抒情都需要借助语文来实现，而且如果学生不具备良好的归纳和总结能力，这将会抑制其科研和技术方面的发展。古人有云：“言之无文，行而不远”②，意思是如果语言达不到一定的文化水平，就无法流传很远。因此，要想有效地记录自己的所学所思，并使其更长久地流传下去，单纯地用语言进行表达是不够的，还要保证表达准确、鲜明、生动，否则就可能“行而不远”。而有效表达出来，以及充分表达出来，都与语文有着密切的关系。

语文如同一艘航船，它可以载着我们成功抵达理想的彼岸，但船仅仅是我们所依赖的工具，并非最终目的，我们的最终目的是抵达理想的彼岸。但倘若不借助和依赖船这一工具，我们将不可能抵达彼岸。

（二）语文是学生成长发展的工具

到现在为止，人与世界之间的关系共包括四种，分别为人与自然的

① 叶圣陶．叶圣陶语文教育论集［M］．北京：教育科学出版社，2021：150.

② 左丘明．春秋左传［M］．南京：江苏凤凰美术出版社，2018：248.

关系、人与外界社会的关系、人与内在自我的关系以及人与他人的关系。语文是人与世界之间这四种关系得以有效建立的重要工具，是人类全面了解自然、外界社会、自我和他人的认知工具。德国哲学家海德格尔（Heidegger）认为："世界存在于语言之中，语言是存在的家园。"[①] 缺乏语言的世界不是真正意义上的世界，人也就失去了容身之处。从这个角度来看，语言不仅是人类自立的根本，也是人类基本的存在方式。学生要想从懵懂无知蜕变为成熟睿智的社会成员，必须要坚持不懈地学习，继而不断丰富知识、增长才干，逐渐形成健全的人格，而此过程的实现无时无刻不用到语文这个工具。因此，教师有必要组织一系列语言实践活动，引导学生自主、积极地参与其中，进而积累更加丰富的语言经验，准确、全面地了解祖国语言文字的特点和运用规律，增强对祖国语言文字的理解、认同及热爱，逐步提高学生的语言文字应用能力。

（三）语文是学生认识生活、参与生活、改造生活的工具

通过语文学习获取知识和技能，是学生成长发展的内在需要，更是满足学生日常生活的现实需要。每个人都拥有属于自己的生活，学生亦是如此。学生是自身生活的主体，他们习惯于用自己特有的眼光认识周围的一切，通常会自觉、适时地调整与改变自己与周围环境的关系以实现高质量的生活，甚至还会特意利用自身的语言行为来改变自己和身边人的生活。而人们在认识、参与和改造生活的过程中，语言是他们频繁使用的工具，人们在生活中应用语文的同时，还会在日常生活中学习如何有效应用语文。

综上所述，语文学习与现实生活往往是如影随形的，以至于很难准确分辨出谁是目的、谁是工具。一直以来，语文教学的主要任务并不仅仅是学习和掌握语文工具，而是要正确使用语文工具以便更好地对生活进行认识、参与和改造。在具体的语文教学中，教师切不可只是将学生

① 海德格尔．在通向语言的途中[M]．孙周兴，译．北京：商务印书馆，2017：146.

视为语文训练的对象、语言文字训练的主体，而是应该引导学生成为自己生活的真正的主体，成为有意识地运用语文这一工具自觉、主动地生活的主体。大量事实证明，在听、说、读、写活动中，要想真正使学生的知识发生反复迁移和内化，学生应该学会有效地联系自己的生活，并将自身情感真正地融入其中，更好地思考和领会新知识。

第二节　语文教育的民族性

曾担任中央教育科学研究所所长的阎立钦指出，通常情况下，教育是对人们学习祖国语言具有指导意义的活动。[①] 语文课程的主要任务之一在于教会学生正确应用祖国语言文字。任何一个国家、任何一个民族都将语文课程、母语教育和民族传统文化教育摆在一个重要位置，究其原因，主要是增强下一代对本国、本民族语言和文化的认识和热爱之情。迄今为止，共有 1 400 余种已知语言得到了全世界语言学家的一致认可，汉语作为其中一种，属于仅次于印欧语系的世界第二大语系——汉藏语系，它以其独特的构形、语义、语音、语用、语法等，充分彰显着中华民族深厚的历史积淀，凝结着民族立场、民族情怀、民族精神，闪烁着中华文明灿烂夺目的光辉。汉语作为中华民族的第一语言，在几千年的历史长河中，渗透了中华民族的情感、态度、价值观，鲜明地打上了历史的、地域的、心理的烙印，在内容、形式、表达等方面都蕴含着浓厚的民族特性。而汉语浓厚的民族性又决定了语文教育的民族性。

一、汉语语音的民族性

汉语是中华民族的共同语，以“五四运动”为界限可以划分为古代汉语和现代汉语。古代汉语是五四运动前汉族人民使用的语言，主要包括书面语和口头语两种形式，由于口头语受到时间和空间的制约，所以

① 阎立钦．语文教育学引论 [M]. 北京：高等教育出版社，1996：14.

古代汉语只是指被有效记录的古代书面语，即古代文献语言。根据语音、语调和词汇、语法的规范程度，现代汉语又可以划分为普通话和方言。普通话作为中国的通用语言，其产生和发展建立在北方官话的基础之上，标准音是北京语音，基础方言是北方官话，以典范的现代白话文著作为语法规范。

不同语言的语言系统有所不同，不同语音的语音单位也存在差异。通常情况下，汉语语音的发展历史由四个时期构成，分别为上古、中古、近古和现代。上古音、中古音、近古音、现代音分别指的是先秦两汉时期的语音、六朝至唐宋时期的语音、元明清时期的语音、以现代普通话语音系统为代表的语音。普通话的语音系统是由诸多基本元素有机集合而成，主要有音节、声母、韵母、声调、儿化、变调、轻声等。其中，音节在汉语语音系统中占据着举足轻重的地位，是鉴别汉语语系和印欧语系的重要标志之一，更造就了汉语语音别具一格的特点。

（一）汉语是音乐性较强的语言

根据我国传统音韵学的语音分析方法——声韵调分析法，可以将音节划分为声母、韵母、声调三部分，如图 1–3 所示。声母是音节的起始部分，除零声母之外共有 21 个辅音声母，其中清音声母、浊音声母分别有 17 个、4 个。声带是否振动是区别浊辅音、清辅音的重要标志，清辅音在发音时声带不振动，送出去的气流不带音；浊辅音在发音时声带振动，送出去的气流带音。正是因为普通话音节中以清音为主，浊音比较少，故而带给我们一种奇妙的音乐美感。

韵母在音节中居于声母后方的位置，普通话中一共有 39 个韵母，按照韵母结构的不同，可以将韵母划分为单韵母、复韵母、鼻韵母三大类，每一类又能进一步细分为若干个小类。普通话的音节可能没有辅音声母，但一定有韵母，如“啊（C)”；同时，一个音节中可能没有辅音，但一定有元音，如“优（KQW)”。不难看出，元音在普通话音节中占据着绝对优势，以至于汉语音节中复元音所占比例最高。而元音属于乐音，是一种振幅有规律性的声音，故而我们在应用普通话说话、诵读的时候语音铿锵有力、余音袅袅、悦耳动听。

声调指的是语言音调高低起伏的变化，它是汉语音节所固有的，是贯通整个音节高低升降的语音变化形式。普通话共包含四个声调，分别为阴平、阳平、上声、去声，分别对应着 55、35、214、51 的调值（以读书音为标准，其他方音可能略有区别）。无论是普通话中哪一段语音流，通常是四个音调高低错落、疏密有致地铺排在一段音流上，而多次反复出现单个调值的音位。由此，语音就能形成抑扬顿挫的起伏变化，让人们听到之后感受到节奏分明、和谐悦耳的跌宕美。

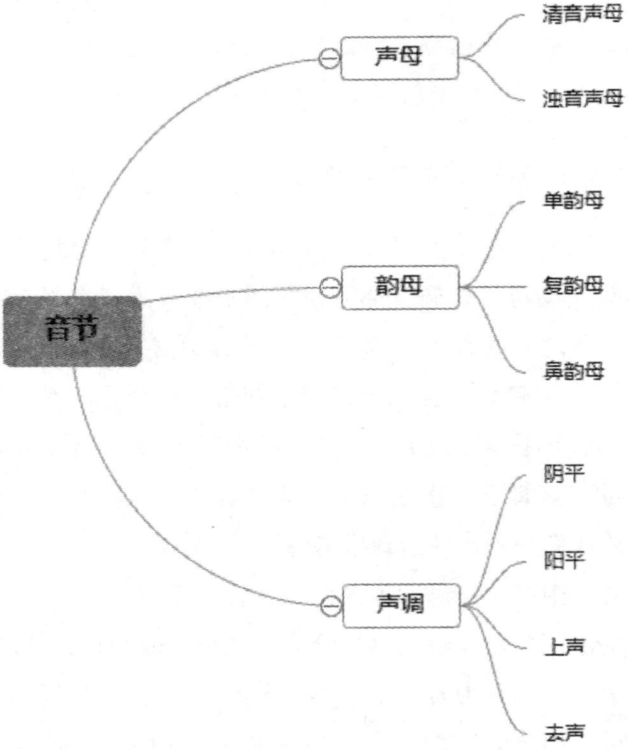

图 1–3　音节的划分

基于普通话语音的这些特点，我国的汉语成为世界上较为美妙、较为动听且具音乐美的语种。无论是古代的“蒹葭苍苍，白露为霜。所谓伊人，在水一方。(诗经《蒹葭》)”“天生我材必有用，千金散尽还复来。(李白《将进酒》)”“千呼万唤始出来，犹抱琵琶半遮面。(白居易《琵琶行》)”，还是现代的“轻轻的我走了，正如我轻轻的来，我轻轻的招手，作别西天的云彩。(徐志摩《再别康桥》)”“小时候，乡愁是一枚小小的邮票，我在这头，母亲在那头。长大后，乡愁是一张窄窄的船票，我在这头，新娘在那头。(余光中《乡愁》)”“盼望着，盼望着，东风来了，春天的脚步近了。一切都像刚睡醒的样子，欣欣然张开了眼。山朗润起来了，水涨起来了，太阳的脸红起来了。(朱自清《春》)”，读起来都朗朗上口、错落有致，极富音韵美。诗、词、曲、赋、散文都着眼于让语句如同飘浮的云、流动的水一般流畅，同时注重情景相生，追求意象、意蕴的融会贯通以及节律、音韵的纡徐委婉、灵动多变。

(二)汉语是双音节占优势的语言

通常来说，偶数音节的组合更容易使人产生一种协调匀称、自然和谐的感觉，诚如《文心雕龙》中所说：“偶语易安，奇字难适”。① 从总体来看，众所周知的成语以四字格形式的成语为主，这类成语具有鲜明的双音节化特征，从基本结构类型上看，四字格形式的成语与双音节词语基本一样，如崇山峻岭、惊天动地、循规蹈矩、南辕北辙、破釜沉舟、四面楚歌、千军万马等，这些成语几乎都是叠加了双音节，有条有理的整齐结构促使音律更加和谐，委婉含蓄的表意突出了庄重典雅的表达效果，呈现出语言丰富的内在美。

古往今来，人们惯用、倾向于双音节，究其原因，不仅是双音节化可以让汉语语音听起来更加和谐、整齐，更重要的是由人们思维方式和认知方式所决定的。中国人受到主客观因素的影响，主要包括地理位置、

① 刘勰．文心雕龙导读[M].芜湖：安徽师范大学出版社，2018：182.

自然环境、气候条件、审美趣味等，逐渐形成了偏爱协调适中、刚柔并济的审美心理。在中式建筑文化里，恢宏的宫殿、肃静的屋檐、端正的拱门，春节期间家家户户张贴的对联、剪纸画，这些随处可见的文化，都彰显着中华民族对统一、和谐、端庄、大气的审美追求。

二、汉语语法的民族性

语法指的是语言的结构规律，即词、短语、句子等语言单位的结构规律。它不仅是语言学的一个重要分支，还是语言学习的重要环节。任何一种语言都具有大致相同的语法范畴，如动词、名词，但共性（普遍性）无法取代个性（特殊性）。受历史、环境、文化等因素的影响，汉语语法和西洋语法之间不仅存在着相同之处，但各自也存在着的鲜明独特的民族特征。

（一）汉语语法具有强烈的主体意识

由于地理环境和生活方式的差异，中国和西方形成了两种不同的思维方式，西方强调周密、严谨的逻辑形式，中国则强调情志表现的心理特征和整体思想看世界的思维方式。中国人经常用感性、直观的方式对自己和世界进行认识和审视，这是一种具有宽泛性、开放性、灵活性特点的认知和思维方式，这不仅体现在中华民族人民的行为、姿态与风度上，还体现在语言上。在汉语的语法特性上的表现，便是“以神统形”“以意得言”。

印欧语言语法意义的表现形式以直接外显、多样形态变化为主，汉语则不同，汉语与思维相互关联，是思维主体化的产物，它的表现形式以词语顺序或者上下文情境为主，它主要借助于虚词和语序的变化来表示语法意义。语序不同，语义也不尽相同。比如，“老师关心学生”换成“学生关心老师”，意思就会发生改变。句意的改变仅仅通过“老师”和“学生”的位置互换。倘若增加一个虚词，如“也”，就可以保证前后两个句子的统一性、连贯性，即“老师关心学生，学生也关心老师”。同时，改变词语顺序不仅会改变语意的轻重和强弱，还会导致整个句式发生变化，所以表达的意思也会有所改变。如相同的三个语素“不”“怕”“热”，按照不同的词语顺序，能够搭配出三个表意不同的语法结构，即不怕热、怕不热、热不怕，语意重心也有所不同。另外，虚词不同，意义也有所差异，如“老师和同学去”和“老师或同学去”的意思截然不同。

（二）汉语语法结构具有超简性、灵活性

《诗经》有云：“七月在野，八月在宇，九月在户，十月蟋蟀入我床下”[①]；《孙子兵法》有云：“知彼知己者，百战不殆”[②]，前者省略了主语，后者省略了虚词。这都有力地说明了汉语强调意合、追求简约的特点，这与注重严格数、格等形态变化的印欧语系语言有所不同。汉语省略句以跳跃式结构居多，在词语搭配、构词方式以及词类功能等方面具有较强的灵活性，这充分体现出汉语句法结构的自然、轻松、流畅、易懂的特点，句子成分有着突出的相对独立性，但这种省略方式在语言实践中被人们普遍接受并得到广泛运用。

这种情况的出现主要有两点原因，一是受到中华民族传统思维模式的影响，二是中华民族文化在句式和事理之间调节造成的，属于一种意合的程序。以“林教头风雪山神庙”为例，如果采用一般的句法逻辑分析，就会难以对这种组合方式做出合理的解释，但受到整体看世界的思维方式的影响，词语根据意会便能自由组合，在某些情况下，相同的语义成分能够处于不一样的句法位置，如“小明比小红跑得快”和“小明跑得比小红快”能够实现互相转换。

中华民族习惯于以简驭繁，这一特点在汉语的语词单位上具有十分

① 孔丘，等．诗经[M]．杨允，编译．沈阳：万卷出版公司，2018：131.

② 孙武．孙子兵法[M]．思履，注译．北京：民主与建设出版社，2021：35.

明显的表现。因为崇尚简约，所以通常没有对汉语语词单位的性质和大小做出严格、具体的规范，既能有常有变，也能可常可变，又能根据上下文声气、逻辑环境进行随意运用。如交际语“给我打电话”也能转变成“电话我”；副词和名词搭配而成的“很中国”“很雷锋”“很规律”“很青春”等，在意会组合中形成通俗易懂且极具意蕴丰厚的词汇，充分彰显出汉语的开放性和张力。

三、汉语文字的民族性

文字是一个民族的社会文明发展到一定历史阶段的产物。为了更好地适应生活环境，每个民族都会形成一套专属于自己的生活方式和生活观念，而每个民族的生活习性、思维方式以及价值观，不仅是该民族的独特性所在，还是该民族文化的核心内容，与该民族的文字存在着十分密切的相关关系。汉语文字的民族性主要表现在以下三个方面，如图 1–4 所示。

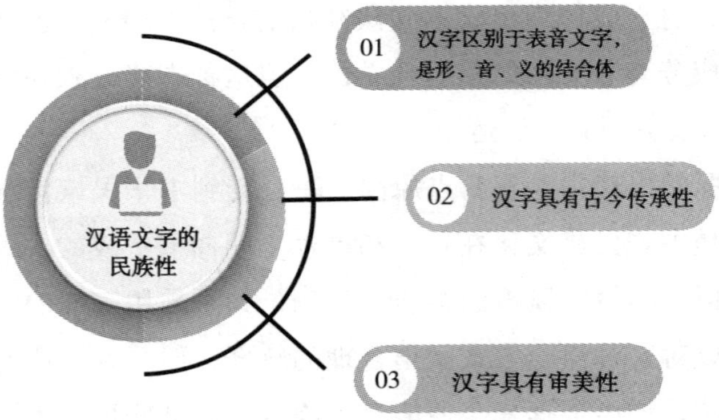

图 1–4　汉语文字的民族性本质表现

（一）汉字区别于表音文字，是形、音、义的结合体

拼音文字中汉字的拼写是对语言符号、语音面貌的反映，根据字母的拼法就可以准确读出字音。与拼音文字做比较会发现，以方块构形的

汉字具有以形表意的特点，通常可以根据其“形”知晓其“义”，甚至可以说每个汉字都讲述着一个故事，都蕴藏着深刻、丰富的文化信息，因为文字中往往融入了中国人对内在自我和外部世界的认识及道德标准。

汉字不仅“义”存于“声”，还“义”寄于“形”，以文字的平面性为突破口不断创新，将形、音、义等信息汇于一个小方块当中。从结构层面来看，与一般的表音文字相比，汉字增加了一个“形”，而“形”的出现是中华民族“盈天地之间者，唯万物”的传统思维方式使然，即事物是所有运动的主体，所有运动皆肇始于事物，逐渐形成了“观物取象”的直觉思维习惯。由此可见，中华民族对物象所持态度具有诗性、艺术性的特征。

另外，中华民族还习惯于根据已有经验对事物进行整体把握，通过具体、可感知、直观的形态呈现出抽象概念，在此过程中不需要进行抽象分析和逻辑推理，如抽象名词、形容词、方位词。以“左”“右”这两个方位词为例，不能以实物进行取象，不能直接借助本质特征进行说明，此时就可以通过形象譬喻，借助人的左手和右手来表示方位。

（二）汉字具有古今传承性

在几千年的漫长岁月中，人类创建了诸多独立发展的古老文字体系，其中极具影响力且被人熟知的主要有中国汉字、玛雅文字、古埃及象形文字以及巴比伦文字等，这些文字有一个共同之处，即均来自以图画式的表意符号为主体的文字体系。但随着历史车轮的不断前进，越来越多的古老文字体系或是消失，或是被拼音文字所代替，而由于中华文明生生不息、延绵不断，再加之中华民族已经相对固化的具象思维特征，汉字才能一直保持着原始的表意符号的基本格局。

字母文字以读音为基础，不同语言会随着时间的推移逐渐产生不同类型的文字。而中国的象形文字却大相径庭，它可以打破语音的限制，成为不同时代、不同地区的居民之间交往、交流的桥梁和纽带。时代在不断变迁，汉语在持续发展，但对汉语有记录作用的汉字却自古至今始终坚定，在交流与传播中一直是中华民族的共同语言。

（三）汉字具有审美性

汉语是一种具有艺术审美价值的语言，汉字是一种具有艺术审美价值的文字。汉字的造字是基于象形之上的，象形指的是根据物体的形象描绘而成文字的造字方法，甲骨文中存在着很多常见的象形字，主要有手、牙、象、目、耳、牛、羊、影、彩等，透过字形的外在表现，我们能够深刻感知到古代贤人对事物的敏锐的观察力、高度的概括力以及丰富的想象力，洞悉古代贤人的聪明智慧和才华禀赋。与众不同的认知方式使得汉字在滥觞时期就被融入了艺术的基因和审美的特性。

在中国五千多年漫长的文明进程中，汉字扮演着思想交流、文化传承的“载体”角色。汉字不仅发挥着不可替代的社会作用，还因其具有较强的抽象化的特征，使得人们在汉字书写过程中追求点画排布合理，结构疏朗大方，虚与实相互渗透、相互转化，笔势和谐畅达，所以汉字被赋予了造型表象的艺术特点，在点画的参差有致、均衡匀称中，汉字书写逐渐形成了具有意蕴美和形态美的造型艺术，即汉字书法。汉字不仅是中华民族一笔巨大的精神财富，还在世界文字丛林中独树一帜。诚如中国哲学家、美学大师、诗人宗白华所说的那样：“中国人的这支笔，开始于一画，界破了空虚，留下了笔迹，既流出了人心之美，也流出了万象之美。”①

第三节　语文教育的人文性

总的来说，教育的终极目标在于立德树人，教育是一个塑造灵魂、抚慰人心的工作，肩负着培养完整人格、完美人性的重要任务，努力使

① 宗白华．美学散步[M].上海：上海人民出版社，2005：291.

受教育者的人生实现“增值”。爱尔兰诗人叶芝（Yeats）曾说：“教育不是注满一桶水，而是点燃一把火。”[①] 学校并不只是知识的摇篮，更应该是文明的“发源地”；教师并不只是传授知识的教书匠，还是弘道、树人的能者，努力做精于“传道授业解惑”的“经师”和“人师”的统一者。人文教育主要是为了将学生培养成全面发展的真正的“人”，这一目的应该贯穿于所有课程教学的全过程。但在所有课程当中，能够充分实现育人功能、直面永恒生命意义的非语文课程莫属，原因就在于语文教育不仅能提高学生的语文素养和语言能力，还属于人文教育、精神教育的一种，侧重于开发学生的心智潜能、培养学生积极的心理品质、启迪学生灵魂。本节将主要围绕语文教育的人文性本质展开叙述，如图 1–5 所示。

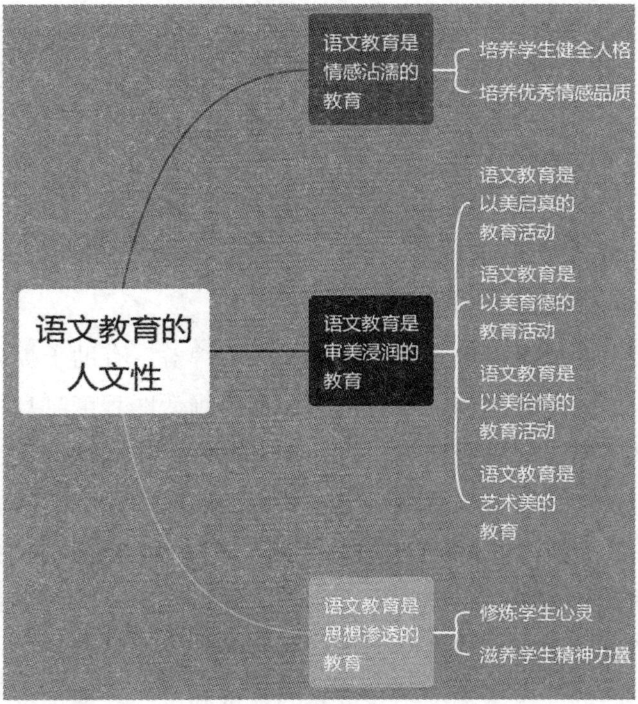

图 1–5　语文教育人文性的本质表现

① 叶芝．叶芝诗选 [M]．徐阳，注．北京：中国宇航出版社，2019：121.

一、语文教育是情感沾濡的教育

教育的根本目的在于促进人的全面发展，而人的全面发展与人的情感发展有一定的相关性。情感是影响一个人人格发展的关键因素，良好的情感品质，能够全方位促进一个人智商、情商及人格的发展。而从某种意义上来看，良好情感品质的形成需要依赖情感教育，原因就在于情感教育注重将学生的情感提升至一个新的高度，注重将学生的情绪机制调节至最佳状态，终极目标是培养学生健全的人格。

语文学科拥有丰富多样、优质宝贵的情感教育资源，这是由语文学科人文性的本质属性决定的，在任何一个阶段的语文教材中，所有的文章都是精挑细选出来的经典之作，都是当之无愧的范文，折射出作者在某一特定时期的内心情感。正如孟郊借助《登科后》淋漓尽致地表达了自己进士及第之后的喜悦之情，杜甫借助《闻官军收河南河北》抒发了自己即将还乡的喜悦之情，朱熹借助《春日》表达了自己对于春天的喜爱之情，李清照借助《夏日绝句》表达了自己深深的爱国之情，这些文章都是作者真情实感的流露。作者在作品的构思、创作中，赋予了作品独特、美好的情感魅力。

积极向上的情绪对于人灵感的触发大有裨益，有助于提高人思维的敏捷性。人的情绪状态与其自身的认知和思维活跃程度息息相关，人的情感体验越丰富，思维越活越，越能拥有良好愉悦的情绪。这与苏霍姆林斯基所说的“只有当情感的血液在知识的肌体中欢腾跳跃的时候，知识才会融入人的精神世界”[①] 有共通之处。语文教育的重要任务之一就是增强学生的情感体验，引导学生进一步品味情感。语文教育实践能够使学生从多角度、多层次地感受人类的各种感情，包括亲情、友情、爱情等，获取更多的人生乐趣，感知世界的神奇和美好，进一步充盈和发展

---

① 苏霍姆林斯基．把整颗心献给孩子[M].王丽娟，译．武汉：长江文艺出版社，2021：200-208.

其情感世界，养成自觉抵制、摒弃丑的、恶的情感态度，养成优秀的情感品质，加强学生思想建设，使之明确自己的时代责任，逐渐形成良好的世界观、人生观、价值观，激发学生为中国特色社会主义事业的建设而奋发图强的内驱力。

二、语文教育是审美浸润的教育

党的二十大报告指出："明确我国社会主要矛盾是人民日益增长的美好生活需要和不平衡不充分的发展之间的矛盾，并紧紧围绕这个社会主要矛盾推进各项工作，不断丰富和发展人类文明新形态。"近些年来，人们的物质生活水平持续改善，人们对精神生活也提出了更高标准的要求。审美一般被理解为超功利，审美教育具有超功利性的特点，其主要目的在于造就全人类，通过一系列人文教育活动以实现对学生情感的解放、视野的拓展，促进人的自由、全面发展。语文教育作为审美教育的重要组成部分，由于其本身拥有极其丰富的美的元素，所以相比于其他学科，它对于学生情感的丰富、人格的完善等具有显著优势。

（一）语文教育是以美启真的教育活动

语文教育的一个重要目标是培养学生发现美、鉴赏美以及创造美的能力，陶冶学生高尚的审美情操，引导学生在感受自然美和社会美的过程中懂得人生真谛。比如，通过对自然景观美的作品进行欣赏，在感叹大自然绝妙之作和魅力无限的同时，也能感受到人与自然和谐共生之美。诸如白居易通过"野火烧不尽，春风吹又生"赞美了野草顽强的生命力；李白笔下"飞流直下三千尺，疑是银河落九天"再现了壮观、雄伟的瀑布，又通过"黄河之水天上来，奔流到海不复回"描绘了汹涌奔腾的黄河之水；杨万里通过"接天莲叶无穷碧，映日荷花别样红"赞美了青翠碧绿的荷叶和娇艳明丽的荷花；晏殊通过"小园香径独徘徊"描绘了花香弥漫的园中小路；杜甫通过"会当凌绝顶，一览众山小"赞美了泰山高大巍峨的气势和神奇秀丽的景色；贺知章通过“不知细叶谁裁出，二月春风似剪刀”赞美了柳树美丽的姿态。

除此之外，通过引导学生细细品味文章所呈现的人性美、人情美，一方面学生可以感受到生活中处处充满着真善美，另一方面学生也会为之肃然起敬。比如，鲁迅先生的《一件小事》描写了一名平凡且普通车夫的光辉伟大，淋漓尽致地展现出真善美；[①] 路遥的《平凡的世界》刻画出对黄土文化情有独钟的孙少安，直面现实、坦诚恳切的孙少平，一心为民、敢于担当的田福军，善良厚道的矿工班长一家等，[②] 透过凡人琐事、家长里短的生活细节描写，传递出一种温暖的情怀，无时无刻不在呈现美好的亲情、爱情、友情。一个个形象鲜明、真挚诚恳的人，一件件微不足道却感人至深的事情，自然开启一颗颗善良的心。

总而言之，在语文教育中，引导学生阅读、欣赏、品味诗歌、散文、小说，既能启迪学生认知，净化学生心灵，又能教会学生正确辨别真与假、善与恶、美与丑。同时，通过组织一系列的语文审美活动，学生一方面可以分析文章中人与物的性格、品质、特点，另一方面可以学会反观自我、审视人生，让美好的事物以润物细无声的方式传递“美”的真谛，这有利于学生活出真实、健康的自我，塑造学生有趣的灵魂。

（二）语文教育是以美育德的教育活动

与其他学科不同，语文学科内容涵盖面极其广泛，它集自然美、社会美、艺术美于一体，将大自然和人类社会多姿多彩、生动鲜活的风貌，十分巧妙地与语言文字融合到一起，蕴含着有助于实现中华民族伟大复兴的重要精神力量。语文教育蕴含着非常丰富的德育内容，但它有别于思想政治课程教学，不以单一枯燥的理论灌输和说教为主要手段，而是注重开展一些有关美的体验和感悟活动，充分利用美的诱导、陶冶作用，

① 鲁迅．呐喊[M]．北京：天天出版社有限责任公司，2022：46-49.
② 路遥．平凡的世界[M]．海口：南方出版社，2017.

引起学生的情感共鸣，使社会道德诉求作为美的规范，以潜移默化的方式融入道德认知中，升华道德情感，利用社会道德规范和善恶观念对学生品德进行熏陶和感染，塑造学生完善的心灵和人格。

（三）语文教育是以美怡情的教育活动

语文教育是形象教育、情感教育、意境教育的有机整体，并非简单地传递语文知识和听说读写技巧的教育，更不是毫无生气、枯燥无味的机械性学习与训练。只要教师可以全面、深入地挖掘语文教学中有关美的因素，采取行之有效的教学方法，就能使学生将自身兴趣、对语文的学习兴趣以及对美的追求有机结合到一起，让学生获得更多心理和精神层面的愉悦，并沉溺其中、不知疲倦，在美的熏陶和享受过程中健康成长。

语文教学内容包罗万象，从古代到现代，积累了数千万篇广为流传的名篇佳作，包括诗歌、散文、小说、戏剧等，这些佳作中都蕴含着极其丰富且珍贵的美育因素。从古至今的这些作品，运用了精练优美、富有感染力的语言，或激动昂扬或充满正气的语调，跌宕起伏、韵味深长的旋律，或善良或可爱或诚实或狡猾的鲜活人物形象，令人耳目一新的意境，主题明确、行云流水的结构等，创设出使人身临其境的意境美。无论是教学内容还是教学方式，语文教育都蕴含着多层次、宽领域的艺术美。在美的熏陶和美的享受中，学生的情感在不知不觉中得到唤醒，从而产生情感上的共鸣，陶冶高尚的情操。

（四）语文教育是艺术美的教育

语文是一门语言艺术，语文教育从某种角度来看是一种艺术美的教育。首先，语文教材中的文章都是精选的优秀范文，在遣词造句、布局谋篇等诸多方面别出心裁，且以诗歌、散文所占比例最大，不仅言辞华美、富有诗意，而且感情四溢、意蕴深邃。泰戈尔（Tagore）的“生如夏花之绚烂，死若秋叶之静美”、李清照的“生当作人杰，死亦为鬼雄”、王昌龄的“但使龙城飞将在，不教胡马度阴山”，带给学生催人奋进的力量之美；孟郊的“慈母手中线，游子身上衣”、李密的“母、孙二人，更相为命”、归有光的“语未毕，余泣，妪亦泣”，会让学生感受到无私、感人、温馨的亲情之美；“孔雀东南飞，五里一徘徊”、舒婷的“我们分担寒潮、风雷、霹雳；我们共享雾霭、流岚、虹霓”、柳永的“执手相看泪眼，竟无语凝噎”，会让学生感受到爱人间深切的爱情之美；辛弃疾的“稻花香里说丰年，听取蛙声一片”、陶渊明的“少无适俗韵，性本爱丘山”，能够让学生体会到悠然自得、超然物外之美；朱自清的“小草偷偷地从土地里钻出来，嫩嫩的，绿绿的”，呈现出大自然生机盎然之美。

其次，语文教学的内容都是经过教师认真挑选、整合而来，能够给学生带来多角度、多层次的美的享受，不仅能陶冶学生高尚的情操，还能循序渐进地提升学生对生活和外物的审美能力。

总之，语文教育中蕴含着丰富的优秀内容，通过艺术美能够集中学生注意力，使学生获得更加深刻、多样的审美情感体验，不仅能让学生学会感知美，还能在此过程中成就学生美好的人格。

三、语文教育是思想渗透的教育

育人是教育的本质要求和价值诉求，育人的根本在于立德。语言是思想的外衣，语文教育除了要提高学生的语文能力，更应该在传授给学生语言知识的基础上，让学生透过语言文字感悟其背后的思想，培养学生良好的人文素养，使学生成为一个能创造意义和富于批判精神、怀疑意识且具有独立思想能力的主体。辞藻华丽的古今文学作品，是作家智慧、文学功底以及人格魅力的结晶，都倾注了作者的思想、精神和情感，每个字都带着生活的芬芳，拥有顽强的生命力，既能使学生获得更多的审美愉悦，又能启迪学生的思想和认知。

才思敏捷、博学多才的文人往往善于对历史、社会、人生展开深沉的思考，并通过“寄身于翰墨，见意于篇籍”的方式，将所思所想所感寄托于文字之中，利用借古抒怀、托物言志、欲扬先抑、借景抒情、前后照应等写作手法，通过直接抒情或间接抒情的形式，传达个人的政治追求、人生理想、自身使命等。历朝历代的文学家、作家，都擅长将劝谏之词、理想追求、人生感慨等融入各种各样的文章之中，如先秦时期的孔子、墨子、孙子、孟子、庄子、屈原等；魏晋南北朝时期的曹操、诸葛亮、陶渊明、郦道元、吴均、刘勰等；汉朝时期的刘安、司马迁、刘向、王充、班固、张衡等；唐代时期的王勃、贺知章、张九龄、王之涣、孟浩然、王昌龄、李白、杜甫、韩愈、白居易、柳宗元、杜牧、李商隐、岑参等；宋代时期的范仲淹、晏殊、苏舜钦、王安石、张顺民、苏轼、李清照、岳飞、陆游、朱熹、文天祥等；明清时期的施耐庵、罗贯中、蒲松龄、吴承恩、曹雪芹、龚自珍、吴敬梓等。在今天，中国历朝历代的优秀文学依旧散发着光芒，甚至更耀眼。

诸如孔子的“三人行，必有我师焉”的谦逊、“君子坦荡荡”的广阔胸怀；孟子的“虽千万人，吾往矣”的追求真理的气魄和勇气；庄子“至乐无乐，至誉无誉”超越世俗的精神追求；苏轼“人生如梦，一樽还酹江月”的旷达洒脱；范仲淹“先天下之忧而忧，后天下之乐而乐”的忧国忧民、以天下为己任的济世情怀。这些文章中蕴含的思想，对学生为人处世产生着重要的影响，有助于学生形成坚毅达观的处世态度、不断追求自我拓展与提升的毅力以及勇于担当的品质。另外，文天祥的《过零丁洋》、屈原的《离骚》、岑参的《白雪歌送武判官归京》、韩愈的《左迁至蓝关示侄孙湘》、李商隐的《登乐游原》等，这些文章都能成为催人奋进的力量源泉，成为学生学习过程中的精神支柱，激励着学生勤学苦思。由此可见，我国古代作家的优秀品质、其作品的思想意蕴，不仅能使学生更好地感知中国人独一无二的美学境界，还能使学生找到修炼心灵的烈火、滋养自己发愤图强的精神力量。

第四节 语文教育的本质观

《礼记》中有云："师也者，教之以事而喻诸德者也"[①]，德国哲学家雅斯贝尔斯（Jaspers）对教育本质的理解在教育界流传甚广，他认为教育的本质是一棵树摇动另一棵树，一朵云推动另一朵云，一个灵魂唤醒另一个灵魂。[②] 以上文字对人们认识教育的本质具有很大的启发作用和指导意义，当然也包括对语文教育本质的认识与理解。

一、语文教育本质的典型观点

在教育界对语文教育本质的讨论与分析中，虽然存在着很多不一样的看法和认识，但总的概括起来主要由以下三种组成，如图 1–6 所示。

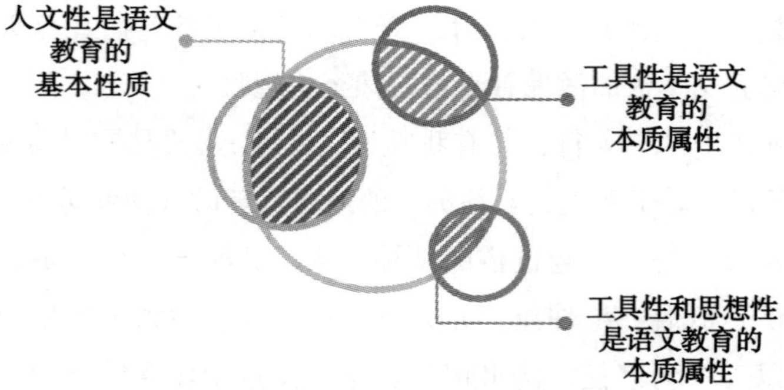

图 1–6 语文教育本质的典型观点

（一）工具性是语文教育的本质属性

语文是人类必不可少的交际工具，所以语文是人们生活、工作和学习中必需的工具。缺少语文这一工具，所有社会活动、人类的所有进步都将无从谈起。因此部分学者认为，语文教育实际上是语言训练，致力

① 戴圣．礼记精华 [M]. 傅春晓，注译．沈阳：辽宁人民出版社，2018：108.

② 雅斯贝尔斯．什么是教育 [M]. 邹进，译．北京：生活·读书·新知三联书店，1991：49–52.

于提高学生对语言文字的应用能力。这一观点主要强调语文教育所具有的工具性价值，但没有意识到汉语言不仅是一种工具，还是思想和情感的承载体。

（二）工具性和思想性是语文教育的本质属性

这一观点认为，语文在作为表达思想、交流情感、传递文化的工具的同时，其本身亦具有较强的思想性，故而工具性和思想性的和谐统一是语文教育的本质属性。这一观点重在强调语文学科具有鲜明的思想性，以及表达思想与情感的功能，可以说是牢牢抓住了语文这一工具的特性。但如果过分强调“思想性”，容易使语文教育侧重于对思想内容的分析，有思想政治教育的倾向。

（三）人文性是语文教育的基本性质

这一观点一方面肯定了语文学科具有工具性和思想性的特点，另一方面又提出了一些其他特点，如知识性、文学性、文化性、审美性等，且工具性和思想性是语文学科的本质属性，其余特点是语文学科的从属性质。这一观点将“人文性”视为语文教育的基本性质，重在强调语文学科对学生思想情感的熏陶感染的文化功能，以及语文课程具有的人文学科的特点。

二、语文教育本质观分歧形成的主要原因

教育界之所以会在对语文教育本质的看法与认识方面出现分歧，其原因主要包括以下几点。

（一）时代和社会方面的原因

通常情况下，历史时期不同，社会发展阶段不同，人们对语文教育本质的认识和看法也有所不同。如在 20 世纪 90 年代中期，无论是语文

教育界还是整个社会，都越来越关注人文精神，由此围绕“弘扬人文性”这一主题组织了“语文教育大讨论”，广大语文教育工作者重新审视、批判了工具性，主张尊重人的独特人格、张扬人的自由个性、激发人的潜在能力。在这场讨论中，倡导工具论者与强调人文论者处于针尖对麦芒的状态。工具论者认为，随着语文教育改革的持续推进，语文教育取得了很多重要的理论收获，其中就包括认可语文学科的工具性特点。[①]语文教育必须要重视其工具性特点，必须要重视语文训练的全面开展。人文论者认为，工具论的不足之处在于将语文教育的表层任务看成是根本任务，将具有强烈人文色彩的语文教育看成是只供技术化操作的“工具”。工具论者和人文论者的分歧具有鲜明的时代特征。[②]

（二）语文学科教学本身的原因

语文学科教学的一些自身特点，导致了教育学者对语文教育本质的看法和认识存在差异，主要有语文教学目标的多维性与层次性、教学内容的丰富性、教育功能的方向性和多重性。

（三）有关教学与研究的思路和方法方面的原因

语文知识主要包括“语言文字”“语言文学”“语言文化”三大部分，其内容博大精深、下有底线、上不封顶。不同语文教育工作者的教学和研究活动的侧重点有所差异，甚至截然相反。比如，从事文学教学与研究工作的教师，关注语文教育的文学性和审美性；从事文字教学与研究工作的教师，关注语文教育的工具性。从某种程度上来看，这种教学和研究的思路和方法不够全面，具有一定的片面性，是引发认知分歧的主要原因之一。

① 赵士慧，郑雯．中国语文教育中的传统文化传播与互动[M]．青岛：中国海洋大学出版社，2017：22.

② 赵士慧，郑雯．中国语文教育中的传统文化传播与互动[M]．青岛：中国海洋大学出版社，2017：21.

三、树立科学的语文教育本质观

关于语文教育本质的探讨，虽然出现了诸多不同的观点和认识，但毋庸置疑的是，语文教育本质观就好比一个控制系统的中心键，对语文教育这个复杂、开放、多样的系统具有控制作用，对语文教育的智慧、观念、价值取向起着传导作用，对语文教育的实践和改革进程起着调控作用。语文教育本质观不仅对语文教育理念起着重要作用，对语文教育的发展具有重要的影响，还对语文教育的方向起着导向作用，对语文教育的行为起着一定的制约作用。因此，语文教育本质观统帅着语文教育的全局。在语文教育理论中，正是因为语文教育本质观具有统帅全局的作用，是掌握关键、驾驭全局的枢纽，所以始终备受关注。随着文化的日益繁荣和兴盛，教育理念持续更新，教学模式和教学方法持续优化，教师有必要全方位、正确地认识语文教育的本质，树立科学的语文教育本质观，促进语文教育的高质量发展。

从语文课程的视角来看，教师在认识到语文课程的性质在于以语言为本体，是一门学习祖国语言文字运用的工具性课程的同时，也不能忽视语文课程的人文属性。语文课程是一门学习第一语言的课程，汉语言有着深厚的民族文化底蕴，中华民族自古以来都有重视人文教育的优良传统，这就要求语文课程要注重培养学生的思维力、审美力、文化力，增强学生对中华优秀传统文化的理解和热爱。

今天的教育决定着国家的未来，教育是提高国民素质的主要途径之一，教育之根本在于培育人才、促进人的整体性成长。语文教育肩负着祖国语言和文字教育的重要任务，它与一般的语言、文字教育存在着相同之处和不同之处。汉语不仅仅是中华民族文化的重要组成内容，还是中华民族文化的重要载体。中华民族文化精神的传播和发展，需要以汉语为媒介和依托，汉语浸透着中华民族文化的精髓。对于一个国家和民族而言，第一语言和传统文化是其灵魂所在。语文教育的主要任务之一在于传承、弘扬、发展中华优秀传统文化与民族精神，这不仅能丰富中华优秀传统文化的底蕴，还能为文化的创新与发展奠定良好基础。从某种意义上来看，学习和运用语言文字的过程其实就是传承中华优秀传统文化的过程，也是与历史“亲密接触”、聆听先辈故事的过程，在此过程中，学生能够感受到民族文化精魂、民族文化血脉、民族情感以及民族精神，由此深刻体会到中华优秀传统文化的博大精深。在长期的发展中，语文所积累、沉淀下来的不仅仅是民族生活经验和民族文化知识，更重要的是自强不息的民族精神、越挫越勇的民族品性和气宇轩昂的民族气派。

因此，语文教育关系到人类的进步与发展，更是人类先进文化活动与崇高精神的必要条件。语文教育不仅仅是传授语文知识与技能的教育，还肩负着促进个人发展、传承和弘扬民族优秀传统文化的艰巨任务，因此，语文教育是重要的人性教育和民族文化教育。在新时代，国际、国内环境日趋错综复杂，语文教育作为祖国语言教育，就是要通过引领学生真正走进语文天地，感受大千世界的五彩缤纷、美丽无比、妙趣横生，使学生找准定位；在帮助学生获取丰富语文知识、语文技能的同时，使学生深刻感悟到中华优秀传统文化的璀璨夺目、源远流长，培养学生对母语的热爱之情，帮助学生发现人类的高尚精神和行动，真正享受到精神的自由，从而培养学生良好的人文素养，引导学生树立民族自信和文化自信，为学生今后更好地成长与发展打下良好的精神基础，以便在面对外界挑战时做到从容不迫。

在学生的发展过程中，语文教育不仅具有重要的基础性作用，还决定着人的全面发展。语文教育以其独特且无穷的魅力，滋润着学生的心田，引领学生健康成长，力争将每个学生都培养成全面发展的人。一个人要想获得完美的人格，实现全面可持续发展，就必须要接受语文教育像春风、春雨般无声的熏陶和感染；一个民族要想创造出璀璨夺目的民族文化，实现国家富强、民族振兴，就必须要接受语文教育潜移默化的影响。

第二章　高校语文教学的功能与目标

第一节　高校语文教学是母语高等教育的主要渠道

一、母语及母语教育的内涵与价值

（一）母语的内涵与价值

关于母语的定义，学术界长期存在分歧，主要分歧集中在母语与第一语言、本族语、本族共同语之间的关系，归纳起来有以下三类观点。观点一：母语=第一语言，如《辞海》①、《现代汉语词典》②；观点二：母语=本族语=第一语言，如《语言学百科词典》③；观点三，母语=本族共同语，如李宇明的《论母语》。④

① 夏征农，陈至立．辞海[M].上海：上海辞书出版社，2009：1612.

② 商务国际辞书编辑部．现代汉语词典[M].北京：商务印书馆国际有限公司，2017：736.

③ 戚雨村，董达武，许以理，陈光磊．语言学百科词典[M].上海：上海辞书出版社，1993：101.

④ 李宇明．论母语[J].世界汉语教学，2003（1）：48-58,3.

之所以会出现这些分歧，主要是因为就个体而言，第一语言通常原本就是本族语，但随着民族的进一步融合，再加之各区域间移民数量的不断增加，逐渐出现一些第一语言和本族语相抵触的现象，随之出现了对母语定义的分歧。

实际上，从名称上来看，母语原本是一个单一的概念，指的是人在幼年时期基于家庭潜移默化的影响之下自然获得的语言，也就是第一语言。由于“母亲”这一词语往往带有“给人归属感”的附加意义，母语在其影响下便被直接看作是“本族语”。而本族语通常存在着方言和共同语的差异，所以就出现了母语应与方言还是共同语等同起来的分歧。从国家语言教育视角出发，应该注重培养民族共同语能力，所以，笔者认为，母语应等同于中华民族共同语。

汉语作为中华民族的母语，记录着五千多年历史长河的点点滴滴，尤其是辉煌历史和灿烂文化，并持续不断地积淀、传承和发展中华优秀传统文化，汉语不仅是中华民族不断进步和发展的重要推动力量，同时是维系中华民族感情的桥梁和纽带，又能极大地促进世界文明的进步与发展。

汉语历史悠久，有文字可考历史接近于四千年，中国人民历代创造的思想成果、文化成果、科技成果，都概括地巩固在汉语之中，汉语纷繁的词汇体系中蕴含着极为丰富的国俗语义。在汉语的历史进程中，为了更好地迎合时代和社会的发展，汉语需要不停地更新、完善与发展，积极吸收新思想、新文化、新技术中的要素，做到与时俱进。汉语是世界上现存的有连续书写系统的历史最长的语言，是极具时代性、革命性的语言，极大地促进了中国社会进步，有力地促进了世界科学与文化的交流。

（二）母语教育的内涵及价值

母语教育有狭义和广义的区别，广义的解释指的是依托母语开展的一系列形式多样的教育，主要涵盖科学、道德、哲学、艺术、文化等领域的教育，母语教育除了家庭教育、社会教育，还包括学校教育。狭义的解释是本民族的语文教育，即一个人最先真正学会并掌握的一种语言，通常是本民族的标准语言。母语教育有别于其他语言教育，它在环境、文化方面占据着绝对优势，不仅自然地赋予了一个人一种文化和民族精神，还赋予了一个人灵活运用思维语言的能力。自人出生以来，就一直生活并成长于自然、天赐、本民族、有血肉联系的母语环境中，这是一个纵横交织的家庭、社会及学校教育氛围，母语教育的影响力是其他任何第二语言都很难超越的，母语教育具有全面性、立体性，是一种渗透在骨子里的教育，可以说母语教育始终植根于人们的血液之中。

母语教育向来是每个民族、每个国家最核心的基础课程。母语学习就是要让每个学生具备成为一个未来公民必备的用母语去沟通的能力。我们的民族、我们的国家必须要有文学教育，这样学生才会有良好的心性、丰富的情感和充分的想象力。中国的语言文化博大精深、源远流长，母语继承着先辈们的文化精髓，学好母语有利于学习并继承先辈们的优秀品质，体会汉语的魅力。

二、高校语文与母语高等教育

一直以来，母语教育是基础教育阶段的主干学科和基础，不仅是学生学好其他一切学科的基础，也是学生实现全面可持续发展的基础。而母语高等教育其实就是高校语文教育，利用可敬可爱的人物形象、行云流水的语言以及应有尽有的人文内容，着力培养大学生的语文素养，熏陶和陶冶学生的思想和情操，终极目标在于深化学生对中华优秀传统文化的认识和理解，使其进一步明确自己的文化身份，铸牢中华民族共同体意识，增强对中华民族优秀文化的认同感。而只有加强对本国语文的学习，才能深入地了解中国人的思维、文化及精神特质等内容，在此基础上正确吸收人类优秀文明成果。因此，高校语文教育具备“培根固本”的特殊属性，被赋予了重要的历史使命，即培养一代代青年的母语素养，并使学生自觉肩负起传承民族精神的重任。

长期以来，西方文化不断向我国输入，境外学习交流越来越频繁，在此背景下英语逐渐成为我国关注度很高的专业，大学普遍开设英语专业，英语培训机构的数量和规模不断扩大，前所未有的英语学习热潮对母语教育带来了巨大的冲击。比如，在我国的广播电视大学系统中，在所开设的大约 100 个专业当中，本科和专科的公共基础课模块都将英语纳入其中，而且占有 6 个学分。在过去一段较长的时间里，对于普通高等院校来说，英语四六级考试是超越学科的强制性要求，英语等级与学位证之间存在着关联性，以至于在高校自习室里埋头刻苦读书的人主要都是在学习英语。而对于母语的运用，部分学生不仅缺乏良好的写作能力，甚至无法写好一份简报、一张条据；部分学生口头表达能力极其薄弱，无法达到基本要求，词不达意成了家常便饭；面对答辩、应聘、面试等场合，部分学生的自我介绍达不到有所侧重、突出一点、不及其余，无法流畅、高效地与人才需求方展开交流。除此之外，在杂志、报纸、电视上，有时会出现错字、别字，甚至存在“的”“地”“得”混淆不清、标点符号使用不规范等现象；主持人、播音员有的时候读错音、念错字，如将“泾渭分明”中的“泾（LqPI）”读成“LfPI”，“繁文缛节”中的“缛（Tk）”读成“Ty”等。

上述这些错误在平时生活中已经不足为奇，这也折射出不少人的普通话素养有待提升，如果不及时采取应对措施很可能会引发严重的后果——不仅导致书面语言不规范、口头用语单调枯燥，还会在一定程度上改变汉语固有的文化属性，使汉语的严肃性逐渐弱化。而要想避免出现上述情形，高校语文教育就显得尤为重要，因为高校语文是一门重要的母语教育课程，所肩负的就是母语高等教育的重要使命。

三、高校语文教学有助于提升学生的母语素养

母语素养蕴含着具体、明确、具有可操作性的内涵要素，主要包括

阅读理解能力、书面表达能力、口语交际能力、语言文字素养、文学素养等。相比于中小学生，大学生的较为明显的不同之处在于他们的心智已经渐趋成熟，而相比于中小学教育的以教为主，高校教育较为明显的不同之处在于它以学为主。在中小学教育阶段，学生一整天的学习都是在学校和家长安排的任务中度过的，这种教育具有连轴转的特点。迈进大学校园之后，学生不需要面临高考的压力，拥有了一定的自由、自主权，拥有了更多独属于自己的时间和空间。高校语文的学习对于学生来说不需要以应付考试为目的，对语文知识的学习不再停留于局部肤浅的表面，而是专注于作者的心灵世界，进而深入地感知和体会所学知识，展开全面、深层次的阅读，心无旁骛地写作。

（一）高校语文教学是提高大学生语言文字素养的有力保障

在现实生活中，部分高中生对语文课的认识不清晰，错误地认为学习语文课的主要目的在于积累高考知识点，只要学习并掌握了与高考有关的语文知识就意味着完成了学习任务。基于这样错误认知的引导，学生没有深层次理解、记忆语言文字，不懂得积极储存语言、培养语感。与此同时，由于时间有限，所学科目较多，所以高中生几乎每天将大量时间和精力投入到做题、解题当中，每天面临着较重的学习负担，对语文的学习兴趣和欲望逐渐消逝在题海中。高中阶段语文学习中存在的这些问题是很多大学生知识面窄、阅读量少、表达能力不足的主要原因。

另外，随着互联网和信息技术的迅猛发展，智能手机、平板、电脑的普及程度日益提升，很多大学生在日常生活中用笔写字的次数有限，提笔忘字的现象越来越普遍。要想扭转上述局面，弥补语文教育的不足，高校语文教学起着举足轻重的作用。高校语文教学应缓和学生对语文的抵触心理，积极引导学生走进语文，在学习语文的基础上渐入佳境，最终爱上语文。由此一来，就能改变学生因为中小学阶段的语文学习要归纳段落大意、中心思想等而萌生的对语文的排斥心理，使学生能够自由地翱翔在语言的天空，尽情领略语言之美、语文之美，字、词、句的积累便会水到渠成。通过语文学习，大学生能够与大自然亲密接触，获得心灵的震撼，他们就会自然而然地爱上阅读，不断拓展与延伸教材的理论圈子，深深地沉醉于优秀的经典文学作品中；再加之教师恰到好处的点拨与引导，辅之以一系列相关的撰写读书笔记、朗诵、辩论赛、演讲等活动形式，由此一来，学生语言文字素养的提高便是指日可待。

（二）高校语文教学是提高大学生语文能力的重要支撑

能力，是指完成一项目标或任务所表现出的综合素质。语文活动，是一项运用语言的活动，所以语文能力便是指运用语言的能力，主要包括阅读理解能力、口语交际能力以及书面表达能力等。诚然，语汇、语音、语法、修辞等是语文教学的重要任务，但这只能帮助学生学习语言、获取语言知识，而语言的准确运用需要以语感为主要支撑。

语感是语文能力的关键所在。通常来说，语感强的人虽然难以说清楚词语使用错误的原因，但却能毫不犹豫地识别出词语情感色彩、文体色彩、风格色彩是否恰当。语言经验数量和语感品质之间存在着正相关关系，随着所积累语言经验的增加，语感品质也会逐渐提升。高校语文教学旨在培养学生良好的语感，帮助学生得心应手地运用文字，逐步提升学生驾驭文字的能力和本领，使学生在语言运用中获得更多的成就感、愉悦感。

与中小学教育相比，高校教育在培养学生的语感方面有着得天独厚的环境优势。首先，高校语文课程的学习，需要基于教师的指导进行形式多样的语文实践，学生可以阅读很多优秀的文化经典，而读书是积累知识的有效方式。随着阅读书籍的数量不断增加，学生会接触很多优美语句、动人感情，融会贯通之后自然就会转变成自己的学问，形成新观点，长此以往自然会形成良好的语感。其次，大学生的思想正处于逐渐成熟的重要时期，其认知水平持续提升，心智走向成熟，涉猎的书籍范围不断扩大，对书籍内容的领悟程度不断加深，即便是已经阅读过的作品，再次静下心来认真研读，也能有新认知、新感悟、新收获。最后，高校环境与氛围为大学生语感的提高创造了更多样化的平台，五花八门的社团、丰富多彩的活动，校园广播稿、校报投稿，朗诵比赛、辩论赛、演讲比赛等，为学生说和写提供了更多机会，是展现学生语言积累的好时机。

高校不同专业虽然各有侧重，但都有一个共同之处，即都离不开表达和写作，其中只存在量、程度两方面的差异。通常情况下，相比于理工科学生，文科学生写作量要更多，写作内容也更复杂。写作蕴含着丰富的内容，主要包括发言稿、书信、论文、读书体会、借条等，实事求是地说，从语文的视角来看，当今大学生的写作大部分不合格。大学教师对学生论文的指导，很多问题都不属于专业问题，如用词、错别字、标点符号、语句、结构框架、中心思想等，这些问题都属于语文问题。很多论文指导教师都有一个共同的感受，即在论文写作过程中，对于语文好的学生，指导起来省时省力；对于语文薄弱的学生，指导起来相对费时费力。一些大学生表达能力和沟通能力薄弱的现实状况引起社会各界的广泛关注，而人文素养水平不足等问题也应该引起高度重视，久而久之，这些问题必然会对母语功能的发挥、中华文化的传承和弘扬造成不利影响。因此，高校语文教学要积极肩负起时代使命，根据问题的症结所在，采取行之有效的教学方法，激发学生学习的积极性，注重培养学生的母语素养，在弘扬母语的同时，增强学生在语言运用过程中的自信、幸福感。

第二节　高校语文教学是传承中华优秀传统文化的重要平台

传承中华优秀传统文化是学校教育的共同目标，高校教育也不例外。与其他学科相比，高校语文在中华优秀传统文化的传承方面发挥着非常突出且极为重要的作用。究其原因，主要是高校语文不仅是我国各类经典文学作品的聚集地，还是中华文明、传统文化的荟萃与结晶，高校语文的学习，其实就是对民族文化的认识和理解的过程，也是对民族文化认同的确立和巩固的过程。近些年来，我国经济增速持续攀升，综合国力显著增强，国家越发重视文化软实力的建设。基于此背景，增强大学生语文能力、素养教育的紧迫性、必要性日益受到关注。高校语文教学作为传承中华优秀传统文化的重要平台，其重要性表现在以下三方面，如图 2-1 所示。

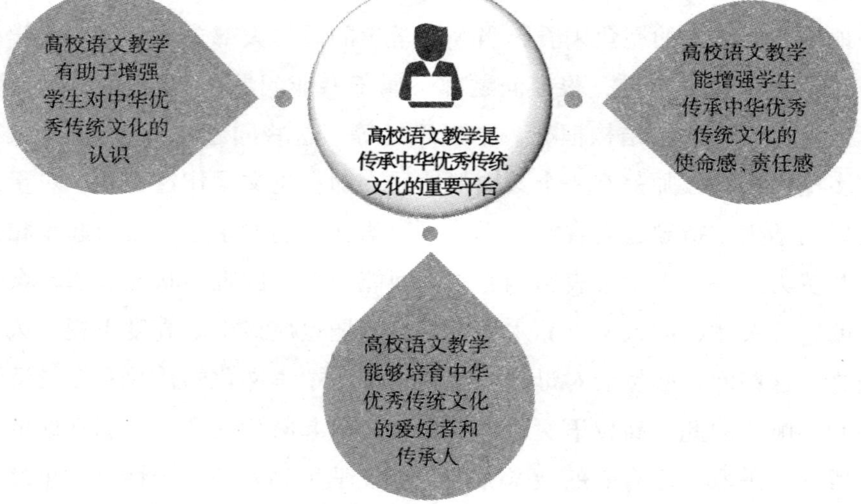

图 2-1　高校语文教学是传承中华优秀传统文化的重要平台的表现

一、高校语文教学有助于增强学生对中华优秀传统文化的认识

高校语文教学的内容是精彩纷呈、趣味盎然的文学作品，其中蕴含着范围广泛、种类繁多的传统文化元素，这些优秀的文学作品，能够加深大学生对中华优秀传统文化的了解，使学生对中华优秀传统文化的认识提高至新的层次。特别是中国古代典籍，其中蕴含着大量具有传承和

弘扬意义的民族智慧、民族精神，在加强学生对其认识的同时，还能帮助学生进一步明确中华优秀传统文化的特色和魅力。诸如《论语·乡党》中“厩焚，子退朝，曰：‘伤人乎？’不问马”①体现的是“以人为本”的中华优秀传统文化的特色。王昌龄《从军行七首》中“黄沙百战穿金甲，不破楼兰终不还”、《论语·为政》中“见义不为，无勇也”②，都彰显着中华优秀传统文化强调的责任担当。《中庸》中“隐恶扬善，执两用中”③、《论语·泰伯》中“鸟之将死，其鸣也哀；人之将死，其言也善”④，都喻示着以善为基础的中华优秀传统文化特色。

得益于中华优秀传统文化的基因，强调“以人为本”、以人类幸福作为主要指针，不仅具有高度的兼容性，还蕴含着高度的文化自觉意识以及刻在骨子里的历史责任感，文以载道、言行一致、经世致用的优良传统，家国一体、忠贞不渝的博大情怀等，使得五千多年的中华文明长盛不衰，而且具有稳定性、持久性、传承性和顽强的生命力。很多古代思想观念在当今仍有现实意义和借鉴价值，如格物致知、修齐治平、正心诚意等，这些思想观念是中华优秀传统文化具有活力、生命力的精神基因，引领着中华优秀传统文化的价值追求和人格理想，已经成为中华民族内在的精神秉性和文化标识，是中华优秀传统文化蓬勃发展的内在动力。

绵延几千年发展至今的悠久历史、中华文明，铸就了生生不息、博大精深、根深叶茂的中华优秀传统文化。在绵延不绝的优秀历史中，中华优秀传统文化积淀了很多深沉的精神追求，是代表中华民族独特精神的重要标志，影响了一代代中国人的思维方式、行为习惯，铸就了中华民族解放思想、锐意进取的鲜明品格，培养了独具特色的中国精神，蕴含着巨大的精神财富，如道德情操、哲学思想、辩证思维、价值观念、

① 孔子．论语［M］．杨伯峻，杨逢彬，注译．长沙：岳麓书社，2018：121.
② 孔子．论语［M］．杨伯峻，杨逢彬，注译．长沙：岳麓书社，2018：27.
③ 子思．中庸［M］．南昌：二十一世纪出版社，2015：8.
④ 孔子．论语［M］．杨伯峻，杨逢彬，注译．长沙：岳麓书社，2018：100.

科学智慧、艺术情趣等，这些都是支撑中华民族以更加昂扬的姿态屹立于世界民族之林的文化之根。

社会主义核心价值观延续了中华优秀传统文化的精髓，为实现中华民族伟大复兴的中国梦提供了思想注解。中华优秀传统文化是社会主义核心价值观的重要来源，如高风亮节的道德人格、见微知著的科学思维、蓬勃向上的精神活力、形神兼备的审美品格，这些都是思想深刻、影响力广泛且深远的核心价值观，赋予了中华优秀传统文化独树一帜的魅力和文化特色优势。自古以来，中华优秀传统文化将人的精神生活与社会理想结合起来，融汇成底蕴深厚、思想深刻的文化价值理念和文化传统，代代相传、生生不息、家喻户晓，是中华民族的思想底色、信仰支柱、精神追求，是中国文化软实力的根脉与灵魂。

二、高校语文教学能增强学生传承中华优秀传统文化的使命感、责任感

语文之“文”，不仅包含“文字”“文章”之义，还包含着“文化”之义。因此，高校语文教学的开展，除了要做好语言知识的传授、语文文本的阅读工作，还要重视文化知识的教学，以优秀文化感染和熏陶学生，致力于学生文化素养的培养和提升。在高校语文教学中，不断融入中华优秀传统文化的元素，能够充分发挥中华优秀传统文化的育人功能，能够达到潜移默化、润物细无声的人文教育效果，使学生领略到中华优秀传统文化的独特魅力，并提高自身对中华优秀传统文化传承和弘扬的自觉性、主动性、积极性。

很多经典文学作品都是对家国情怀、使命担当的真实写照，诸如孔子的“知者不惑，仁者不忧，勇者不惧”①、曾子的“士不可以不弘毅，任重而道远”②、鲁迅的“我冒了严寒，回到相隔二千余里，别了二十余

① 孔子．论语[M]．杨伯峻，杨逢彬，注译．长沙：岳麓书社，2018：119.

② 孔子．论语[M]．杨伯峻，杨逢彬，注译．长沙：岳麓书社，2018：101.

年的故乡去”①，这些都是丰富、深厚的中华优秀传统文化的宝藏。通过学习这些作品，学生能够深刻感受到中华民族的血液里一直存在着的“天下兴亡，匹夫有责”的崇高使命和担当意识。由此一来，学生更容易唤醒内心对仁人志士精神气节的赞叹、热爱与追随，并意识到自己肩负着传承和践行这些优秀思想的历史使命。因此，高校语文教育不失为提高学生对责任感的认识、激发责任感在内心升腾的重要途径。

三、高校语文教学能够培育中华优秀传统文化的爱好者和传承人

对于中华优秀传统文化的传承与弘扬工作而言，培养中华优秀传统文化的爱好者和传承人是关键所在。只有内心意识到传承中华优秀传统文化的重要性、紧迫性，并将这件事外化为个人的自觉行为、主动行为，才能保证这一行为的持久性、持续性。

当代大学生承担着促进社会进步、民族振兴、国家强盛的伟大历史使命，有责任和义务认识和了解本国传统文化，在传承和弘扬优秀传统文化的基础上积极创新近些年来，西方价值观不断涌入，加之社会思潮的日益多元化，这都一定程度上对大学校园文化造成冲击，部分大学生对中华优秀传统文化的了解不充分，甚至有学生质疑其时代价值与现代化转化。基于经济全球化宏观大环境下，面对具备了一定独立思考能力和独立判断能力的大学生，高校对其进行有效的中华优秀传统文化教育是非常有必要的，高校应重点引导学生运用批判性思维去审视和继承中外文化，坚持党的二十大提出的“发展面向现代化、面向世界、面向未来的，民族的科学的大众的社会主义文化，激发全民族文化创新创造活力，增强实现中华民族伟大复兴的精神力量”，努力成为先进文化的学习者、传承者、践行者。高校语文教学帮助学生全方位了解中华优秀传统文化，能够夯实学生传统文化的基础，使学生对传统文化的认知更上一

① 鲁迅．故乡[M]. 北京：北京联合出版公司，2021：1.

层楼，进而增强学生的民族自豪感、自信心，使学生对祖国产生热爱之情，并立志为祖国的繁荣富强贡献自己的微薄之力。高校语文教学引导学生积极主动地分析传统文化，帮助学生对源远流长的祖国文化有一个正确认识，深层次挖掘中华优秀传统文化的时代价值和现实意义，有助于固化学生的精神信仰，使学生树立正确的价值追求，为更好地担当振兴中华的重大使命做好准备。

第三节　高校语文课程的教学目标

教学目标是教学活动的起点和归宿，具有重要的导向、激励、评价、反馈功能，所有教学活动、教学过程都必须围绕教学目标组织和实施，切实可行的教学目标能够避免教学的随意性、盲目性，从而使教学的有效性逐步提高。高校语文作为一门集工具性、民族性、人文性于一体的重要基础课程，开设至今已有四十余年。新时代背景下高校语文该何去何从，大学生通过语文课程的学习应该获得什么样的知识与能力，是真正值得人们深思的问题。

一、高校语文课程教学目标的内涵

课程目标是以国家教育方针为依据，遵循学生身体、心理发展规律，通过完成预先设置好的教育任务和学科内容，使学生达到教育目的的培养目标。课程目标反映了总的人才培养目标，它受制于国家设置的教育目的。课程目标在课程标准中占据主体地位，是课程编制、课程实施、课程评价的准绳和风向标。高校语文课程目标在高校语文课程的教学中占据着主导地位，高校语文教学目标是教学目的在语文课程领域的具体呈现，因为高校语文教学目标从属于高校语文教学目的。高校语文课程目标，是从语文学科视角出发，对人才培养的具体规格、质量要求所做的规定。而从语文素养角度来看，可以从不同角度对语文课程目标体系进行分类，它立足于高校语文课程的基本内容，形成了三维目标体系，即知识与技能、过程与方法、情感态度与价值观。笔者认为，由于语文素养是语文课程的核心概念，所以将语文素养作为着眼点，建立健全高校语文课程目标体系，不仅与高校语文课程改革新理念不谋而合，还能更深入地探讨和完善高校语文课程标准中的目标，从而有效避免对高校语文课程目标复述的简单化、平面化、机械化。

二、高校语文课程教学目标确立的依据

教学目标的确立不是一个简单的过程，进入 20 世纪之后，越来越多的教学研究者关注并投入到对教学目标的研究中，如杜威（Dewey）、泰勒（Taylor）、塔巴（Taba），并提出了自己独到的看法和见解，渐渐形成了比较受到人们认可的三方面教学目标确定的依据，分别为学生的需要、社会的需要、学科的发展①。迄今为止，在教学研究领域，虽然世界各地众多的研究者对于学生、社会、学科之间的关系尚未达成共识，但将这三个因素作为教学目标确立的依据这一问题基本不存在争议，如图 2-2 所示。

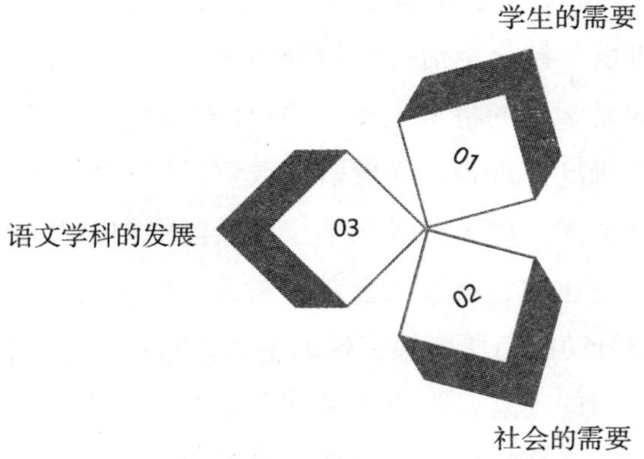

图 2-2　高校语文教学目标确立的依据

---

① 洪华平．高校语文教学与和谐课堂创设研究 [M]．北京：国家行政学院出版社，2018：27-30.

（一）学生的需要

高校语文教学具有促进学生身心发展的基本职能，所以高校语文教学目标的确立必须要充分考虑学生的现实需要。学生作为完整的个体，不同学生的需要、兴趣、爱好不尽相同。高校语文的教育对象以大一、大二年级的学生居多，考虑到这一群体的生理、心理发展已近乎完成但尚处于不成熟阶段，所以，高校语文教学目标的确立需要全面、认真、深入地研究教育对象这一成年群体，准确了解他们当下的语文水平，结合他们的性格、年龄、兴趣爱好、所学专业等因素，科学地分析和研究受学生欢迎、青睐的教学方式，以及学生迫切需要提高哪些语文知识和能力。由此才能准确锁定高校语文教学目标的关键，做到“对症下药”。

（二）社会的需要

学生是现实社会的成员之一，每个学生最终都要变成社会人，融入社会这个大家庭中，高校教育的重要任务之一就是帮助学生完成社会化的转型。因此，社会的需要是高校语文教学目标的主要来源。

按照时间维度，社会生活可以划分为两方面，一方面是学生的现实生活，另一方面是学生的将来生活。高校语文教学目标的确立，也需要充分考虑这两个维度。首先，高校语文教学目标的制定应该将学生视为一个个有血有肉的人，应充分满足学生的实际需要；其次，还要加强对大学生可能生活的建构，重视社会对未来人才提出的要求。所谓可能生活，指的是人类行动能力所能够实现的生活，其目的是幸福生活。总之，高校语文教学目标的确立，需要立足社会对大学生语文知识和素养的要求，以及社会对合格高校毕业生规格的要求，只有这样，才能将大学生培育成完满的现实生活和可能生活的主体。

（三）语文学科的发展

不同学科有着不同的特点，每个学科均具有自己独特的知识结构、内容体系、发展趋势等。高校语文教学目标的确立，应从整体出发，全面了解高校语文的知识结构、内容体系，同时以语文学科功能、发展趋势为导向来进行。具体来说，高校语文教学目标的确立要积极采纳学科专家的建议，因为学科专家通常对本学科的认识有着更高的广度和深度，对学科功能、未来发展方向有着更精准的判断和把握，能够为教学目标的制定提供更有效、可靠的学科信息。

综上所述，学生的需要、社会的需要、语文学科的发展三个要素是高校语文教学目标确立的依据，在教学目标的确立中相互制约、相互作用。要想保证高校语文教学的平衡发展，三个要素的地位应当是平行的，切不可过分强调三个要素的任何一方，否则将会造成高校语文教学的失衡发展。

二、高校语文课程教学目标的分类

相比于中学语文教学，高校语文教学具有更突出的综合性、技能性，注重对大学生人文素质、语文应用能力的培养，为大学生未来就业做准备。根据课程呈现的形态，可以将课程划分为显性课程、隐性课程两大类，显性课程产生的教育影响是有预期、有计划的，隐性课程产生的教育影响是非计划、非预期性的。高校语文课程也有显性课程、隐性课程之分，前者是以课本为媒介组织的一系列听、说、读、写的实践活动；后者有广义和狭义的区别，广义的高校语文隐性课程主要包括校园文化、物质环境、教师风貌等；狭义的高校语文隐性课程指的是隐藏在显性课程内容中的人文思想的影响与教育。由此推衍，高校语文课程教学目标本身也可做显性目标、隐性目标的区分。

高校语文课程教学的显性目标主要包括三部分内容，分别是语文知识目标、语文能力目标、语文智慧目标等；高校语文课程教学的隐性目标也主要包括三部分内容，即审美能力、探究能力以及各种情意要素，如图 2-3 所示。高校语文课程教学中的显性目标和隐性目标并不是相互割裂、互不相关的，而是相互渗透、紧密结合，成为完整统一的目标体系，对于学生的可持续全面发展而言，两者缺一不可。

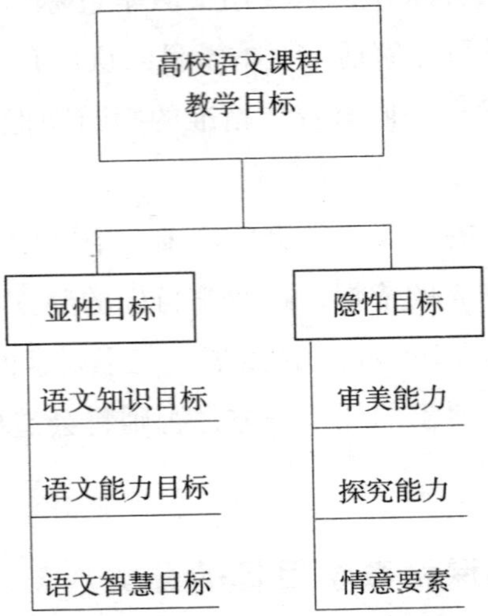

图 2-3　高校语文课程教学目标的分类

（一）高校语文课程教学显性目标

高校语文课程教学的显性目标指的是高校语文课程教学的最直接的目标，其中也包括语文智慧目标，以下主要阐述语文知识目标、语文能力目标。

1. 语文知识目标

该目标指的是对学生掌握最基本语文知识的要求。大学语文课于 1978 年重新设立，自此受到了人们的广泛关注，相关研究日益丰富。但是，有关高校语文价值、功能的认识是近些年才受到众多教育研究者的普遍关注。从目前高校语文教学开展的情况来看，很多非中文专业的大学生，特别是理工科学生的中文水平普遍不高，使用错字、别字现象不容乐观，甚至有学生不知道书信、申请书的格式。由此可见，提高当代大学生的语文知识水平已是迫在眉睫。在中学语文课本中，不同单元之间的联系不高，同一单元中文章的体裁往往相同或相近，不同年级对应着相应的教材，对于认知水平有限的中学生来说，难以从整体上对知识做到全面的把握。而高校语文的教材在编制过程中通常是以史为纲，有助于学生建立新旧知识的联结，全面整合知识，形成系统性、完整性的知识体系。高校语文教学应该以中学语文为基础，尽可能为学生提供中国文学的基本框架，帮助学生更透彻地理解与掌握语言知识，全面掌握文学发展脉络。

2. 语文能力目标

语文能力目标主要包括以下三方面的能力，一是独立阅读能力，首先要帮助学生具有独立阅读的能力，在此基础上再进一步发展独立阅读的能力。二是自主写作能力，首先要帮助学生树立独立写作的意识，在此基础上再进一步引导学生尝试着进行有创意、有个性的表达，按照自身特长、兴趣爱好自主进行写作。三是口语交际能力，与传统的听、说能力相比，新时代高校语文课程应更加关注学生现场性、即时性口语能力的培养与提升。

（二）高校语文课程教学隐性目标

1. 审美能力

文学可以让人变得非常富有诗意、情感，变得更像“人”。这是因为文学是一门依托语言符号塑造人物形象、传达作者的语调和态度、形象化地反映社会生活的艺术。审美功能是文学的特性和基本功能，高校语文教学是培养学生审美能力的重要途径。

高校语文教学内容涵盖诗歌、散文、小说、戏剧等各种体裁的作品，这些作品中蕴含着不计其数的逻辑美、义理美、情感美、趣味美、意境美。语言是文学的第一要素，无论是哪种体裁的文学作品，都需要以语言为载体准确表达相应的主旨，以语言为载体抒发特定的情感，以语言为载体展现美好意境。学生在语文学习中，其目光和注意力往往会被优美的语言所吸引。教师在引导学生感悟唯美的语言时，要让学生透过作品，深层次理解其背后隐藏的道理，使学生的审美情趣在不知不觉中受到影响和陶冶，逐步提升学生感受美、创造美的能力。

2. 探究能力

现代社会对人提出了更严格的要求，不仅要才思敏捷，还要具备良好的探索精神和创新能力，能够更深刻地认识、理解、思考自然社会和人生。语文学习和实践过程实质上是一个探究的过程，即学生通过进行有效的阅读、写作、口语交际活动，从中寻找自我的人生价值，循序渐进地形成自己的思想和行为准则，树立远大的人生理想和崇高信念，不断增强为实现中华民族伟大复兴的中国梦而努力的使命感、社会责任感。

3. 情意要素

这里的情意要素主要包括道德品质、理想精神以及意志力量等，这些都是人格体系中不可或缺的重要因素，是语文素养的潜隐部分。培养学生这些积极向上的情意要素，是高校语文课程更内在、更深层次、更高质量的价值追求，是高校语文课程的隐性目标。

综上所述，高校语文作为一门培养学生能力、人文精神的基础课程，在学生母语素养的提升、中华优秀传统文化的传承等方面，有着其他专业学科课程不可比拟的优势。高校语文教学应充分发挥自身优势，在实施中落实显性目标和隐性目标，促进学生全面发展、社会可持续发展，实现高校语文教育的高质量发展。

第三章　高校语文课程实施的价值与实现

第一节　高校语文课程的概念

一、“语文”的由来

我国古代的语文教育没有独立设科，也并未使用“语文”这一词语，语文教育往往是与哲学、史学、伦理学、经学、社会学乃至自然科学等融合在一起的。在我国古代教育中，语文教育的基本过程主要分为先后两个阶段，第一个阶段是集中识字，讲授内容以蒙学读物为主，如《三字经》《百家姓》《千字文》；第二个阶段是学习以“四书”“五经”为主的儒家经典著作。除此之外，以文章的选集作为补充读物和写作规范。

古代语文教育兼具功利性、工具性的鲜明特点。古代语文教育几乎都是在儒家思想的指导下实施的，首要目的在于德育。如《礼记·学记》中记载：“建国君民，教学为先”[①]；《大学》中有这样一段话：“大学之道，

① 戴圣．礼记[M]．张博，编译．沈阳：万卷出版公司，2019：233.

在明明德，在亲民，在止于至善”。[①] 因此，语文教育在古代逐渐演变为便于统治者进行思想控制和政治统治的工具。随着科举取士制度的建立与推行，语文教育逐渐变成了科举考试的附庸。

近代废科举、兴学堂等教育改革事件的发生，标志着中国近代制度化教育的兴起，语文逐渐开始单独设科。在近代，在部分教育家和改革人士的主张和提议下，语文学科突破了文字、文学的内容界限，在小学、中学分别被定名为国语、国文。国语，指的是全国统一使用的共同语言，随着白话文走进语文课堂，借助白话文表示新文学是国语的显著特征。所谓国文，指的是本国的文字。国文旨在通过引导儿童学习普通语言文字，培养儿童正确表达思想的能力，并使之领悟高深的文字，启发学生智慧。

“语文”作为一个学科名字最开始是在1949年出现的，中华人民共和国成立之后，全国统一编写教材，采纳了叶圣陶的提议改称为“语文”。叶圣陶说：“彼时同人之意，以为口头为‘语’，书面为‘文’，文本于语，不可偏指，故合言之……可以证之。”[②] 根据叶圣陶的观点可知，“语文”指的是语言，书面语言和口头语言合起来就叫作语文。全国统一的语文教材以《语文》命名，并于1950年6月正式面世，这套教材中的《编辑大意》提道：“说出来的是语言，写出来的是文章，文章依据语言，‘语’和‘文’是分不开的。”“语文”的正确命名，是对语文课程性质的充分反映，对实际教学中实现“语”和“文”的和谐统一具有积极作用。

二、高校语文课程的概念

大学语文课作为高等院校中一门重要的文化素质教育课程，是面向文、理、工、农、医、外语、教育、财经、政法、艺术等专业学生所设置的，是大学生接受文化素质教育的重要途径。高校开设大学语文课程

---

① 曾参．大学[M]．刘强，编译．北京：中国纺织出版社，2007：2.

② 叶圣陶．叶圣陶语文教育论集[M]．北京：教育科学出版社，2021：520.

的目的在于：引导学生学习汉语言文学方面的知识，逐步提高学生的阅读能力、欣赏能力、理解能力、表达能力。从课程性质和目的角度来看，高校大学语文课程面向非汉语言文学专业学生，致力于提高其文化素养。2006 年 9 月，我国颁布了《国家“十一五”时期文化发展规划纲要》，明确要求全国范围内的高等院校施行大学语文教育，将大学语文课划分至公共选修课范畴，自此，大学语文课在政策上成为高等院校中的选修课之一。

三、高校语文课程的类型

普通高校的课程体系应包括三个组成部分，分别为基础理论、专业知识和技能、人文素养，这三部分相互依存、相互影响。高校语文课程是高等教育的一门基础课程，这一观点得到学界研究者的广泛认可与遵从。2006 年 11 月，全国高等学校大学语文教学改革研讨会在湖南举办，在以下两方面达成一致意见，如图 3–1 所示。

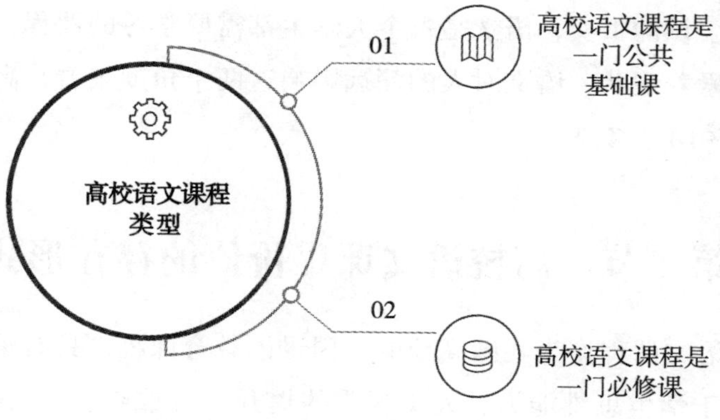

图 3–1　高校语文课程类型

（一）高校语文课程是一门公共基础课

对于高校语文课程的归属问题，不同学者提出了不同的观点。部分学者认为高校语文课程应归属于人文素养课程范畴，因为该课程是围绕人文素养进行的；也有部分学者认为高校语文课程应归属于基础理论课程范畴。笔者认为，高校语文应属于公共基础课范畴，所谓“公共”，指的是高校语文课程是面向不包括中文专业学生在内的所有学生而设置的一门课程；所谓“基础”，语文课程的开设通常选择在高校的低年级，主要是为了提升大学生自身的整体素养，为其他学科的学习奠定良好基础。故而，高校语文课程在高等教育课程体系中占据重要地位，应当受到学校、教师、学生的广泛关注与高度重视，在充分保证课时的基础上，努力提高教学效果，从而如期完成既定的教学目标。

（二）高校语文课程是一门必修课

现阶段，大多数普通高等院校都将大学英语课设置成必修课，少数学校将该课程设置成选修课。如果大学语文课对于学生来说是一门选修课，学生就可以根据自己意愿选择研修或不研修，这就容易导致大学语文课沦为高校的“墙角课程”。而当代大学生语文素养较为薄弱已是被学校和社会公认的事实，语文是每个大学生都需要学习的课程，所以从大学生语文素养现状、语文对人的深远影响这两个角度来看，高校语文课程应当是一门必修课。

第二节　高校语文课程价值的存在形式

高校语文课程作为我国高校的一门母语教育课程，具有重要的个体价值，对于学生思维能力、人文素质的提升具有重要意义。除此之外，高校语文课程还具有不容小觑的社会价值，社会价值的实现需要建立在学生个体价值实现的基础之上。高校语文课程的有效实施，对于个人、集体乃至全社会都具有非比寻常的意义。本节主要从社会价值、个体价值两方面入手，阐述高校语文课程的具体价值，如图 3–2 所示。

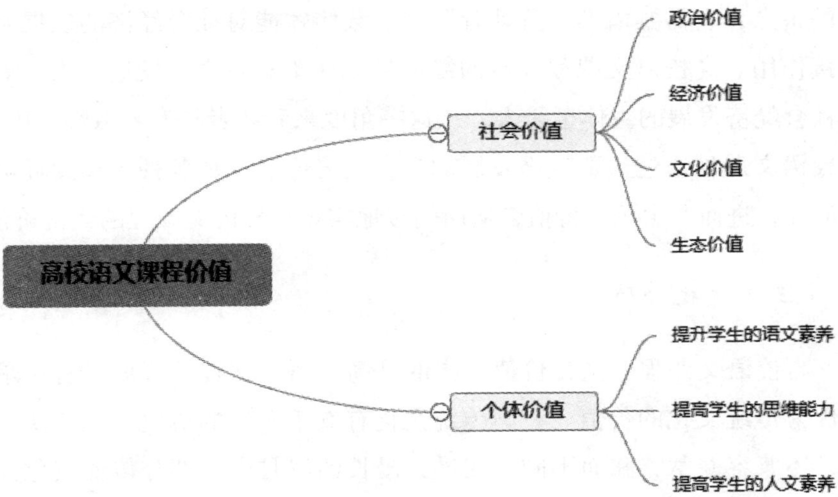

图 3-2　高校语文课程价值

一、高校语文课程的社会价值

（一）政治价值

高校语文课程的政治价值，指的是高校语文课程开展所带来的社会精神生产价值。高校语文课程内容涵盖范围十分广泛，其中包括非常丰富的政治思想。高校语文课程的实施，一直矢志不渝地坚持中国特色社会主义理论，将国家的需要和学生的发展连接在一起，使学生在语文学习中形成政治认同意识，并逐步树立并内化正确的政治观点，从而为社会政治的持续、长远发展做出不可磨灭的贡献。

（二）经济价值

高校语文课程的经济价值，指的是高校语文课程的开展所带来的对人和社会在经济层面的意义，简单来说，就是对于社会经济发展所带来的影响。对于社会经济的发展而言，高校语文课程发挥的作用具有间接性的特点，它需要借助“劳动者”这一载体才能对社会经济的发展发挥间接作用。高校语文课程开展的终极目标在于塑造全面发展的人，而促进社会经济发展的主体也是人，从这一角度来看两者具有一致性。因此，高校语文课程通过塑造全面发展的人，人再通过参加各种各样的社会经济活动，进而产生经济价值，从而间接地实现高校语文课程的经济价值。

（三）文化价值

高校语文课程的文化价值，指的是高校语文课程的开展具有传承中华优秀传统文化的价值。我国传统文化有五千多年的历史，不仅博大精深，还兼容并蓄、和而不同。在过去漫长的岁月中，部分传统文化没有有效流传下来，而是遗失在历史长河之中，但值得庆幸的是绝大多数优秀传统文化都得到了完整的保留，这毋庸置疑要感谢每一个对文化传承有所贡献的先辈。不仅如此，教育也肩负着文化传承的重要使命，高校语文教育也不例外。

历代名篇佳作都是传统文化宝库中的不可多得的珍宝，作品中蕴含着“路漫漫其修远兮，吾将上下而求索”的宽广胸怀；蕴含着“安能摧眉折腰事权贵，使我不得开心颜”的崇高精神；蕴含着“待到山花烂漫时，她在丛中笑”的傲然之气；蕴含着“出师一表真名世，千载谁堪伯仲间”的爱国热情。总之，开展高校语文课程，不仅能帮助学生认识和了解我国历代的传统文化和传统美德，还能很好地净化和提高学生的思想境界。通过一代又一代的大学生对语文课程的学习，势必能够让中华优秀传统文化世世代代活下去、传下去。

（四）生态价值

21 世纪是生态文明的世纪，生态环境与每个人息息相关，其重要性不言而喻。随着全球变暖、土地荒漠化、臭氧层破坏等一系列生态问题的出现，再加之地震、泥石流、海啸等各种自然灾害的频发，人们不得不深刻意识到保护生态环境的必要性和重要性，生态教育理念也应运而生。作为一门人文素质教育课程，高校语文的宗旨与生态教育理念不谋而合。

1. 高校语文课程能够培养学生尊重自然的意识，引导学生树立正确的生态观

早在古代，很多思想家就对天地、自然怀有无限尊重的态度，如庄子提倡以“自然”为核心①，老子提出“人法地，地法天，天法道，道法自然”②，这都体现了崇尚自然的思想，他们倡导在处理人与自然关系时应该坚持“天人合一”的基本法则。在诗人的笔下，自然界是五彩斑斓、生机盎然、其乐融融的，是具有灵性的，更是永恒的。一首《春江花月夜》，诗人赋予了明月、潮水、夜空、花林、白云、沙滩等物体鲜活的生命，勾勒出一幅幽美邈远、惝恍迷离的春江月夜图，营造了一个神话般美妙的境界，使读者深刻感受到自然的魅力和活力，体会到自然存在的本位价值。

2. 高校语文课程能够培养学生对自然界的热爱，促使学生自觉践行环保行为

文学作品中蕴含着作者对生命的顿悟，也浸润了作者的真情实感。初唐诗人骆宾王于七岁时创作了《鹅》这个五言古诗，生动形象地描写了鹅这一自然事物的动作、外形、体态，表达了作者对鹅的喜爱之情，同时也成就了《鹅》这首诗，使其能够流传至今，令大家耳熟能详。高校语文课程能够发挥自己在教育资源方面的优势，采用自己独有的声情并茂的教学内容和方式，培养学生对大自然的喜爱之情，并内化为生态观念、价值观，从而投身于保护生态环境的社会实践中。

作为新时代中国特色社会主义的接班人，大学生必须要将生态观念内化为自己的价值观、世界观，并外化于行，将社会建设成富强、民主、

① 庄子．庄子[M]．南昌：江西美术出版社，2018：59-70.

② 老子．道德经[M]．何占涛，编译．沈阳：万卷出版公司，2019：103.

文明、和谐、美丽的社会主义现代化强国。因此，高校语文课程的生态价值是有目共睹的。

二、高校语文课程的个体价值

（一）有助于提升学生的语文素养

语文课程的基本任务在于帮助学生形成良好的听、说、读、写的能力。中小学教育阶段的语文课程以培养学生听、说能力为主，高等教育阶段的语文课程以培养学生读、写能力为主，即阅读能力、写作能力，同时也要重视学生语言表达能力的培养。

1. 培养学生的阅读能力

阅读是大学生扩充知识储备库、开阔视野的主要途径。阅读由一系列过程和行为共同组合而成，学习阅读的过程是学习如何从所阅读的材料中有效、准确地提取出有价值的信息的过程。高校语文课程是高等院校开设的大学语文课，理所应当积极肩负起培养大学生阅读能力的使命。相比于中学教育阶段，高等教育阶段的语文教材在内容的呈现上更加丰富，包括不同年代国内外各种体裁的高质量文学作品，篇目数量有了极大的提升，无形之中扩展了学生的阅读视野。

在日新月异的信息化时代，知识更迭速度不断加快，各种报纸、书籍、电子信息等使人目不暇接，一个人要想在短时间内快速获取更多的新信息，阅读是主要途径之一。高校语文除了要帮助学生学习系统、完整的文学知识，还要传授给学生正确、高效的阅读方法，激发学生对阅读的兴趣，逐步提升学生的阅读能力，从而培养学生良好的阅读习惯。阅读并非“走马观花”式泛泛地阅读，而是有目的、有选择、研究性、思考性地阅读，学生通过阅读进一步理解作品的含义，并在此基础对文章形成深刻且独到的见解。

2. 培养学生的写作能力

写作能力的培养贯穿于中小学语文教学的全过程，尤其是高中语文课程非常注重对学生写作能力的训练。部分人认为高校教育阶段的语文教学不需要再重视学生写作能力的培养，这种观点是不正确的，高校语文教学对象以非中文专业的学生为主，很多学生写作能力并不尽如人意，大学生写作困难是一种屡见不鲜的现象。无论是实验报告还是开题报告、论文写作，这些大学学习中必不可少的内容都要求大学生具备一定的写作能力，所以写作是大学生生活、学习的重要环节。写作能力的培养不仅仅是高校语文教学本身的主要任务，更是大学生未来生活和工作的基础，任何行业、领域的职业都需要从业者掌握一定的写作技巧，这是一项从业者顺利完成各项工作任务的基本技能。写作能力的提升重在平时的训练，教师在高校语文教学中要有目的、有步骤、有重点地传授给学生应用文写作基础知识，加强对学生写作实践的帮助与指导，着力提高学生写作的规范性，实现学与写、理论与实践的有机结合。

3. 培养学生的语言表达能力

语言表达能力是人们参加各种社会交往活动所必备的一项基本技能，对于社会发展具有非常重要的作用。口才是语言表达能力的一种体现，唯美的语言是对自身素质的一种体现，主要取决于后天的教育和学习。人如果无法正确、有效地运用语言，将很难生存于社会这个大集体之中，发展更是无从谈起。实际上，训练学生的语言表达能力是让学生语言表达用词准确、语意明白、观点明确、层次清晰的能力。在高校语文教学中，教师需要帮助学生了解语言表达的规律，让学生清楚地知道语言的风格特点，深刻体会语言的表现力。单纯依靠教师的理论讲授，难以保证语言表达能力的训练取得显著的成果，因此，教师要善于开发多样化的训练途径。比如，第一，设置差异化题目，提高学生语言表达的积极性。在学生回答问题时，教师要求学生语言表达尽可能追求简明生动、条理清晰。第二，教师可以从教学内容出发，拟定相关话题，鼓励学生讨论、发言。第三，教师可以组织系列主题演讲，选择受学生欢迎的主题和作品，引导学生自由演讲，由教师和其他学生进行点评，锻炼学生的口语表达能力。第四，组织情景剧表演，要求学生以小组为单位，采用自导自演的方式，提高课堂活跃度，调动学生课堂学习的参与度，让学生在轻松、愉悦的氛围中提高语言表达能力。基于教学目标的指导，教师对学生的语言表达能力进行有目的地培养，允许学生自由选择表达方式，自如地表达所思、所想、所感，在丰富的情境下充满自信地听和说。

（二）有助于提高学生的思维能力

1. 培养学生的批判性思维能力

任何一部文学作品的创造都有其自身的背景和立足点，都在一定程度上反映了当时的社会背景和作者的思想情感，呈现出很多极具批判性的观点。诸如鲁迅通过《孔乙己》批判了封建社会的腐朽与落后，同时辛辣地讽刺了咸亨酒店里看客的冷漠与麻木；鲁迅还借助《阿 Q 正传》深刻批判了国民的“精神胜利法”；曹禺利用《雷雨》揭露了旧中国旧家庭和社会的种种罪恶。

除了上述所列举的这些优秀文学作品，还有很多文学作品富有强烈的批判精神，可以说，高校语文课程向学生呈现了一个千头万绪、盘根错节、鱼龙混杂、丰富而真实的现实世界。大学生通过语文课程的学习，能够更全面、充分地了解现实世界的善、恶、美、丑，形成独到、犀利、耳目一新的见解，不盲目相信权威，而是善于用审视的眼光看待问题，逐步形成独立、批判的思维方式，正确分辨和看待现实世界中的善与恶、美与丑、真与假。

2. 培养学生的创新思维能力

在知识大爆炸的时代，创造性活动是不可或缺的，要想顺利开展创造性活动，首先要具备良好的创新意识。创新意识是创新能力形成和提升的重要前提。从某种程度上来看，创新能力是衡量一个国家发展能力的关键标准。对于大学生来说，必须要具备一定的创新意识和创新能力，否则将很难较好地完成专业论文、参加创新创业大赛等。

高校作为培育创造性人才的摇篮，对国家创新体系的建设具有积极的促进作用。高校语文课程的教材中的主要篇目是经典文学作品，而这类作品有一个显著特点，即天马行空。作者通过充分发挥想象力，能够通过文字创造出不存在于世界中的事物和意象，从而更好地服务于中心思想和情感主旨。以长篇神魔小说《西游记》为例，这是一部充满丰富、奇特想象力的文学巨典，作者讲述了唐僧师徒四人战胜重重难关，共破九九八十一难，顺利抵达西天取得真经的故事①。作者塑造了一个智勇双全、神通广大、斩妖除魔的孙悟空形象，将其刻画成拥有七十二般变化、宁死不屈、敢于和黑暗势力做斗争的“神猴”，这恰恰反映了人们的理想和要求，表现出人民迎难而上的必胜信念。这些都是作者为了反映真实、复杂、丰富的社会现实而想象的艺术形象，给人们留下了无限想象的空间。

文学作品的创作需要丰富的想象力和虚构能力，而想象力是创新意识和创新能力形成和发展的重要前提和基础。因此，引导学生阅读和学习文学作品，不仅能丰富学生的想象力，还能使学生的创新意识和创新能力在不知不觉中得到有效培养和提升。

（三）有助于提高学生的人文素养

高校语文教学内容不仅包括中国几千年来积累的名著与名篇，如《迢迢牵牛星》《行路难》《移居二首》《浪淘沙》《有所思》《饮中八仙歌》《我爱这土地》《谏逐客书》《张中丞传后叙》《赤壁赋》《洛神赋》《桨声灯影里的秦淮河》等，还包括很多国外著名的文学作品，如《西风颂》《红红的玫瑰》《欢乐颂》《财神与爱神》《老人与海》《苦恼》《给青年的忠告》

① 吴承恩．西游记[M]．乌鲁木齐：新疆青少年出版社，2022.

等。这些古今中外浩如烟海的经典名著，不仅记录了社会生活的方方面面，还蕴含着人类的喜怒哀乐、悲欢离合、爱恨嗔痴。学习这些佳作美文，不仅能丰富学生的语言知识，还能帮助学生积累更多文学知识、历史知识、哲学知识、艺术知识等，积累更多古今中外人文领域的基本知识和成果，提高学生的人文素养。

1. 提高学生的道德水平

在高校语文教学中，利用古今中外优秀、经典的文学作品，引导学生分析作者和作品中人物的性格，感悟作品表达的真挚、健康的思想情感和博大精深的理性智慧，让学生的思想和情感在潜移默化中得到影响和改变，逐步提升学生的道德水平，促进学生对生活、社会、人生的思考，并积淀为精神世界最本质、最深层的东西，即正确的世界观、人生观、价值观。如孟子提出的“老吾老，以及人之老；幼吾幼，以及人之幼”①，体现了尊老爱幼的思想，能够洗礼学生的精神，提升学生的道德水平，最终使学生萌生出对中国优秀传统文化的热爱之情。

2. 提高学生的审美能力

审美教育是高等教育必不可少的组成部分，高校开展有效的审美教育，能够引导学生逐渐树立良好的审美观念，让学生正确地辨别真与假、善与恶、美与丑，培养并发展学生的审美能力，将学生塑造成全面发展、健康发展的高素质人才。在审美教育的开展方面，高校语文课程有着其他课程不可比拟的优势，它主要是通过文学鉴赏的形式实现。这里的文学鉴赏指的是引导学生阅读优秀文学作品，并在此过程中产生一系列的心理活动而形成审美享受的过程，包括认知、感触、品味、想象、回味等心理活动。通过文学鉴赏的形式，在拓展学生眼界的同时，还能让学生更深层次、更全面地认识现实社会以及客观存在的万事万物，获得更多美的享受，以达到净化学生心灵、陶冶学生情操的目的。诸如张岱的《湖心亭看雪》描绘了一幅幽静深远、洁白广阔的雪景图，表达了作者对

① 孟子．孟子[M]．哈尔滨：北方文艺出版社，2019：14.

自然的赞美与向往，是一篇具有较高欣赏价值的雪夜游记的小品文。再比如，沈从文的《边城》描写了人们诗意的生活、秀丽的自然风光、和谐纯朴的民风，这个质朴美丽的“湘西世界”有助于提高学生的审美意识和审美能力。

3. 提高学生的心理素质

最近几年，各行各业竞争愈演愈烈，对于即将走向社会的大学生群体而言，他们面临着来自生活、学习、工作等方面的巨大压力。大学生犯罪案件时有发生，这警示人们大学生心理问题日益突出，必须要对大学生的心理健康提起高度重视。

高校语文课程作为高校教育课程体系的一部分，在日常教学中可以潜移默化地影响学生的心理。高校语文课程使用的教材以古今中外优秀文学作品为主，利用作品中隐藏的伟大精神和品格来影响学生，可以帮助学生更加顺利地完成人生转型。《论语》中“己所不欲，勿施于人”①，教导和启发人们在生活中要尊重他人，不要强求他人做不愿意做的任何事。中国当代作家史铁生通过创作《我与地坛》这篇散文，利用自己的亲身经历和感悟，启发人们在面对生活中的各种挫折和困难时，要顽强地生存下去，还要活出更大的意义和价值。由此可见，高校语文课程可以在循循善诱中影响学生的心理，提高学生的心理素质。

第三节　高校语文课程价值实现的路径

高校语文课程价值的存在形式使人们深刻认识到高校语文课程具有丰富的价值。从价值客体（高校语文课程）角度来看，其价值只有在实现中才能算得上是真正的价值；从价值主体（人）角度来看，其只有在价值实现后才可以真正满足自身的需要，从而实现主客体的有机统一。因此，认识和创造高校语文课程价值的目的就在于实现其价值。本

① 孔子．论语[M]. 杨伯峻，杨逢彬，注译．长沙：岳麓书社，2018：145.

节主要围绕如何实现高校语文课程价值提出了几点路径建议，如图 3-3 所示。

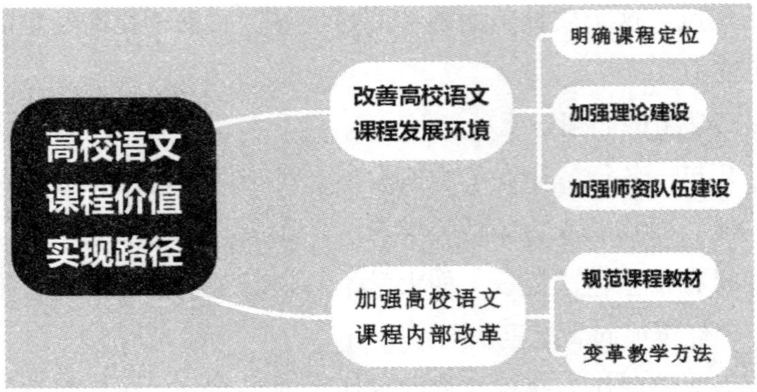

图 3-3 高校语文课程价值实现路径

一、改善高校语文课程发展环境

（一）明确课程定位

高校语文课程价值的充分实现，首先要明确课程定位。只有明确课程定位，才可以引起越来越多人的关注和重视，从而更好地实现高校语文课程的价值。高校语文课程作为高等教育的重要组成部分，无论是对于学生的全面发展，还是社会的和谐发展，所发挥的作用都是不可估量、不可替代的。它不仅可以直接推动学生的全面发展，还承担着传承优秀文化、弘扬人文精神、构建和谐社会等重要任务。

对于高校语文课程的定位，既不能随心所欲地随意定位，也不能一次性地永久定位，而是应该从实际出发，迎合时代发展的潮流，进行科学合理、实事求是的定位，从而保证课程定位的合理性、有效性、发展性。由此得到启发，高校语文教学并不只是中学语文的延续，而是应该在中学语文学习的基础上进行积极改革、创新和发展。高校语文课程还是一门对母语有强化功能的人文素养教育课，但其又区别于思想政治、哲学、历史等课程，有其自己与众不同的性质和特征。

对各级各类普通高校而言，当务之急在于提升高校语文课程质量。学校类型不同，人才培养的目标定位必定有所不同。高校语文课程作为一门基础课程，也应该根据本校类型进行合理的定位。对于高职院校而言，其人才培养目标在于培育更多高素质劳动者，因此，高职院校语文课程的定位应该是公共基础课，注重学生知识结构的完善，重点培养学生的适应能力。对于普通本科院校而言，其人才培养目标在于培育更多高级专门人才，相应的，语文课程的定位应该是必修课，要致力于提高学生的文化性、审美性，在学生学习经典文学作品的过程中，提高学生的文化修养、审美趣味。在定位高校语文课程时，如果能够充分考虑学校类型，将有助于提高课程定位的准确性，有助于提高高校语文课程教学质量。

学校类型不同，学生的语文基础也存在显著差异，即便是同一所学校，由于学生所处专业不同，他们的语文水平也有所不同。因此，简单、粗暴地让全体学生接受相同的高校语文教育，将很难取得令人满意的教学效果。因此高校必须要从本校学生的实际情况出发，坚持“因材施教”原则，实施有的放矢的教学。具体来说，高校可以参照和借鉴大学英语分班教学的措施，首先组织全体学生参加语文测试，以测试结果为依据将语文课程划分成初、中、高三个层次的班级，并为这三个层次班级的学生制定针对性的教学方案。由此一来，不仅能更好地激发学生的学习兴趣，还有助于取得超乎预期的教学效果。

（二）加强理论建设

要想使高校语文教学实践有条不紊地开展，并实现更好、更快的发展，国家相关部门和各大高校都必须支持和鼓励高校语文课程的理论研究工作，进一步发挥学术团体、学术咨询机构的作用，更好地指导高校语文课程的实施，对此可以从以下两方面入手。

1. 教育部高等学校中文学科教学指导委员会要重视和关注高校语文课程的研究

教育部高等学校中文学科教学指导委员会应针对高校语文课程研究工作的开展，积极创办相关的学术团体或协会，组建专业化程度较高的研究团队，开展周期性的高校语文课程研讨会，不断加强高校语文课程的理论建设。

2. 各大高校应重视语文课程，设立专门的研究组

各大高校要积极在学校内部针对语文课程创办专门的研究组，研究组需要结合本校的实际情况，编制一套适用于本校的语文教学大纲，为语文课程在本校的开展与实施提供根本遵循与方向指南。同时，各大高校不能因循守旧、安于现状、关起门来自己研究，而是应该加强校际的合作与学习，互相借鉴对方的有价值的经验。这样一来，高校通过学习与研究其他高校的教学经验，结合自身情况进行选择性地借鉴，合理地改进自己的教学方案，有助于促进语文课程向更好的方向发展。

（三）加强师资队伍建设

为了提升高校语文课程教学的实效性、针对性，建设一支实力雄厚、量足质优的高水平师资队伍是非常有必要的，对此可以从以下两方面着手。

1. 增强教师队伍的稳定性

当前阶段，高校语文课程的教师队伍存在不稳定的现象，究其原因，主要是语文课程的教师在高校中所处的地位不占优势。与大学英语教师、专业课教师相比，大学语文教师的薪酬待遇、发展空间、科研状况都不突出，而且，在精品课程、申报课题等方面的机会也相对较少。在此背景下，高校语文课程对教师的吸引力不足，造成了大学语文教师队伍的不稳定性。为了改变这一严峻局面，高校要全力以赴提高大学语文教师的地位，一方面要适当提升他们的福利待遇，另一方面要创建专门的大

学语文研究室，为大学语文教师更好地投入到教学、科研工作中提供稳定、可靠的平台。

2. 提高教师队伍的综合素质

高校语文课程对任课教师提出了高要求，这是由高校语文课程的独特性、重要性所决定的。由于高校语文教学内容具有广泛性、丰富性，这就要求任课教师博学多才、见多识广，既要对文学知识融会贯通，又要对哲学、文化学、历史学等方面的知识有一定了解，由此才能保证在教学中为学生传授不限于文学知识的内容，从而不断拓展学生的知识视野，培养学生对语文课程的学习兴趣。由于高校语文课程具有人文性的特点，所以任课教师应当具备良好的政治思想修养和道德品质修养。高校语文课程实质上是一门提高学生人文素质的基础课程，任课教师的言行举止都会对学生产生潜移默化的影响。正所谓“律人先律己，律己方律人”，只有任课教师本身具有正确的人生观、价值观以及高尚的道德情感，才可以发挥自身积极、正确的引领作用，促使学生朝着更好的方向发展，从而实现高校语文课程的价值。

另外，为了优化大学语文教师队伍，高校可以从以下两方面着手。一方面，高校可以从校外聘请专业的高水平学者讲授语文课程，通过“一教师一专题”的方式，增强高校语文教学的效果。由于知名学者对于高校语文课程的研究已经达到了较高的水平和境界，他们学富五车，语言诙谐，教学风格独特，散发着个人魅力，能够使学生将注意力集中于语文课程的学习中。当然，并非所有高校都达到了聘请高水平人才的条件，基于此，高校可以在本校范围内挑选出学术水平高、经验丰富、讲课水平高的骨干教师，担任高校语文教学工作。另一方面，高校要积极鼓励大学语文教师不断提升自己，引导其将名师作为自己工作中的榜样和目标。大学语文教师要时时处处严于律己，不仅要对专业知识了如指掌，还要具备夯实、坚实的专业知识基础，不断提升自己的综合素质，尽一切努力成为一名优秀的大学语文教师。

二、加强高校语文课程内部改革

（一）规范课程教材

为了充分实现高校语文课程的育人价值，让学生在大学四年时光中获得更多的收获，提高其人文素养，优质教材的选择无疑是相当重要的。在高校语文课程教材的选编过程中，应注意以下几点。

1. 归类性

高校语文教材的编写需要遵循一定的规律，并不仅仅是根据文学时代进行编写，而是应该以此为基础，再结合文学作品的题材和主旨进行分单元、分类别编写。以徐中玉、齐森华、谭帆主编的《大学语文（第11版）》为例，该教材将所有作品分为十二类，即仁者爱人、和而不同、以史为鉴、胸怀天下、故园情深、礼赞爱情、洞明世事、亲和自然、关爱生命、浩然正气、冰雪肝胆、诗意人生。[①] 采用这种方法编写教材的优点就在于便于教师和学生从整体上把握教材内容，为实际语文教学工作的开展提供便捷性。同时，在同一单元的学习中，学生也能获得不同的情感体验，对学生阅读能力、写作能力的提升也十分有益。

2. 全面性

中国文学有着十分悠久的历史，积累了不计其数的名家著作，将所有的文学作品都编入高校语文教材显然是不切实际的，所以要有选择性、有目的地选编。部分教材的文学作品以古代作品为主，不利于学生对各个时代精神的学习和认识，这在一定程度上会对现当代文学精神教育作用的发挥造成阻碍。因此，教材的编写必须要顾全大局，不能出现重古代、轻现当代的倾向，应选取各个时代的经典作品，帮助学生全面了解和认识我国的文学史。选文的篇目数量以本国作品居多是没有问题的，但也不能完全忽略国外具有代表性的优秀作品。一本优秀的教材应做到

① 徐中玉，齐森华，谭帆．大学语文[M].上海：华东师范大学出版社，2018：1-4.

兼容并包。

3. 大容量

一本高质量的高校语文教材，应该选编尽可能多的篇目，这样不仅有助于拓展学生的知识面，还能为教师讲授留有足够的空间。

4. 启发性

高校语文教材可以适当挑选一些具有争议性的文学作品，在阅读和学习中鼓励学生深入思考、畅所欲言，打破固定思维的局限性，让学生从不同角度、不同层面思考与分析问题。由此一来，不仅能达到增长学生知识的目的，还能提高学生独立思考的能力。

（二）变革教学方法

教学方法的优劣，对学生学习兴趣的高低、教学目标能否实现具有直接的影响。现阶段，以串讲为主的教学方法已经无法满足高校语文教学的需要，对高校语文教学效果的改善产生了不利影响。因此，变革教学方法已是大势所趋。

1. 采取师生互动的教学方式，充分发挥学生的主体性

步入大学阶段的学生正处于人生的青年期，其生理、心理渐趋成熟，形成了一定的逻辑思维能力、辩证能力、分析和解决问题的能力，并有表达自我、展示自我的需要和欲望。基于学生性格特征，高校语文教学要积极采用自主、合作、探究的教学方法，摒弃“霸权”课堂，打造“民主”课堂，充分调动学生的主体性。比如，在《长恨歌》的教学中，对于这首长篇叙事诗的主题思想，学术界始终都存在着争论，主要包括爱情悲观说、讽喻主题说、双重主题说等观点。教师可以先为学生介绍以上几种观点，之后要求学生自行完成相关资料的查阅与整理，形成自己的论点在课堂中进行讨论。此外，教师还能组织一场激烈的辩论赛，将学生分成不同的小组，要求学生围绕自己的观点展开辩论。由此一来，不仅能增强学生对作品主题思想的认识和理解，还能充分调动学生主动

学习的积极性，有效增强学生的辩证思维能力，从而取得显著的教学效果。

2. 课内学习为主，课内与课外学习相结合

高校语文课程需要传授的知识非常丰富，要想真正实现高校语文教学目标，仅凭高校设置的三四十个课时是远远不够的。因此，要想充分实现高校语文课程的价值，不能仅局限于语文教学空间，而是要打破课堂教学的局限性，将课内学习和课外学习有机结合，组织一系列精彩纷呈的课外活动，进一步拓展与延伸语文教学空间，增加课堂教学的容量。为此，一方面，教师要鼓励学生突破教材的局限性，积极探索绚丽多姿的文学世界，不断扩大阅读面、阅读量，使学生的文学感受力、鉴赏力得到持续性提升。另一方面，高校可以组织各种各样的校园文化活动、举办文学系列讲座、创办文学刊物等，这些都为高校语文课外活动的开展提供了更多的途径。组织这些意义非凡的活动，不仅能扩充学生的知识储备库，还能让学生积累更多的活动经验，使学生的人生阅历更加丰富。

第四章　高校语文教师的素养观培养

第一节　高校语文教师“阅读”素养

教师，尤其是语文教师，肩负着教书育人的使命，语文教师需要通过传递语言知识的方式进行教学，所以他们需要具备良好的阅读能力和广泛的阅读兴趣，从而真正使课堂教学活起来。语文教师要特别注重“阅读”，这里的“阅读”指的是广泛意义上的阅读，包括无声音的浏览和依靠声音的朗读。一个对阅读不感兴趣、缺乏广博文学知识和修养的语文教师，是无法培育出对阅读和文学有热爱之情的学生的。腹有诗书的语文教师会在无形之中感染和影响学生阅读兴趣，为学生阅读注入强大动力，培育出德才兼备的学生。同样，一个不热爱朗读文章，不懂得用自己的声音呈现出文本内容的语文教师，也不容易让学生对文本形成充分的理解。因此，本节将教师的“阅读”素养划分为两部分，分别为阅读素养、朗读素养，其中，阅读素养指的是文本解读能力。

一、提高语文教师的文本解读能力

在日常生活和工作中，语文教师要积极担负起自身的责任，多读书、读好书、善读书，为学生树立人格榜样。只有大范围地阅读书籍，才可以了解文本相对应的创作背景，还原当时的写作真相。

（一）推崇阅读文学经典

中华文明历史悠久，且从未中断一直延续至今，完全称得上是全世界独一无二的存在。深厚的历史文化底蕴使得每个朝代都衍生出诸多具有代表性的文学作品，古代的诗经、楚辞、唐诗、宋词、元曲、明清小说以及现代散文，积累了大量具有代表性的优秀文本，值得人们反复阅读、仔细推敲。对于合格的语文教师来说，其必定是深刻认识到阅读经典的意义的，也必须是对阅读有浓厚的兴趣的，不热爱阅读文学经典的语文教师很难把语文教好。在日常教学中，语文教师要善于与学生分享、讨论自己阅读的篇目，唤醒学生阅读文学经典的欲望，从而展开精神层面的交流和慰藉。

文学经典为读者和古人之间建立起一座沟通的桥梁，穿越历史变迁，与不同时代、不同年龄的人展开对话，有助于读者形成良好的大局观，开阔眼界和心胸。一个精通文学的人，往往有着更加丰富的感情世界，也不容易出现心理问题，同时，精通文学的人可以灵活、有效地调节自己的身心，让自己的精神世界总是处于愉悦状态。阅读文学经典的主要意义在于传承和弘扬中华优秀传统文化，充分展示中国良好的民族文化品质，营造积极、健康的社会风气，形成融洽、友好的人际关系，这不仅是对语文教师提出的社会责任感的要求，还是一名普通教师蜕变为优秀教师的必经之路。因此，高校语文教师要率先垂范，高举“阅读文学经典”的旗帜，大力支持和鼓励学生阅读优秀文学作品，使学生的精神世界更加丰富多彩，逐步提升学生的审美品位和综合素质。

对于高校语文教师而言，阅读文学经典也是一项必备的专业素养，是对语文教育工作者提出的基本要求，只有尽可能多地阅读古今中外优秀的文学作品，才能为学生提供更加宽广的知识平台以及与众不同的视野，使学生自由地翱翔在知识的海洋里。同时，阅读文学经典也是增强教师成就感、获得感、幸福感的主要途径，教师阅读大量的优秀文学作品，能够净化自己的心灵，树立并坚定伟大的职业理想，以更加饱满的热情投入到教学工作中，获得更加强烈的成就感，使自己的身心更加愉悦。

（二）学会“知人论世”

在文本的研读中，“知人论世”是指不仅要了解作家的生平事迹，更重要的是关注作家生活的历史时代和背景，全面了解作家的生平和经历。以朱自清的《荷塘月色》的解读为例，在景色描写中，作者刻画的荷塘月色常常是淡淡的，而且大部分景色仅仅是“大意”，“山”是“远山”，描写得比较委婉、含蓄。这样的语言风格充分体现了作者中庸主义的世界观和人生哲学的统一[①]。因为当时正值社会急剧动荡的年代，朱自清面对动乱不堪的社会往往不会产生大爱、大恨的情绪，所有都是“淡淡”的，这也解释了朱自清面临现实社会内心平静的原因。

在进行“知人论世”的时候，并不是毫无根据，而是需要以掌握大量资料为基础，进行有根据、准确地“知人论世”，是深层次分析作家及其作品之后进行的解读。这就要求语文教师加强学习，不断提升自身的阅读修养，从而在文本涉及的知识面里如鱼得水。对此，语文教师要具备良好的“知人论世”的知识修养，也就是要具备更加宽广的阅读面，使自己的阅读素养、道德素养达到一个比较高的层次。总之，教师提高自身的阅读修养，不仅是提升高校语文教学质量的必然要求，也是教师赢得学生认同感、尊敬感的内在要求，有利于营造和谐、友好的师生关系。

二、提高语文教师的课文朗读能力

教师的教学技能素养具有十分广泛的范围，需要教师从整体到细节、

① 朱自清 . 朱自清散文精选 [M]. 北京：台海出版社，2021:43-49.

多角度、多层次地努力提高自己。广泛的“阅读”包括朗读，强调教师的朗读能力要到达一定的层次。朗读区别于阅读，阅读更多针对的是知识面，是书籍的类型，属于内在的，而朗读更多针对的是方法，是书籍阅读的方式，属于外在的。汉语难学的原因，主要是它的音调较为复杂。但这也成就了汉语变化无穷的魅力。

听其声闻其意，文本语言的呈现能够帮助学生更好地理解文本的主题思想。对于语文教师来说，朗读是其基本功之一，通过良好的范文朗读，不仅能帮助学生对字词读音有一个正确的了解，还能让学生更好地感悟作者思想情感，进一步把握文本。同时，教师朗读文本不仅是与文本的对话，还是与学生之间的交流。

（一）朗读的定义

朗读，指的是把付诸视觉的文字语言转变为付诸听觉的有声语言活动。“朗”指的是说话声音的响亮、流畅，“读”指的是读书、念文章。朗读又被称作诵读，指的是诵书。

（二）朗读的意义

在高校语文教学中，朗读是非常重要的环节，有助于培养学生的语感，提升学生的普通话水平，循序渐进地提高学生的文本理解能力和记忆能力。读书需要建立在理解的基础上进行朗读，不能死记硬背、牵强暗记。只有以理解为基础多朗读，才能更好地了解其中的味道和意义。

（三）朗读会意法

所谓朗读会意法，指的是教师通过声情并茂、抑扬顿挫的读音，恰如其分地表达出文本中蕴含的思想感情，使学生对文本内容了如指掌，生成独特的见解，获得知识和启发，从而达到师生共同领悟文本的目的。在朗读会意法的应用中，要注重发挥朗读的作用，在分析不同情感的多个文本时，教师通过高声朗读课文，能够带动、感染学生朗读文章的情绪。文本的朗读反映了师生对文本的理解，朗读本身就属于一种理解，对文本的理解不同，在朗读时采取的声音和语调也会有所不同，同时，对文本的理解也会受到人生阅历、文学修养的影响。在解读文本的过程中，可以采用一个简单的方法——阅读，读出文章语言的味道。这就需要注重“神来之笔”的朗读，加强对“语感”和“语调”的充分把握，从而对文本内容形成深层次的理解。

1.“神来之笔”的朗读

所谓“神来之笔”，是指一段话或一篇文章中精彩、传神的关键性语句。在分析文本的过程中，教师注重挖掘并明确关键性语句，再结合朗读法启发学生，有助于加强学生对文章情感的感悟，促进学生情感的酝酿和爆发。以鲁迅的《从百草园到三味书屋》为例，这篇散文中就有一处神来之笔，即“我将不能常到百草园了。Ade，我的蟋蟀们！Ade，我的覆盆子们和木莲们！”[①] 这句话出现在文章前后两部分的分隔处，属于文章的过渡句，具有承上启下的作用。在这句话中，作者采用了“我的”“们”这两个词，暗示着作者内心深处将蟋蟀、覆盆子、木莲这些百草园中的事物视为了自己的朋友。更为关键的一点就在于作者多次使用了德语，表达了作者对动植物、自然界的恋恋不舍的稚态和难舍难分的深情。只有通过恰到好处、声情并茂的朗读，才会引起学生对这一语句的关注，并对其特别之处展开深入思考。

又比如，在《阿长与〈山海经〉》这篇散文中，“神来之笔”是结尾处的仰天长啸，即“仁厚黑暗的地母呵，愿在你怀里永安她的魂灵！”[②] 在鲁迅写过的文章中，像这种带有宗教色彩的感慨是非常少见的，这也是将句话作为神来之笔的原因。由于稀少，所以就有必要进行仔细揣摩。对于阅历有限、认知水平有限的大学生来说，对这句话的理解有一定的

① 鲁迅．鲁迅散文[M].北京：应急管理出版社，2021:24-29.

② 鲁迅．鲁迅散文[M].北京：应急管理出版社，2021:18-24.

难度，特别是前半句，作者将“黑暗”看成了宇宙生命起源的传说，换句话说，生命的死亡需要回归到生命的起源中，即大地母亲。后半句表达出作者对长妈妈的祈祷，对关心自己的养育者的爱与思念。部分大学生对这样的生命哲学理解起来比较困难，这时教师就可以采用激昂澎湃的情绪、铿锵有力的声音进行朗诵，带给学生情感层面的强烈震撼，帮助学生更轻松地理解作者对长妈妈的感恩与怀念。

另外，在日常高校语文教学中，不仅要重视朗读的作用，还要积极、亲自实践，使这一理念贯穿于自己的课堂教学当中。针对文章中的神来之笔，教师要用喷薄而出的情绪朗读，使学生感受到作者的真挚感情，使教师与作者的心灵、教师与学生的心灵以及学生与作者的心灵得到有效的沟通。

2.“语感”和“语调”的把握

所谓语感，指的是对语言文字的一种直接、迅速的感悟能力，是语文水平的重要组成部分。每个词语不仅具有基本意义，还蕴含着特定的情感色彩，需要读者从两方面进行感受，即字面的推敲和声音的品味。所谓语调，指的是一句话里快、慢、轻、重的配置和变化。在阅读一段文字的时候，读者往往会下意识地为文字匹配上自己理解的感情，通过控制声音的高低升降、停顿转折，将自己所理解的感情传递给聆听者。

在朗读过程中，合理地控制语感和语调，能够帮助学生更好地理解文章。以朱自清的《春》为例，这篇散文中运用了大量的叠字，如“家家户户”“老老小小”，这些词语的组合应用，能够让朗读语调更有规律性，读起来自然形成欢快、韵味十足的调子。后面文章中又出现了“舒活舒活”“抖擞抖擞”两个重叠词，构词法发生了一定变化，由之前的“AABB”转变为“ABAB”，瞬间产生了一种运动的美感。作者通过控制句子的长短以及词语的顺序，使文章散发出一股神奇的力量。而这些变化可以通过抑扬顿挫的朗读以便学生更好地掌握作者的思想情感。在朗读法的应用过程中，教师不能将关注点局限于对表面语言的选择和运用，更重要的是注重挖掘和分析文字背后隐藏的深层意蕴，即作者的精神和情感变化。这就要求语文教师在朗读中通过准确地把握语感和语调，有感情地读出作者的情感历程，以文字朗读感染学生，启发学生思考。

最后，高校语文教师在教学中要注意合理分配时间，根据学生的实际情况及时调整教学策略，要自觉地在备课和课堂中做好留白。语文教师不能将大量的实践投入到分析环节中，而是应该给自己和学生留出一定的朗读和想象的空间。朗读能够唤醒学生的内心世界，使学生产生强烈的情感共鸣，培养学生对语文课程的学习兴趣。语文教师也要善于采取多样化的方式，想方设法不断提高自身的朗读修养，如多听范读、模仿名家朗读，使朗读教学效果事半功倍。

第二节　高校语文教师理论思维素养

理论思维素养由文学理论素养和逻辑思维素养组成。丰富的知识能够使教师的学识渊博、胸怀宽广博大等，坚实的理论基础能够使教师快速成长。同时，课堂具有生成性特点，是师生以沟通交流的方式获取知识的过程，在此过程中，教师和学生需要积极动脑、勤于思考，充分调动自己的逻辑思维。在语文教学中，教师面对的是一个个活生生的人，是有独立思维的青少年，所以教师一定要具备良好的逻辑思维，善于找准文本中的关键线索和关键词，以此为突破点，深层次地解读文本，并引导学生接受这种逻辑思维。

一、提高语文教师的文学理论素养

文学理论，指的是研究有关文学的本质、特征、社会作用、发展规律的原则与原理的一门学科，该学科需要建立在对大量作品创作实践进行研究与分析的基础上，产生与创作、特点、艺术表现形式规律有关的理论。这一学科产生于实践，同时也指导着实践的方向与路径。在解读文本的过程中，教师如果能合理、恰当地运用理论知识，能够更快地实现教学目标。对于高校语文教师而言，基础的文学理论知识是必须掌握的，这也是提高教师素养的一部分。

在文本解读过程中，教师要注重应用文艺理论知识，这对于语文教师文学理论素养的提升具有重要意义。下面以《孔乙己》和《我的叔叔于勒》两篇文章的解读为例，希望为语文教师文学理论素养的提升提供一些启示。

（一）《孔乙己》教学中的“叙述者”

《孔乙己》的核心教学内容始终都是引导学生了解孔乙己的人物形象，帮助学生理解文章的主题。通常情况下，读者能够轻易发现鲁迅将咸亨酒店中小伙计当成了小说的叙述者，但很少有读者思考并探究选择酒店中的小伙计作为叙述者的原因，这到底意味着什么？叶圣陶曾对上述问题展开了研讨，他认为，鲁迅先生没有使用第一人称展开叙述，主要原因就在于鲁迅先生想通过更简单的方法将孔乙己的活动范围多角度、全方位地呈现给读者，除此之外，还要为读者呈现掌柜、酒客等人物的活动范围。为了达到这一效果，最理想的选择就是假托一个在场的小伙计，从小伙计的角度出发，观察包括并不限于孔乙己在场的每个人。① 对于叶圣陶先生的分析，不得不说超出了平常人的想法，含有主观猜测成分。

首先，在这篇小说中，有可能作为叙述者的主要包括鲁迅、孔乙己、掌柜、酒客以及小伙计。鲁迅先生通常不会孤立地描写一个人，而是擅长将某个人物置身于与身边人的关系当中来表现这一人物。具体来说，鲁迅先生常常以悲剧主人公为中心，在其身边设计一群“无主名、无意识的杀人团”，创建一种社会环境，通过重点描写主人公与社会的关系，凸显主人公悲惨的性格和命运，以达到“看”与“被看”的叙述模式。在《孔乙己》这篇小说中，如果选择孔乙己作为叙述者，所呈现的就会

① 贺琳玲，杨华丽．叶圣陶：以沫相濡怀鲁迅[J]．郭沫若学刊，2021(01):4-9.

是一个单一的视角，孔乙己的观点态度与其他人有所不同，将其作为叙述者难以保证所呈现内容的客观性、深刻性，不能很好地展现看客的冷漠心理。选择旁人作为叙述者来对孔乙己进行描写，能够保证表现出来的内容的客观性，使文章具有更强的表现力。

之所以没有选择掌柜和酒客为叙述者，主要是由鲁迅的写作方式所决定的，鲁迅的关注点自始至终都是双重的，这也就使得鲁迅将“看客”与“被看者”一起纳入艺术视野。这篇文章主要是讽刺周围的“看客”，而要想达到此目的，选择一个看似无关紧要的小人物——小伙计作为叙述者，他不仅能更加客观地观察孔乙己，还能以一种平和、冷静的态度观察掌柜与看客，从而提高所反映内容的深刻性、真实性、客观性。由此主要表达了两方面的情感，一方面表现了旧社会迂腐知识分子的悲惨命运，另一方面嘲讽了“看客”，如掌柜、酒客。除此之外，通过阅读不难发现，小说中还隐藏着一个“看客”——鲁迅，鲁迅也在观察孔乙己，观察以掌柜、酒客为代表的“看客”，观察小伙计。对于阅读这篇文章的读者来说，就又增加了一层“看”与“被看”的关系。

在每个“看客”与“被看者”中间，都呈现着每个人物的性格特征，以及他们在其他人眼里的百态。只从叙述角度的选择来看，不难发现鲁迅先生所拥有的卓越思想和艺术功利。北京大学中文系资深教授、中国现代文学研究会副会长钱理群，可以条理清晰地把鲁迅叙述角度选择的深意通过简单直接的方式展现出来，[①] 足以证明其有着深厚的文学理论功底，而这恰恰是当今高校语文教师需要努力的方向。如果缺乏良好的叙事学理论知识，难以领悟到这一层次，这对语文教师文学理论素养的提升有一定的启发和借鉴。

（二）《我的叔叔于勒》教学中的“悬念”与“叙述视角”

当教师具有良好的文学理论素养后，就能敏锐地感知与精准地掌握

① 钱理群．大家小书：鲁迅作品细读[M]．北京：北京出版社，2017：5-14.

文章的写作特点和写作手法。在解读法国作家莫泊桑（Maupassant）的《我的叔叔于勒》时，教师可以从这篇小说的写作手法入手，以故事悬念、叙述视角为突破口，多角度、深层次地解读文本内容。

通过对文本的认真阅读和细细品味，读者能够很容易感受到故事悬念的设置，文章开头将于勒叔叔的形象塑造成了一个财富自由的成功人士，于勒叔叔身上寄托着全家人的希望，结果最后却迎来了惊天大反转，于勒叔叔仅仅是一个捉襟见肘、历经沧桑的穷苦老人。设置悬念的主要目的在于引起读者强烈的震撼，同时也能更好地塑造丰满、鲜明的人物性格。这篇小说的叙述者选择的是于勒的侄子，叙述者有着双重身份，即旁观者、参与者，主要目的在于更加客观地讲述完整的故事，同时更充分地表达叙述者的感受，使文本形成了多重的“看”与“被看”的关系。首先是叙述者的父母对于勒叔叔的态度，即以金钱为衡量标准；叙述者对父母对待于勒叔叔态度的看法，即嘲讽、同情、理解；叙述者看待于勒叔叔的态度，即亲情至上的标准……其次，当读者阅读这篇文本的时候，又会形成如何看待于勒叔叔等视角。作者立足于人道主义视角，从叙述角度出发，不仅表达了文章主旨，还传达出了立言以立人的教育思想观。通过这样的解读方式，不仅能更好地激发学生的学习兴趣和探索欲，对于语文教师教学也具有一定的借鉴意义。

二、提高语文教师的逻辑思维素养

逻辑思维素养，对语文教师思考、判断、分析产生着直接影响，逻辑思维素养的高低影响着教师能否准确掌握教学重难点，以及能否科学、合理地组织教学内容。因此，逻辑思维素养对高校语文教师、语文教学效率的提升具有重要意义。在教师逻辑思维素养的训练中，可以着重从两个角度解读文本，即比较和延伸、深挖关键词，从而更好地锻炼教师的逻辑思维。

（一）注重比较和延伸

逻辑思维的培养离不开对矛盾的分析，具体到语文教师而言，应该重点分析文本之间的矛盾。分析是解决矛盾的主要方法，经过全面的分析和合理的比较才能更准确、快速地揭示文章的中心思想和意义。有些情况下，对单一的文本通常难以展开分析，多个不同文本之间进行比较更容易得出结论。这种比较有多种形式，如同一作者、不同时期的文本比较，不同作者、同一时期、相同主题的文本比较等。在文本解读的过程中，善于采取比较法，同时注重拓展与延伸文本的主题、内涵等，有助于提高教师和学生的逻辑思维能力。这种拓展与延伸需要建立在掌握大量资料的基础之上，由此才能保证所拓展和延伸内容的合理性，下面以《项链》为例，对“如何运用比较法进行延伸”进行分析。

莫泊桑创作的《项链》中的主人公马蒂尔德是一个美丽动人的女人，她认为自己生来就应该过着高雅而奢华的生活，但由于自己的父母是小职员，缺少结识富贵人家的机会，所以她不得已嫁给了一个小科员。该篇小说的主题一直以来被大家看成是对“以钱为中心”的资产阶级享乐思想的嘲讽，但钱理群提出了不同的观点，他认为莫泊桑通过这篇文章主要展现的是主人公在面临命运差错时所做出的反应。① 现实生活的贫困拮据，迫使主人公开始通过无限的精神幻想寻求补偿，她迫切地希望能够拥有豪华奢侈、高贵优雅的生活，梦想着居住在宏伟豪华的大房子里，实际上，这对每个不甘于现实、希望追求更优质生活的人而言，都是一个必经的经历。钱理群采用了比较法，将马蒂尔德的“狂乱的梦想”与阿Q“精神胜利法”“堂·吉诃德精神”“包法利主义”进行了比较，认为他们之间存在着一定的共通之处，即发现并关注人类某种精神现象，而且，都反映了对超越现实的物质和精神生活的追求，同时又受到了来自现实生活中一系列无奈的打击，最终引发了人物命运的悲剧性和戏剧

① 钱理群．名作重读[M]．上海：上海教育出版社，2006：350-356.

性。通过比较发现，马蒂尔德与他们之间的不同之处在于她受着命运的神秘力量的影响，终于遇到了一个“机会”，能够全方面地展示其自身的美丽、智慧、性情，于是她购买了新衣服，借了一条昂贵的项链作为装饰参加舞会，最终如愿以偿，成为舞会上万众瞩目的焦点，然而也正是因为参加舞会导致她遗失了项链，这又体现出命运的神秘力量，马蒂尔德经过十年的艰苦操劳变成了强健粗硬、含辛茹苦的妇女，通过努力最终还清了债务。换句话说，这篇小说主要是强调人只能接受命运，无法左右命运，命运对人的影响力是深刻、深远的，这点从小说结尾处就能印证，即“人生是多么奇怪，多么变幻无常啊，极细小的一件事可以打败你，也可以成全你！”这句话深刻揭示了偶然性对于人的命运发展具有十分神奇的作用。合理地运用比较法，不仅能充分调动学生的学习兴趣，缩短学生与文本之间的距离，提高学生的逻辑思维能力，还能促进学生的深层次思考，增加学生的知识积累。除此之外，对于这篇小说的分析打破了以往批判和讽刺享乐主义的局限性，而是注重偶然性在命运中的作用，有助于引起学生的情感共鸣。而要想达到这一效果，则对语文教师提出了更高的要求，语文教师不仅要阅读大量优秀的文学作品，还要在此基础上善于比较与归纳文学作品中的经典人物。而且，比较的角度也要灵活，不仅要比较东西方不同作家所塑造的人物，还要比较不同作者笔下同一素材的异同，进而总结、归纳作家之间的差异。

（二）深挖不易察觉的关键词

曾任中国现代文学研究会会长、北京大学语文教育研究所所长的温儒敏认为，只有拥有良好的逻辑思维能力，才可以在短时间内捕捉到文章中的关键词，并进行准确的分析，反过来，善于捕捉关键词的语文教师势必拥有良好的逻辑思维能力。[①] 由此可见，对于语文教师来说，深入挖掘不易察觉的关键词是其专业素养的重要组成部分，是一名合格的

① 温儒敏．高等语文 [M]. 南京：江苏教育出版社，2008：65-66.

语文教师转变为优秀的语文教师的基本技能。

所谓关键词分析法，指的是通过对文本关键词的分析与探究，以更好地理解某些句子、段落、主题、问题等的方法，这是每个学者和教师在进行文本分析时都需要用到的方法。在运用关键词分析法的时候，如果教师善于深层次挖掘文本中难以引人注意的关键词，并从大家公认的关键词中提出独特的观点、态度，就能更加全面、透彻地理解文章主题，解决阅读中遇到的困难与挫折，对文章的深层次内涵形成理解。而要想具备这样的分析能力，不仅需要具备多年的语文教学经验，还要拥有深厚的文学素养，对文本鉴赏具有热爱之情。下面以《最后一课》为例，对“如何深挖不易察觉的关键词”进行阐述。

法国小说家都德（Daudet）创作的《最后一课》是历史时代的产物。在 1870 年—1871 年，法国和普鲁士王国由于争夺欧洲霸权进行了普法战争，最终以法军失败告终，阿尔萨斯沦陷之后，普鲁士军队为了加强统治，强行禁止当地人民说法语。都德恰好就是基于这种背景创作出了《最后一课》，这篇文章强调引导学生接受爱国教育，唤醒学生的危机意识和爱国热情。大多数教参和课堂实录直接立足于爱国情怀或历史背景，解读文章所展现的崇高爱国精神以及人们的愤懑情绪。这种解读方法无可厚非，但如果教师提前向学生传递爱国主题的信息，有可能会消磨学生的学习兴趣，难以产生良好的爱国主义教育效果。

《最后一课》的关键词是题目中的“最后”二字，同时，该文章还有一个副标题，即阿尔萨斯省的一个小孩子的自述。对于文本的解读，可以提出三个层层递进的问题，如“为何要写最后一课”“为何要选择‘一个小孩子的自述’”“最后一课对当今的中国和大学生具有哪些意义”，以这三个问题为中心，分析和探究文章的内容、主题、叙事手法、启示等，就能够完成对文本的解读过程。

由于本节内容主要阐述的是关键词分析法，所以下面着重围绕“为何要写最后一课”这一问题进行论证。“最后一课”不仅交代了写作背景，即普法战争法国战败，普鲁士为了让当地人民永远忘记祖国，禁止当地人民说法语，这是最后一节法语课，能够给每个人的内心带来强烈的震慑。由于这是最后一节法语课，是当地人民最后一次有机会学习本民族的语言，以“最后一课”为出发点进行思考，激发的感情、引发的共鸣是令人难以忘怀、刻骨铭心的。在文章中，韩麦尔教师在课堂中说：

“法国语言是世界上最美的语言——最明白，最准确；我们必须把它牢记于心里，永远别忘了它，亡了国当了奴隶的人民，只有牢牢记住他们的语言，就好像拿着一把打开监狱大门的钥匙。”①

这句话中的关键词是“牢牢记住他们的语言”，这个关键词与“最后一课”相呼应，同时也体现了战败民族最后的坚守，如果连本民族语言都无法守住，其他任何事都将无从谈起。由此推衍，无论是哪个民族都有可能会面临“最后一课”这一严峻的问题，“最后一课”有必要永远地讲下去，要注重激发学生的爱国情怀和危机意识，竭尽全力守护好本民族的根，将本民族的语言文化永远地传承下去。根据标题中的“最后”这个关键词，以此为切入点对文章进行由浅入深的分析，抽丝剥茧，有助于加深对文章内涵和意义的理解，取得更加显著的爱国主义教育的效果。

总之，着重对关键性词语或句子进行分析，这些词语或句子出现的位置并不固定，有可能是标题中，也可能是文章中，还可能是课后习题的提示中，是准确把握文章主题的关键。这就要求教师利用好预习备课环节，对于文本进行发展、探究及思考，快速、准确地找出关键性词语或句子。而对文本的解读也暗示着语文教师要注重提高自身的逻辑思维能力，这样能够为教师教学带来一定的便捷，让课堂教学充满趣味性，同时还能从很大程度上开发学生的动脑能力，逐步提高学生的逻辑思维能力，为学生创造力、创新力的形成奠定基础，对高校培养创新型人才具有十分重要的意义。

① 都德．最后一课[M]．陈伟，李沁，译．南京：译林出版社，2019：3.

第三节　高校语文教师以“立人”为核心的教育思想素养

无论哪种理论的形成都需要具备特定的时代背景和个人背景。语文教师专业素养的培养与提升需要建立在思想素养的基础之上，即以“立人”为核心的教育思想素养。对于语文教师而言，“立人”的教育思想观和人文情怀是其自身素养需要达到的基本要求。教育的本质在于有效激发出存在于学生内心深处的善良、智慧等美好的人性因子，并不断培养与升华，以此压抑人的内在恶因子。语文教师应该充分发挥自身的榜样作用，树立崇高伟大的教育理想，对学生进行熏陶与感染，这不仅是语文教师应具备的基本从业原则，也是教育工作者的从业原则。语文教师一方面要重视和关心学生的身心发展，以及学生的思想状况、成长成才，另一方面要关注自己的发展，虽然教师被社会赋予了光环和历史责任，但归结到根本上也属于一种职业，教师需要在做好本职工作的前提下，全面了解自己、关爱自己、愉悦自己。

一、关注“人”的发展

以“立人”为核心的教育思想素养，指的是将教育的核心设置为人的发展，注重和强调人的全面发展、终身发展，包容、支持、鼓励人的个性发展。在以“立人”为核心的教育思想素养当中，“人”不仅仅是传统意义上的学生，而是包括学生在内的学生和教师。换句话说，语文教师不仅要将注重学生发展视为自己义不容辞的责任和使命，也不能忽视自身的发展、成长及幸福，为今后的教学不断注入新的生机与活力。

（一）关注学生的发展

教学的理想状态应该是一方面使学生获得个性且全面的发展，另一方面愉悦教师身心，真正使教学活动成为教与学相互促进的契机。在日常教学中，语文教师要一切以学生为中心，充分尊重学生的权利，为学生提供一定的自由发展的空间，全方位保护学生的隐私，促进学生心灵成长和精神发展。教师与学生相处时要做到地位平等，关注学生的心理承受能力和接受能力，以友好的语气、真诚的态度与学生展开对话，获取学生的需求，以便为学生提供及时帮助。

理想的教育是不能剥夺学生的自由时间和空间的，而是需要呵护成长之美，提供成长自由的空间，即自由成长的权利以及好奇、想象、探索的权利。教师要善于培养学生的青春精神，所谓青春精神，指的是自由、创造的精神，同时要积极引入文化之门，即通过读书的方式为学生开辟一个广阔的文化空间。

（二）关注教师的发展

教师不能“跪着教书”，教师作为人，拥有一切人的权利和自由，具备人的意识、欲望及情感。在实际生活中，教师要想真正具备春蚕的精神、蜡烛的品格是非常不容易的，人们尤其是学生家长也不应该强制要求教师达到“蜡烛”和“春蚕”的境界。教师也有自己的家庭，也需要在社会中站住脚跟、生存下去，也面临着重重困难和坎坷，不应该被不合理的“光环”束缚住。实际上，相比于其他职业，教师的物质待遇并不算突出，但是从某种程度上却承担着相对更多的风险与责任，这就导致付出与收获不平衡，使得部分心怀教育理想的毕业生“望而却步”。教育要关注并成全每一个生命的发展，不仅是学生生命发展，还包括教师生命发展。如果教师缺乏职业幸福感，将教书更多得视为谋生手段，而非崇高的理想，那么培育出的学生也很难有职业幸福感，甚至可能会产生功利主义心理，对学生今后的职业发展造成不利影响。

社会要求教师自身注重教师发展的同时，也要求教师达到一定的标准。从本质上来看，教育是一个理想主义的光辉事业，所以要求语文教师必须具备浓厚的人文情怀和强烈的责任感，如果语文教师缺乏人文情怀和责任感，将无法为国家培养出所需的优秀人才。这就需要教师达到一定的境界，即善于选择、善于宽容、善于等待、善于分享。教师教学就是要“货真价实”，不能只图表面热闹，所以要摒弃表面的浮华，追求生命最深处的崇高。反思是教学必不可少的环节，没有反思教学将无法进步，所以，教师一定要具备一定的独立思考和自我反思的能力，由此就能更全面、更深入地审视自我的心灵，从教学工作中获得强烈的职业幸福感、愉悦感，同时还能有针对性、合理地改进自己的教学。因此，反思是每个优秀语文教师成长与发展的关键，这样，教师才能积极接受新鲜事物，做到与时俱进。

教育是一项集体事业，主要由教师、学生两种群体组成。作为学生前行的引导人、栽培者，教师必须要心怀信念和敬畏感，由此才可以育好人、教好书。同时，教师还要从心理层面上做好将青春奉献给教育的充分准备，要有能力承受来自方方面面的压力。既然已经选择了教师这个职业，就要坚持走好这条路。教师确实不是一份轻松的工作，可能无法得到理想的回报，但同时教师又是一份美好的工作，有时感动得要哭，有时忍不住要笑。因此，每一个心怀教育理想的人都要做好为教育事业奋斗终生的思想准备，同时还应具有一定的愉悦自我身心的能力，能够妥善地处理好生活和教学之间的平衡，不断增强自己的职业崇高感、愉悦感、满足感。

社会在关注教师发展的同时，要将更多关注点放到教师实际的精神需求上，努力让教师的精神生活变得更加丰富。唯有社会和教师自身的共同努力，才能从真正意义上激发出教师自身的职业幸福感，由此才能创造出更有吸引力、影响力的教育，培养出更加优秀、更有人情味的学生，民族和国家才会更加兴旺发达。

二、以“立言”为基础的语文育人观

众所周知，语文教育对人的一生具有十分深远且重要的影响。语文学习能够培养学生终身学习的观念，使学生养成独立、自由的阅读习惯，逐步提高学生的思考表达能力。语文学习还能使学生品德受到熏陶和感染，对学生性格养成和处世原则的确立具有积极的影响。语文作为一门重要的基础学科，在从小学到大学的所有科目中都属于重点课程，而且越来越多的高校都开设了语文课程，足以见得语文课程在整个课程体系中占据着举足轻重的地位。

语文教学作用的实现需要以语言文字为媒介。换句话说，“立人”需要建立在“立言”的基础之上，需要通过“立言”实现“立人”的目的。这里提到的“言”有多层含义，不仅包括语言、文字，还包括师生对教材的学习、师生互动时的语言文字交流。大学生学习语文课程的主要形式是以教材中的课文为基础学习知识、感悟人生哲理、思考人生价值、接受情感熏陶，形成正确的价值观和良好的品德个性。人正是通过听、说、读、写的方式感知与获取语言，充实自身的精神境界，拓展和延伸自身思想的深度与广度，开发自身的思维和想象力的。

教师正是通过讲解与传授语言文字的方式，引导学生利用语言进行交流、感悟，净化学生的心灵，使学生树立伟大的理想，形成良好的价值观念，从而将学生培养成有理想、有道德、有文化、有纪律的社会主义建设者和接班人。因此，对于语文教师而言，“立人”目的的实现不能与“立言”相脱离，“立言”需要以“立人”为引导，所以“立言”与“立人”是不可分割的关系。学生正是通过课堂内与课堂外、线上与线下的语言文字交流，才实现了由物质人到精神人、自然人到社会人的蜕变。

语言的趣味行与思想情感的灵性是相互依存的关系，语文教师只有全方位、深层次地解读教材中的作品，才能准确地把握语言文字艺术所传达的信息，包括颜色、声音、味道、质感、情感等，并将这些重要信息传递给学生。语文教师应该充分利用与学生对话的机会，利用语言文字艺术之美来感染和熏陶学生的情感，培养学生终身学习的好习惯。

以“立人”为核心的教育观，不仅是对五四运动时期以蔡元培为首的众多教育家的启蒙思想的继承与延续，也是对鲁迅“立人以立国”教育观的批判与继承，更是对教育观念的巩固与支撑，还是对当前阶段教育面临诸多困境的反思与建议，对于语文教师精神修养的提升、教学信息的增加具有非常重要的启发意义。

“立人”教育目标的实现，给语文教育和语文教师赋予了特殊使命。语文教育是一项为学生成长打好“精神的底子”的事业，对于学生自由精神的形成与发展具有春风化雨和十分深远的影响。“立人”教育目标的实现，需要将语文教育作为根本出发点，将人的全面、持续发展置于首要位置，通过坚持不懈的努力，将学生培育成满足社会需要的自尊、自信、自立、自强的人。语文教师应该将这一教学理念贯穿于语文教学的全过程，为学生奠定好精神的底子，在此基础上逐步提升自身的专业能力素养。

客观来讲，只有将以“立言”为基础的语文育人观应用到语文教学中，才能实现夯实学生精神底子的语文目的观、文质兼美的语文教材观、回归文学经典的阅读教学观、平等对话的写作教学观。从听、说、读、写四个角度入手，对语文教师提出相应的要求，这也都建立在教师以“立人”为核心的教育思想的基础上。

第五章　高校语文教学的基本技能

第一节　教学准备技能

“凡事预则立，不预则废。”[①] 教师不打无准备之仗。教学准备技能是语文教学有条不紊推进的重要基础，是教师热爱教育事业、对学生认真负责的具体表现，教学准备技能水平的高低对教学能否成功起着间接性作用。高校语文教师需要具备多项教学准备技能，主要包括教学设计、教学目标设置、教案编写技能、制定教学策略等，只有灵活、娴熟地运用这些教学准备技能，确保胜券在握，才能突出教学重点，攻破难点，实现教学目标，取得良好的教学效果。

一、高校语文教学设计

（一）高校语文教学设计的含义

高校语文教学设计，指的是以教育学、哲学、课程论、教学论以及心理学等作为理论基础，采取系统的观点和分析方法，对高校语文教学

① 戴圣．礼记 [M]. 王学典，译．南京：江苏凤凰科学技术出版社，2018：240.

面临的问题与需要进行分析，制订高校语文教学的规划。

（二）高校语文教学设计的原则

高校语文教学设计需要遵循一定的原则，如图 5-1 所示，这是由高校语文教学内容的丰富性、教学过程的复杂性所决定的。

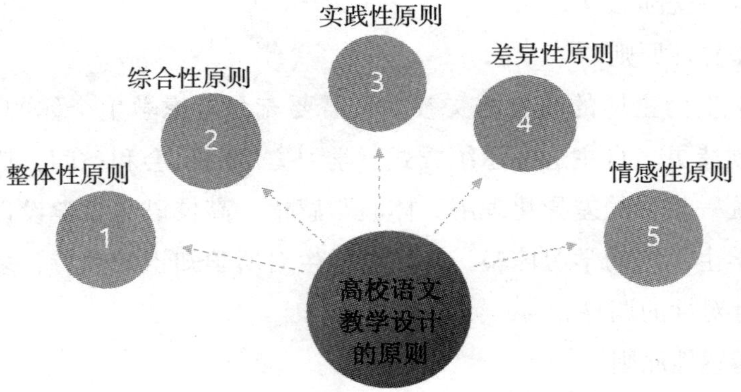

图 5-1　高校语文教学设计的原则

1. 整体性原则

在高校语文教材中，每篇课文都是一个若干知识互通的有机整体，蕴含着丰富多彩的内容，呈现形式多种多样。这就要求高校语文教学设计的各个环节都必须与高校语文教学进行密切配合，从多角度、多层次进行充分考虑，着手于教学思想、教学内容、教学目标、教学评价等方面，展开全方位的整体性研究。

2. 综合性原则

字词句篇、听说读写、语修逻文、知情意行相得益彰、相互制约、相互作用，使高校语文课程展现出鲜明的综合性。高校语文教学，需要综合考虑大学语文能力发展的协调性、整体性，综合安排相互渗透的三维训练，帮助学生更牢固地掌握基础知识，提高语文技能，塑造完善的人格，逐步提升人文素养。

3. 实践性原则

实践性是高校语文课程的本质特征。高校语文教学的主要任务在于逐步提高学生对语言文字的理解和应用能力，培养学生的多样化思维，全方位提升学生的语文素养和人文素养。高校语文教学设计需要以这一主要任务为中心与引导，组织一系列的语文实践活动，使学生熟练地掌握语文这一交际工具。

4. 差异性原则

以学生为主体的高校语文教学，需要充分考虑学生个体的差异性，为学生创造更多自主选择思维方式、学习方法的机会和空间，尊重不同学生对统一教材的差异化理解、体验与感悟。高校语文教学设计方案应该汇集学生不同的学习体验，并结合学生对所学知识的独特、多元反应进行有针对性的调整。

5. 情感性原则

苏联教育家苏霍姆林斯基曾说："没有情感，道德就会变成枯燥无味的空话，只能培养出伪君子。"① 高校语文教学设计不仅要考虑学生的认知因素，还要考虑学生的情感因素，力争发挥情感因素的积极作用，构建与课文情感相一致的教学情境，使学生置身于情境中，并接受健康、崇高的道德情感的感染与熏陶。

（三）高校语文教学设计的基本模式

高校语文教学设计中可供借鉴的模式多种多样，下面主要介绍三种模式以供参考。

1.ARCS 动机设计模式

所谓动机，指的是推动人从事某种活动的念头。学生学习动机直接或间接决定着教学活动最终取得的效果。因此，在教学设计中，教师对

① 苏霍姆林斯基．给教师的 100 条建议 [M]. 孟宏宏，译．桂林：漓江出版社，2022：146.

学生学习动机的研究与考量是一个不容轻视的问题。总的来说，ARCS 动机设计模式可以分为四个实施步骤，如图 5–2 所示。

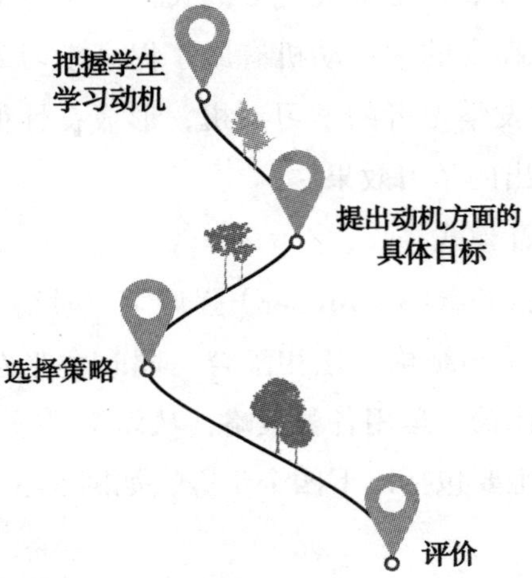

图 5–2　ARCS 动机设计模式的实施步骤

（1）把握学生学习动机

通过把握学习动机，教师可以确定在特定活动中有必要进行特别调整的某种动机因素。比如，在写作练习中，如果学生具备写作兴趣，但缺少写作的信心，此时动机设计的重点就可以转移至培养学生将文章写好的信心上。

（2）提出动机方面的具体目标

这一步骤要求教师发现与学生动机因素相关的各种行为。具体目标涵盖范围较广，主要包括知识、能力、情感、心理动作、语文素养等方面。以心理动作为例，能够证明学生某种学习动机的心理动作主要包括以下几点：学习任务的时间分配、注意力的分配、练习活动中的参与程度。

（3）选择策略

基于动机的策略选择，需要综合考虑与研究以下四个问题，分别为时间经济有效、学习目标吻合、学生可以接受、适应教学方法手段。

（4）评价

学习动机与学习效果是辩证统一的关系。学习动机与学习效果相互影响、相互促进，高度的学习动机有助于提高学习效果，而优秀的学习效果反过来又能激发学习者的学习动机，形成良性循环。因此，评价要关注学习动机激发出的学习效果。

2. 发现教学设计模式

美国心理学教授布鲁纳（Bruner）强调学习时结构的重要性，认为教材的结构与学生的认知结构应该相配合，同时主张发现学习，支持与鼓励学生自己思考、比较、运用各种策略，从而探寻教材中的重要概念。[①]发现教学设计模式主要包括以下四个步骤，如图 5–3 所示。

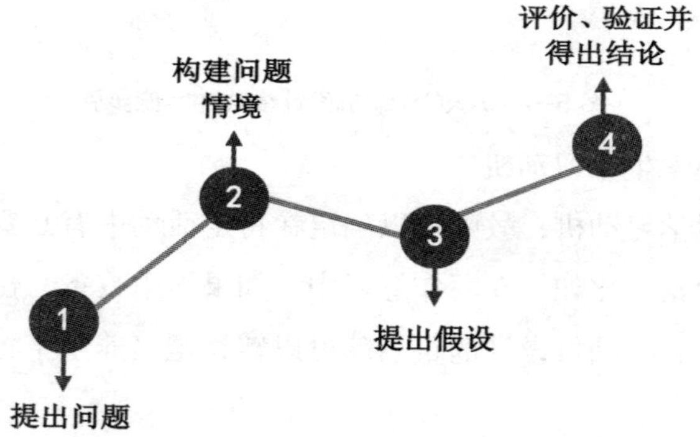

图 5–3　发现教学设计模式的实施步骤

（1）提出问题

教师选定一般原理，为学生提供一些感性材料，使学生在问题的驱使下有步骤地学习，并提出疑难问题。

（2）构建问题情境

问题情境属于一种具有特殊性的学习情境，教师在设置情境中的问

① 布鲁纳．布鲁纳教育文化观[M]．宋文里，黄小鹏，译．北京：首都师范大学出版社，2011：32–35.

题时，不仅要立足学生当下的知识水平与能力，还要保证问题具有一定的挑战性，需要学生付出一定努力才能解决，从而培养学生探索未知事物的兴趣。

（3）提出假设

学生利用教师提供的材料探索答案，充分运用直观思维提出各种对解决问题有所帮助的可能性，列举出解决问题的过程中可能遇到的困难等。

（4）评价、验证并得出结论

教师引导学生充分利用自身的分析思维，对各种可能性进行反复的求证、实验、讨论，寻求答案，培养学生综合运用所学知识独立分析和解决问题的能力。

3. 以系统为中心的设计过程模式

这种模式强调前期分析，它开始于对数据的收集，确定教学问题所在、解决问题方案的可行性，为系统设计的针对性提供保障。下面介绍一个比较典型的模式——IDI 模式，如图 5-4 所示。这一模式以问题解决的思想为导向，由九个步骤、二十余个要素组成。

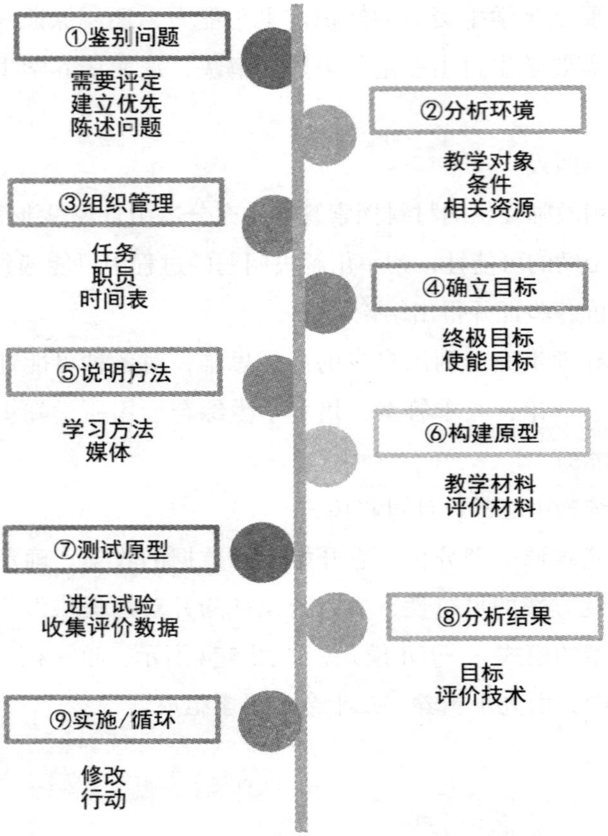

图 5-4　以系统为中心的设计过程模式的实施步骤

二、高校语文教学目标设置

轮船航行于漫无边际的大海中，只有具备目标才能成功抵达目的地。语文教学，好比是语文教师带领学生航行于知识的海洋中，同样也需要确立教学目标。所谓教学目标，指的是预期的学生学习结果，它不仅是教学活动的起点与归宿，也是激励学生、评估学生的主要手段之一。

（一）教学目标的类型

美国教育心理学家布鲁姆（Bloom）将教学目标划分为三大类别，分别为认知领域、情感领域、动作技能领域，不同类别又有不一样水平的能力表现，[①] 如表 5-1 所示。

表5-1　不同领域教学目标的各级水平

认知领域	情感领域	动作技能领域
知识 领会 分析 运用 综合 评价	接受（注意） 反应 价值化 组织 价值体系的个性化	知觉能力 生理能力 技能动作 有意活动

高校语文教学目标对以上三个领域的内容都有涉及，比如，从认知领域来看，通过语文学习，学生能够认识更大量生字词，并理解其含义，或运用所学的语文知识解答问题；从情感领域来看，通过语文学习，学生能够对所学内容形成某种稳定的态度倾向；从动作技能领域来看，通过语文学习，学生能够准确朗读、书写所学的生字词。通常情况下，除了朗读指导、书法指导，高校语文教学目标以认知领域、情感领域为主，这两个目标领域与我国传统语文备课理论中倡导的“文道统一”观点不谋而合。

（二）高校语文教学目标设置的原则

高校语文教学目标的设置并不是凭空捏造，而是需要遵循一定的原则，如图 5-5 所示。

① 布卢姆．教育目标分类学 [M]. 上海：华东师大出版社，1986.

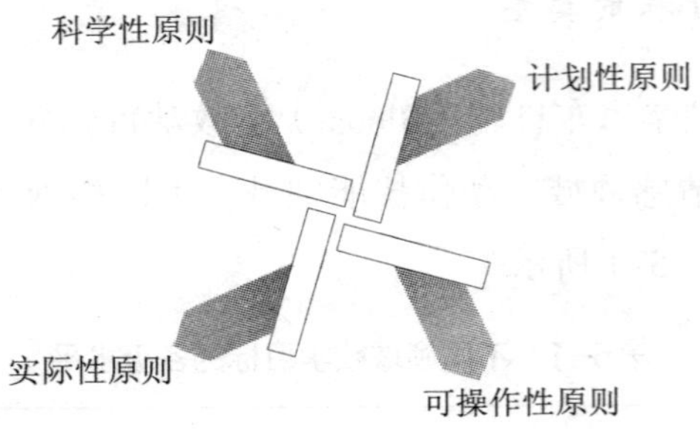

图 5-5　高校语文教学目标设置的原则

1. 科学性原则

万事万物只有符合科学性才能实现正确发展，高校语文教学也不例外。高校语文教学目标的设置坚持科学性原则，需要遵循以下三方面的规律：第一，遵循知识本身的规律，不能出现知识性错误；第二，充分考虑学生的思维特征，遵循学生掌握知识的规律；第三，遵循教学大纲、教材编写规律。

2. 计划性原则

高校语文教师需要设置一些远期目标、宏伟目标、整体目标，主要包括单元、学期、学年等。课堂教学目标的设置，要以这些大的教学目标为方向指导和基本遵循，有步骤、有计划地实现教学目标，从而取得良好的教学成效。

3. 可操作性原则

教学目标对教师教学、学生学习、教学评价具有重要的导向作用，所以教学目标的设置要保证有助于发挥这些功能，即教学目标要具有较强的可操作性。模糊、笼统的教学目标，难以为教师教学提供具体的参照标准，容易使语文教学出现盲目性、随意性的问题。而准确、具体、清晰的教学目标，能够为教师教学提供明确的参照标准，保证语文教学的针对性、规范性，以实现理想的教学效果。

4. 实际性原则

高校语文教学目标的设置，必须以教学大纲的要求为依据，保证教学目标切合实际。在教学大纲中，对于思想教育、思想品质教育、审美教育等内容都进行了明确的说明。高校语文教学目标的设置，只有严格依照教学大纲的要求进行，才能保证教学目标的有效性、准确性，如果脱离教学大纲的要求，随心所欲，最终教学目标会因为不切实际而成为泡影。

三、高校语文教案编写技能

教师通过一系列的备课活动，以期实现的直接目的，就是制订出完整、完善、切实可行的课时授课计划，即教案，并以此为蓝图有计划地组织课堂教学。教案质量的优劣，主要是由教师的业务水平高低所决定的。在高水平、高质量教案的支撑下，教师的教学就会得心应手、春风化雨、面面俱到、井然有序，学生也能感受到知识学习的有序性、过程的流畅性、方法的便捷性、思维的灵活性，感觉如沐春风。由此可见，高校语文教师具备良好教案编写技能的意义重大。

（一）高校语文教案的内容与形式

教案是教师备课的结果，是教师教学智慧的结晶，是课堂教学的指导性文件。高校语文教案的主要内容包括三部分，分别为单元计划、课题计划以及课时计划。单元计划、课题计划是教案的纲要部分，主要包括的内容有单元题目、课文题目、教学目的、重点难点、教学方法、教学设计等。课时计划是教案的主体部分，主要包括的内容有教学目的、重点难点、教学过程、教学方法、作业内容、教学后记等。下面主要介绍课题计划和课时计划。

1. 课题计划

所谓课题计划，指的是一个单元或一篇课文的教学整体计划。根据内容的繁简程度，可以将课题计划划分为完整的课题计划格式、建议的课题计划格式两种。完整的课题计划格式涵盖内容比较丰富，如表 5–2 所示，主要包括课题、课型、授课教师、专业、班级、教学目的、重点难点、教学方法等。相比之下，简易的课题计划格式涵盖的内容比较少，如表 5–3 所示，主要包括课题、教学目的、重点难点、课时安排、教学过程等。

表5–2　完整的课题计划格式

课题		课型	授课教师	专业、班级	授课时间
教学目的					
重点难点					
教学方法					
课时安排			教具		
教学设计					
教学过程					
提问设计					
板书设计					
作业内容					
教学后记					

表5-3　简易的课题计划格式

课题	
教学目的	
重点难点	
课时安排	
教学过程	
板书设计	
作业内容	
教学后记	

2. 课时计划

根据内容的繁简程度与款式的不同，可以将课时计划划分为两种格式，分别为完整的课时计划格式、简易的课时计划格式。完整的课时计划格式涵盖内容较为丰富，主要包括课题、课型、授课教师、专业、班级、授课时间、教学目的、重点难点、教学方法、教学用具等，如表 5–4 所示。简易的课时计划格式主要包括教学目的、重点难点、教学设计、教学过程等，如表 5–5 所示。

表5-4　完整的课时计划格式

<table>
<tr><td rowspan="2">课题</td><td rowspan="2"></td><td>课型</td><td>授课教师</td><td>专业、班级</td><td>授课时间</td></tr>
<tr><td></td><td></td><td></td><td></td></tr>
<tr><td>教学目的</td><td colspan="5"></td></tr>
<tr><td>重点难点</td><td colspan="5"></td></tr>
<tr><td>教学方法</td><td colspan="5"></td></tr>
<tr><td>教学用具</td><td colspan="5"></td></tr>
<tr><td>教学设计</td><td colspan="5"></td></tr>
<tr><td>教学过程</td><td colspan="5"></td></tr>
<tr><td>板书设计</td><td colspan="5"></td></tr>
<tr><td>作业内容</td><td colspan="5"></td></tr>
<tr><td>教学后记</td><td colspan="5"></td></tr>
</table>

表5-5 简易的课时计划格式

课题	
教学目的	
重点难点	
教学设计	
教学过程	
板书设计	
作业内容	
教学后记	

（二）高校语文教案编写的原则

实际上，教学就是一种创造性的教学活动。教案是高校语文教师教育思想、智慧、个性、经验、教学艺术性的综合体现。因此，教师在编写教案时应该遵循以下几点原则，如图 5-6 所示。

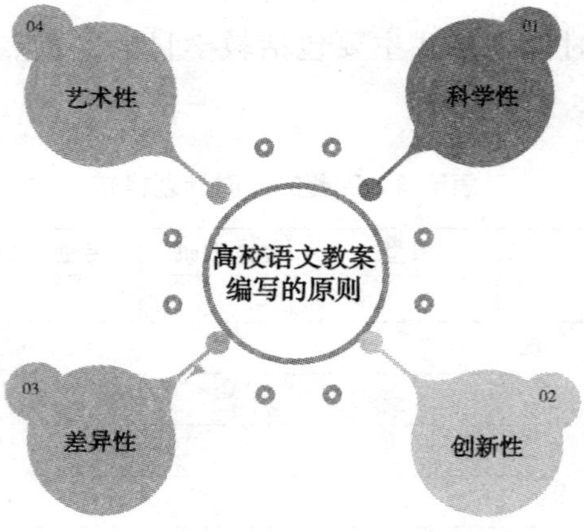

图 5-6 高校语文教案编写的原则

1. 科学性

科学性指的是教师在编写教案之前，要认真研读教学大纲精神，在遵循教材知识编排内在规律、学生认知规律的基础上，进一步确定教学目标、重点难点。高校语文教学要想实现现代化、科学化发展，首先要从编写高质量的教案开始。语文教师在编写教案的过程中，要时时刻刻避免出现不科学的现象，如知识性错误、文化误导等。

2. 创新性

对于教师备课这项工作来说，在继承前人的基础上不断创新是亘古不变的话题。如果教师在备课中不善于创新，就等同于坐井观天、循规蹈矩，无法走在时代发展的前沿，这是一个牢不可破的真理。高校语文教案的创新主要体现在以下几方面：教学理念的与时俱进、教学内容的科学性处理、教学方法的综合性运用、教学手段的创新性选择等。换句话说，要想将课本内容转变为胸中有案，形成书面教案或电子教案，关键就在于教师要具备较强的创新精神。

3. 差异性

不同教师在知识经验、个性特征、气质风格等方面迥然不同，再加之高校语文教学是一种创造性的艺术教学，所以最终形成的教案也呈现出显著的差异性。有些教案凸显知识的连贯性、系统性，有些教案呈现出思维的灵活性，有些教案注重文化的引领性、熏陶性，有些教案体现了教学手段的创新性等。总之，每位教师都需要充分发挥自身的智慧，散发教学的魅力。

4. 艺术性

艺术性指的是教案的设计构思要新颖、独特、有创意，学生通过学习既能获取丰富的知识，还能受到艺术的熏陶，经历快乐的体验。这就要求教师精心设计教案内容，保证开头、过程、结尾处的语言都辞藻华丽、层层深入、引人入胜，整体上带给学生一种豁然开朗的感觉，从而产生立体教学的效果。教师的说、谈、问、讲等课堂语言表述要掷地有声、动人心弦，犹如一股甘泉滋润着学生的心田。

四、高校语文教学策略制定技能

高校语文教学策略指的是高校语文教师为了增强教学效果，基于小学目标的导向作用，以教学情境为起点和归宿，对教师教学理念、教学行为进行检查、监督、控制、评价、调节的程序性知识系统。高校语文教学策略的制定是一项系统考虑诸多因素、总体上择优的、富有创造性的决策工作，提高语文教师教学策略制定技能有助于提高语文教学的总体效益。

（一）高校语文教学策略的制定依据

高校语文教学策略具有鲜明的灵活性、指示性特点，对于不同的高校语文教学目标，应该采取与之相应的教学策略。由于高校语文课程具有较强的文化性、实践性、综合性，无论是哪种单一的教学策略，都无法适用于所有情况，必须根据具体、实际的教学情况，制定针对性的教学策略。具体来说，高校语文教学策略的制定依据主要包括以下几点：以教学目标为根本出发点；以教学理论和学习理论为依据；与教学内容的客观要求相符合；适合受教育者的特点；充分考虑教师本身的素养条件；充分考虑教学条件的可能性。

（二）高校语文教学组织策略

通常情况下，高校语文教学组织主要包括班级授课制、小组学习、个性化教学三种方式，如图 5–7 所示。

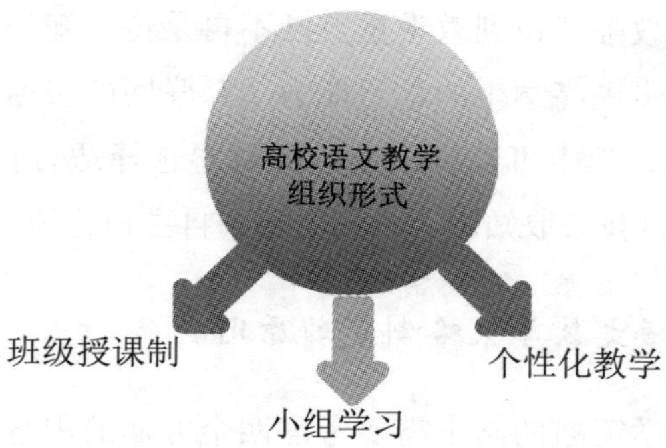

图 5-7　高校语文教学组织形式

1. 班级授课制

所谓班级授课制，指的是教师面对全班学生实施教学，每一个学生的学习内容、学习进度都是相同的，所面对的教学方式也是一样的。班级授课制的优势在于能带来一定的规模效益，教师容易调控教学进程，教学效率比较高；这种教学组织形式的缺点在于学生人数多，很难兼顾每位学生的学习，不利于实现动作技能、情感领域的教学目标。

2. 小组学习

小组学习，指的是教师根据教学需求和学生实际情况，将全班学生划分为若干个小组，要求学生以小组为单位相互合作完成特定的学习任务。小组学习的优势在于增强学生之间的交流合作，提高学生学习的效率，扩大学生个人学习成果，对于情感领域教学目标的实现具有促进作用。但是，小组学习对教师和学生提出了更高标准的要求，需要教师做好充分的准备和组织工作，对教学进度的把握有一定的难度，而且要想使每一位小组成员都在小组活动中保持积极性并非易事。

3. 个性化教学

个性化教学是以学生个性、需要、兴趣、特长等为依据实施教学，换言之，学生需要什么，教师就教授什么，学生的学习属于自主性学习。个性化教学的价值主要体现在帮助学生获取更全面的知识、开发学生潜能、增加学生的阅历、塑造学生的完整人格、促进学生个人专长发展等。

个性化教学要求教师意识到教学重点已不再是传授知识，而是要教会学生自主学习，逐步提高学生的学习能力。互联网的快速发展，为个性化教学提供了契机，学生可以根据自己的意愿选择适合自己的教学内容、教学方式，实现自我获取知识、自我更新、自主构建知识的理想目标。

（三）高校语文教学策略制定的原则

高校语文教学策略的制定需要考虑四个方面的内容，分别为教学指导思想、教学策略的实施程序、教学策略的行为技术、教学策略的效用评价。鉴于此，高校语文教学策略的制定应遵循以下几点原则，如图 5-8 所示。

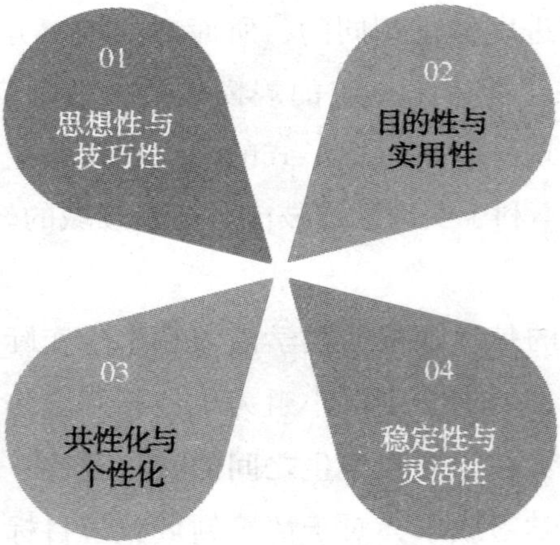

图 5-8　高校语文教学策略制定的原则

1. 思想性与技巧性原则

高校语文教学理念是教学策略制定的“指南针”，高校语文教学策略是顺利实现高校语文教学目标的“助推器”。如果教学策略的制定脱离教学理念的方向指导，就会迷失方向；高校语文教学如果只有教学理念的支撑，缺乏教学策略的配合，就如同一具空洞的躯壳。因此，高校语文教学要有机结合教学理念和教学策略，坚持思想性与技巧性原则，找准教学方向，才能使教学真正有效。

2. 目的性与实用性原则

目的性指的是教学策略对于教学目的实现的有效程度。实用性指的是教学策略与教学主体、教学内容、教学过程的契合程度。随着教学改革的不断深入，新的教学策略不断涌现，如分层教学、多媒体教学、微课教学等。教学策略的适用程度主要取决于两方面，一方面是它遵循正确教学原则要求的程度，另一方面是它反映教学过程规律的程度。

3. 共性化与个性化原则

教学策略必须要遵循教学规律，与教学共性相符。教学要素涵盖范围十分广泛，主要包括教师、学生、教学环境、教学内容、教学方法等。教学要素不同，所采取的教学策略也不尽相同，这也是在现实生活中很难发现完全相同的教学实践过程的原因。通过对优秀教学经验的学习、借鉴与加工，语文教师能够制定出具有自己独特风格的教学策略。

4. 稳定性与灵活性原则

教学策略一旦制定完成，便被赋予了相对稳定性。但在具体实施与应用的过程中，由于教学因素具有多变性，所以教师也要及时、灵活地调整教学策略，以适应教学因素的变化，从而更快速地实现教学目标。

第二节　课堂教学技能

课堂教学艺术是一种复杂的艺术、综合的艺术。高校语文教师攀登课堂教学艺术的高峰，其终极目标在于“优化”教学，实现理想的教学效果。而要想优化课堂教学，就要求语文教师熟练掌握与应用课堂教学技能。所谓高校语文课堂教学技能，指的是高校语文教师为了达到帮助学生实现学习和知识的迁移的目的，有意识地展现出来的教学行为方式，主要包括导入技能、讲解技能、结束技能等。

一、高校语文课堂教学导入技能

（一）高校语文课堂教学导入技能的作用

良好的开端等于成功的一半。在高校语文教学中，好的课堂导入如同丰盛晚宴的一道开胃菜，如同一把开启知识大门的金钥匙，如同一出好戏的序幕，深深地吸引学生的注意力，其作用如图 5-9 所示。

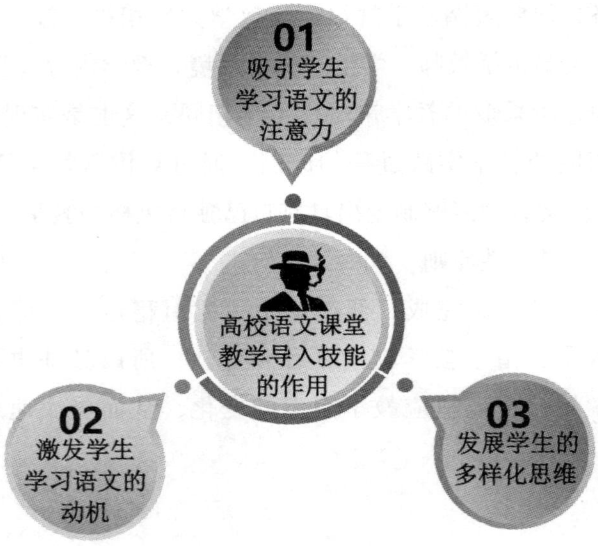

图 5-9　高校语文课堂教学导入技能的作用

1. 吸引学生学习语文的注意力

注意是所有学习活动进行的前提条件，是人的心理活动对某种对象的指向与集中。注意有有意注意、无意注意之分。相比于无意注意状态，有意注意状态下的学习效果要更加明显。高校语文课堂教学导入技能的作用之一就在于，有效的课堂导入，能够将学生的注意力集中起来，让学生投入到特定的教学任务和教学程序当中，使学生的大脑皮层和有关神经中枢形成对新内容的“兴奋中心”。

2. 激发学生学习语文的动机

学习兴趣是学习动机中活跃度很高的因素，是知识的“生长点”，是促进高校语文课堂教学实施的有利因素。高校语文课堂教学导入技能的应用，实际上是语文教师立足学生的性格特征、知识水平等，借助精致优美的语言创设学习氛围，或者利用时事热点燃起学生的学习热情，或引用名言警句、谚语俗语激起学生的学习兴趣等。由此，良好的教学导入技能，能培养学生对语文的学习兴趣，激发出学生学习语文的动机。

3. 发展学生的多样化思维

由于高校语文教学内容具有较强的广泛性、丰富性、综合性，所以有效的课堂导入可以培养和发展学生的多样化思维，主要包括形象思维能力、抽象逻辑思维能力、系统思维能力、比较思维能力等。在课堂导入环节，生动形象的语言，能够渲染出轻松愉悦的学习氛围，激发学生的形象思维；严密周到的推理，能够培养学生的抽象逻辑思维能力；抛启发式问题、引导性问题，能够点燃学生的求异思维的火花。总之，高校语文教师通过灵活应用课堂教学导入技能，有助于增强学生思维的灵活性、独立性、深刻性、广阔性，启发学生多角度思考问题，使学生体会到思维的乐趣。

（二）高校语文课堂教学导入技能的主要表现形式

课堂教学导入目标、设计依据、内容的不同，课堂导入形式也有所不同，下面介绍几个比较有代表性的课堂教学导入技能的表现形式。

1. 活动导入方式

活动导入是一种以学生为主体的导入方式，能够提高学生的主动性，点燃学生的学习兴趣。课堂导入活动形式多种多样，针对不同课型、不同文体、不同内容，所采取的活动导入方式也有所不同。

（1）作家背景之我知活动。通常情况下，介绍作者和写作背景是新授课中课堂导入环节必不可少的内容。课前教师布置好任务，要求学生以个人或集体合作的方式，通过图书馆、互联网等途径收集相关资料，设计作者和写作背景的PPT或卡片，不同小组轮流展示，起到相互补充与完善的作用。这种导入形式不仅能调动学生学习的积极性，还能很好地锻炼学生的语言表达、审美鉴赏、思维发展等能力。

（2）情景剧活动。这种导入形式适用于复习课、习题讲评课中，以及小说、戏剧等文体的教学中。情景剧活动的开展，需要学生以教材课文为蓝本，充分利用场地、服装等资源，充分发挥想象力进行创作。在此过程中，学生语言、思维等能力能够得到锻炼，同时学生在角色扮演过程中提高了自身的课堂参与度。

（3）开展辩论活动。以辩证活动进行导入的方式主要有两种，一是在复习课和习题讲评课中，学生以作者观点为中心展开辩论，以增强学生对作者观点的理解；二是在新授课中，在对文本进行分析之前，学生围绕与作者论点相关的话题展开辩论，以初步了解作者的中心论点。这种导入方式有助于培养学生语言建构与运用能力，促进学生能力和思维的发展。

2. 情境导入方式

教学情境是师生共同构建的情感氛围。教学情境的创设可以借助多种工具，来营造特定的情感氛围。

（1）借助语言创设情境。导入语言不仅包括教师的导入语言，还包括师生之间沟通的语言。生动、精练、友善、平等的导入语言，能够引发学生的想象，使学生快速、自然地融入学习情境中，加深学生对文章主题的理解。

（2）借助多媒体创设情境。多媒体信息技术不受课型和文体的局限，图片、视频、音乐等呈现方式，能够带给学生直观感受，使学生产生情感共鸣。多媒体信息技术在情境创设中发挥着独特的作用，受到众多学生的喜爱。

（3）列举生活事例创设情境。教师为学生列举社会现象、通讯报道等具有代表性的生活事例，唤醒学生的生活经验，引发学生的情感共鸣，有助于拉近学生与知识的距离。

3. 设疑导入方式

设疑导入是教师在课堂导入环节根据教学目标和教学内容提出问题，并在与学生的对话中加以解决，从而达到发展学生思维、培养学生兴趣的目的。

（1）回忆性设疑。该方法是教师带领学生回顾学过的知识，通过新旧知识联结的方式进行导入。该方法的使用不受限于文章本身，注重提高学生思维的敏捷性，培养学生直观性思维的品质。

（2）启发性设疑。该方法是一种师生共同导入的方式，指的是教师设置启发性问题，帮助学生在合作探究、自主思考等过程中解决问题。该导入方法具有循循善诱的作用，有助于发挥学生的主动性。

（三）高校语文课堂教学导入的原则

一个精妙绝伦的课堂教学导入可以抓住学生的心。高校语文课堂教学导入应该遵循以下几点原则，如图 5-10 所示。

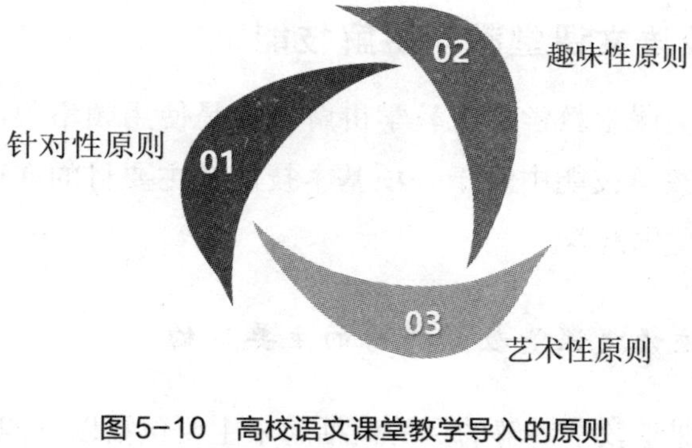

图 5-10　高校语文课堂教学导入的原则

1. 针对性原则

高校语文课堂教学导入的设计要围绕教学目标、教学内容进行，而且要与学生特点相契合。从教学目标角度来看，教学导入服务于教学目标的实现，教学导入是每节课的起始阶段，需要与整节课的教学目标相吻合，并以之贯穿，为之服务；从教学内容角度来看，导入内容要与教学主题保持一致，教学导入要使学生融入预定的课题中，激发出学生学习的欲望；从学生角度来看，导入的目的在于提高学生学习的质量与效率，充分发挥课堂教学对于学生学习语文知识和提升语文能力的促进作用。

2. 趣味性原则

教学导入的主要任务之一在于激发学生学习大学语文的兴趣，这也是教师在设计导入时需要遵循的一大原则。趣味十足的语文学习，能够激发学生在语文学习中的自觉性、主动性、积极性。引人入胜的课堂教学导入，使教学内容以一种新鲜、活泼的面貌呈现在学生面前，学生就会将语文学习当作一件快乐的事，一个高效、愉悦的审美过程。

3. 艺术性原则

众所周知，高校语文教学是一门艺术，所以高校语文教师如果能采取极具艺术性的手段进行教学导入，就能拨动学生的心弦，深深地吸引学生的注意力。因此，高校语文教师要善于提高课堂教学导入的艺术性。

二、高校语文课堂教学讲解技能

在高校语文课堂教学中，教学讲解技能是使用频率很高的一项教学技能，在诸多教学技能中属于一项基本技能，主要目的在于启迪学生思维、提高学生文化素养。

（一）高校语文课堂教学讲解的主要目的

高校语文课堂教学讲解的目的概括起来主要包括以下四个方面。

1. 传授高校语文知识

相比于中学语文知识来说，高校语文知识得到了进一步的深化，更加深厚、广博，教学讲解可以使学生充分理解、灵活运用高校语文知识。

2. 培养学生学习语文的兴趣

兴趣是一切的先导。高校语文教师通过综合运用讲解技能，激发出学生对语文学习的兴趣，并逐渐形成志趣。

3. 培养学生大学语文能力

现代社会对大学生提出了新要求，其中包括具备良好的听、说、读、写、思的语文能力。而高校语文教师可以通过讲解的方式提高大学生语文能力，使大学生满足现代社会的要求。

4. 提高学生人文素质

提高学生人文素质，使中华优秀传统文化得以传承和发扬光大，是高校语文教学的历史使命。高校语文教师通过有效的讲解可以更好地完成这一历史使命。

（二）高校语文课堂教学讲解技能的类型

根据不同的标准、层次，可以将高校语文课堂教学讲解技能划分为四大类型，如图 5-11 所示。

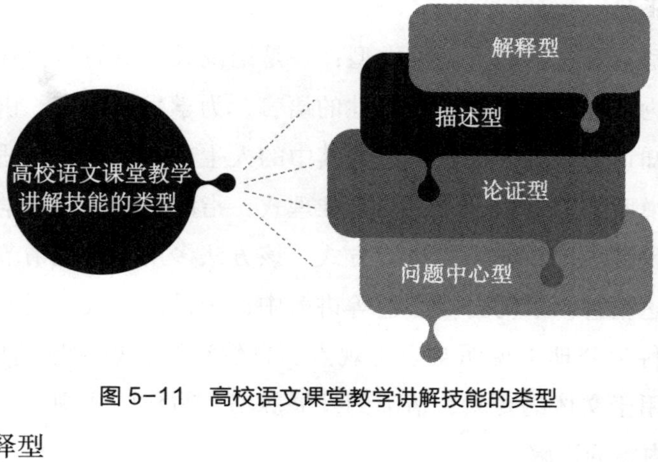

图 5-11　高校语文课堂教学讲解技能的类型

1. 解释型

解释型指的是通过讲解分析的方式，将未知和已知联系到一起，根据讲解分析内容的不同，可以将解释型进一步划分为以下三种。一是意义解释式，指的是教师围绕教学内容的内涵、原因、意义等展开讲解分析，该方法适用于《论语》《庄子》等节选篇目的教学。二是结构、程序说明式，指的是教师利用简洁、精练的语言来说明教学内容的结构、程序，帮助学生掌握文章的思路脉络，该方法适用于《悲惨世界》《金苹果之争》等小说的节选教学中。三是翻译性解释式，指的是教师对古文逐字逐句进行串讲，该方法常见于古文的学习中。

2. 描述型

描述型指的是教师在教学中准确地描述、叙述教学内容，加深学生对知识的理解。描述型讲解主要包括以下三种类型：一是结构要素性描述式，指的是教师通过比喻、类比方法，揭示文章结构层次关系，突出重点，帮助学生理解；二是顺序性描述式，指的是教师以顺序为标准进行描述与讲解的方式，包括时间、空间、发展变化等顺序，该方法可以进一步划分为顺叙、倒叙、平叙、插叙、补叙等；三是情境性描述式，指的是教师通过生动形象的手段，对人物、实践、景物状态、情景进行再现的一种方法，能够带给学生一种身临其境的感觉。

3. 论证型

论证型主要包括以下三种类型：一是论说式，指的是教师以教材提供的资料为依据，采取富于逻辑性的语言，为学生摆事实、讲道理，在传授语文知识的同时，使学生悟透其中的人生哲理，该方法适用于论说文、科普说明文等的教学中；二是推理式，指的是教师利用学生已掌握的语文知识推导出新知识的讲解方式，该方法多用于小说情节发展、细节描写传达精神、景物衬托心情等讲解中；三是证明式，指的是教师利用事实、科学公理来说明某思想观点、自然法则、思想感情的正确性，该方法多用于文体的要素、情节的发展脉络、写作的法则、小说中人物的结局等内容的讲解。

4. 问题中心型

问题中心型指的是围绕问题的解答进行讲解。解答问题是一个由未知到已知的认知过程，而认知的关键就在于方法。问题中心型讲解具有鲜明的探究性特征，通过一个词、一句话、一个人物形象等形式的问题，引导学生探究与思考，对学生思维启发、语文能力的培养大有裨益。问题中心型讲解主要包括以下三个步骤，一是抛出问题并明确标准，二是选择方法解决问题，三是得出结论。

（三）高校语文课堂教学讲解技能运用的基本要求

1. 讲解要具有目的性

讲解的目的性主要体现在以下两方面，一是目标要明确、清晰，内容要具体、翔实；二是教学重点、难点突出，教学过程要有条不紊、分析透彻。

2. 讲解要具有针对性

唯有针对性的讲解、因材施教才能事半功倍。讲解的针对性与讲解效果是正相关关系，随着讲解针对性的增强，讲解效果也越显著。讲解的针对性主要体现在以下两方面，一是与大学生身心特点、思维特点、认知水平、语文知识水平相符；二是找准大学生语文学习中的薄弱之处，满足大学生学习需要。

3. 讲解要具有科学性

科学合理的讲解才是有效的。讲解的科学性主要表现在以下三个方面，一是讲解过程有条理，框架清晰明了；二是讲解观点正确，证据、例证真实可靠，并能从不同角度分析例证与新概念之间的联系；三是讲解时间要控制得当。

4，讲解要有艺术性

讲解是语言的艺术，任何艺术都具有审美性，讲解的艺术性主要体现在以下几方面，一是语言流畅、自然、生动、形象；二是对学生思考具有启发意义；三是能够收集学生反馈信息，调整讲解的方式和程序；四是能与其他教学技能结合起来使用，如演示、提问等。

三、高校语文课堂结束技能

一堂完美的课，不仅要有好的开头，也要有完美的结尾。高校语文课堂结束技能指的是在一节语文课即将结束之时，教师利用短小精悍的语言进行归纳，将一堂课所呈现的知识汇聚到一起，进行系统性的总结，使学生的认识由感性层面上升至理性层面，从而巩固和强化整堂课的教学内容。

（一）高校语文课堂结束技能的类型

根据方式的不同，可以将高校语文课堂结束技能划分为七种类型，如图 5-12 所示。

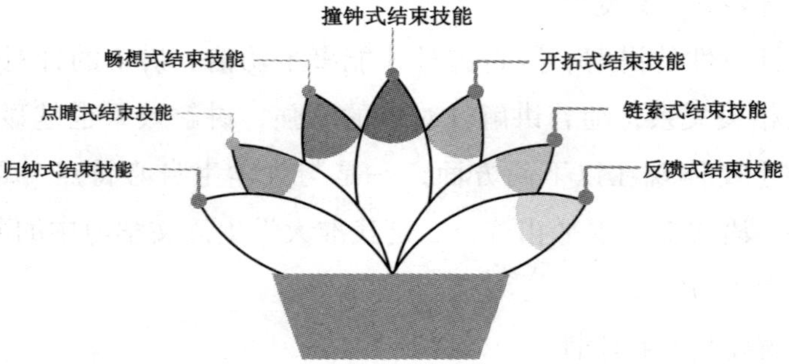

图 5-12　高校语文课堂结束技能的类型

1. 归纳式结束技能

所谓归纳式结束技能，指的是在高校语文课堂教学即将结束的时候，教师鼓励学生对整堂课所学内容进行总结，做到纲举目张。在具体课堂结束环节中，教师可以视情况灵活设计，可以直接使用短小精悍的语言归纳要点，进一步明确整堂课的重点知识，也可以通过提问的方式，鼓励学生进行总结，加深学生对所学知识的印象。

2. 点睛式结束技能

所谓点睛式结束技能，指的是高校语文教师在课堂教学结束之际，运用简洁扼要的语言，点明本堂课的重点、难点，对学生的疏忽进行弥补，将知识转化为营养使学生得以消化和吸收。点睛式结束技能的运用，能够解开学生思维的“疙瘩”，给学生带来更多有益的启迪。

3. 畅想式结束技能

所谓畅想式结束技能，指的是在课堂教学结尾，教师暂不做结论，而是引导学生根据课文中心寻找结论，形成某种悬念，鼓励学生各抒己见，多角度阐述自己的观点，进一步拓展学生的思维，点燃学生的智慧火花。

4. 撞钟式结束技能

所谓撞钟式结束技能，指的是语文教师在课堂教学即将结束的时候，再次强调教学重点、难点、独特的写作方法等，从而加深学生对教学内容的理解，促进学生对知识的回味、咀嚼。这种课堂教学结束方式就如同撞钟一般，余音绕梁的钟声弥漫课堂，起到课已终、韵无穷的效果。

5. 开拓式结束技能

所谓开拓式结束技能，指的是语文教师在课堂教学结尾的时候，根据教学内容，支持与鼓励学生自主探究，或者引导学生利用所学知识进行实践，或者水到渠成地为学生介绍相关的课外书籍等。这种技能有助于开阔学生的视野，打开学生的知识面，从整体上提升学生的文学和文化素养。

6. 链索式结束技能

高校语文课有其内在的系列性、科学性、阶段性，要求教师做到课课相连、环环相扣。尤其是在单元教学中，一堂课的结尾不仅是旧课留下的脚印，又是新课的起始点；不仅是旧知识的暂时性终结，又是新知识探索性的开始。这种结尾起着承上启下的作用，是连接新旧知识的桥梁。好的链索式结束技能，就如同一条五彩缤纷的彩带，将相关的知识点紧密地串联起来，帮助学生系统地认识新旧知识。

7. 反馈式结束技能

语文教师为了优化高校语文课堂教学，研究出新的教学方法，常常举办各种各样的教研活动，如公开课、观摩课、研究课。在这类课的结尾，有些教师会邀请学生进行教学评价，及时反馈信息，为课堂教学的优化思路和方向提供一些参考。反馈式结束技能不仅能倾听学生的心声，洞察学生的学习需求，还能帮助教师了解学生的听课能力、概括能力、分析能力。

（二）高校语文课堂结束技能应用的原则

为了让一堂课的结尾给学生留下深刻的印象，产生余音绕梁的韵味，高校语文教师在应用课堂结束技能时应遵循以下几点原则，如图 5-13 所示。

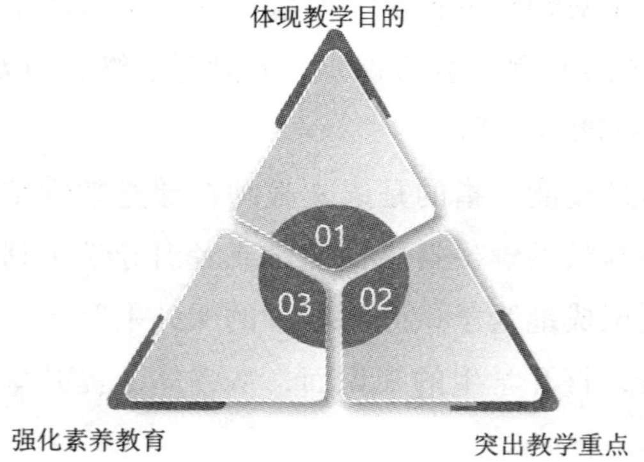

图 5-13　高校语文课堂结束技能应用的原则

1. 体现教学目的

通常来说，在一堂课的开始阶段要提出教学目的，在中间阶段要扎实推进教学目的，在结束阶段要进一步深化教学目的。结束技能作为操作结束环节的一项技能，在应用过程中应凸显教学目的，通过教师讲述、学生品读、学生讨论、课后作业等方法，服务于本堂课教学目的的完成。

2. 突出教学重点

高校语文课堂教学内容重点是教学过程中的焦点，是教学目的的重要体现。因此，课堂结束技能的应用也要突出教学重点。一堂课的容量比较大，涉及多方面的内容，既有重点内容也有次要内容，这就容易使重点内容被次要内容所淹没。由此需要教师采用恰当的结束技能，更好地突出教学重点，帮助学生认识和记忆，从而更好地完成教学任务。

3. 强化素养教育

课堂结束环节是一个归纳整堂课教学内容、集中体现和完成教学目标的环节。因此，课堂教学结束环节的主要任务就在于运用良好的结束技能体现与完成教学目标，进一步增强学生的素养教育。在课堂结束环节，各类活动价值的实现并非单一的，而是相互作用、相互影响的综合素养教育，包括总结知识的活动、培养能力的活动、思想文化教育活动、审美教育活动等。

第三节　教学综合技能

高校语文教学的有效推进，需要高校语文教师具备良好的教学综合技能，这主要取决于四个方面，一是高校语文教学内容的广博性，二是高校语文教学对象的多样性，三是高校语文思想文化的深邃性，四是高校语文教学过程的易变性。高校语文教学综合技能主要包括教学管理技能、因材施教技能以及项目教学技能等。

一、高校语文教学管理技能

高校语文课堂教学的开展，不仅要“教”好语文，更应该组织所有学生认真、积极地学习语文，掌握高效的学习方法，养成受益终生的学习习惯等。因此，要想取得预期的教学效果，高校语文教师掌握良好的教学管理技能是必要条件。

课堂教学由教学活动、管理活动组成，所谓教学活动，指的是教师按照一定的教学思路，完成知识传授、能力培养、智力开发、情操陶冶等目的的活动。所谓管理活动，指的是师生共同参与到教学活动中，通过一系列努力实现教学目标的活动。课堂教学是一种师生双边参与的动态变化的过程，它涉及教师传授知识、启发思维的过程，以及学生积极参与、主动学习的过程。教师和学生在这个师生双边的运行机制中互相依赖、互动合作，共同推动教学活动的进行。师生双边运行机制如图5–14所示。

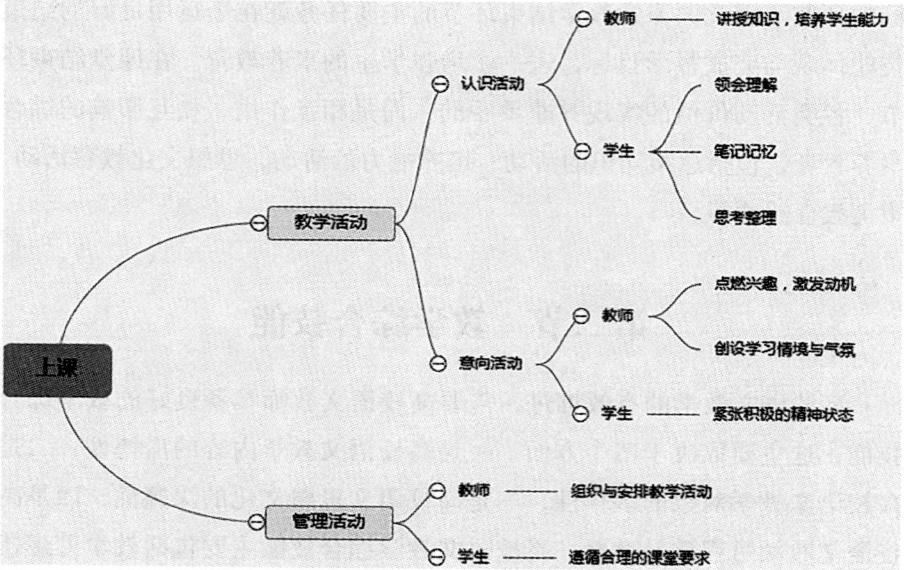

图 5–14　师生双边运行机制

对于高校语文教学来说，教学管理主要包括以下几方面。

（一）课堂教学的组织

从总体来看，课堂教学的组织由四个不同的阶段组成，分别为预备阶段的组织教学、开讲阶段的组织教学、授课阶段的组织教学、总结巩固阶段的组织教学。

1. 预备阶段的组织教学

上课预备铃的响起，预示着一堂课的预备阶段正式开始。教师站到教室内目视学生，示意学生安静下来，做好上课的准备。学生则应将与本节课无关的资料收起来，并将课本、笔记本摆放至课桌上。这一阶段不仅是组织教学的前奏，也是组织教学的基础，其优劣对一堂课的成败具有直接的影响。

2. 开讲阶段的组织教学

开讲阶段主要是为了点燃学生学习兴趣，阐明本节课的教学任务。教师需要为学生揭示本节课与以前的课之间的联系，包括知识层面、情感态度层面、逻辑关系层面等。比如，在单元教学中，教师可以揭示精讲课文与课外阅读课文、精读课文之间、精讲课文与泛读课文之间的关系。在高校现用的语文教材中，篇目内容以节选原著为主，所以对于需要占用多节课的节选文章，后次复习前次的内容就显得尤为重要。这一阶段是组织教学中的一个重要阶段，是教师引领学生进攻教学目标的起始阶段，可以形成强大的教学向心力和凝聚力。

3. 授课阶段的组织教学

授课阶段是一堂课组织教学的关键环节和重要环节，这一阶段充分体现了课堂教学管理的主要功能与作用。教师需要从教材和学生的实际情况出发，周到、细致地设计突出学生主体地位的教学过程，综合运用多样化的教学方法，调动学生学习新知识的积极性。与此同时，教师还要善于调节学生的心理，做到张弛有度。在授课阶段，教师要循循善诱、因势利导、量体裁衣，灵活处理各种课堂上的突发情况，为课堂教学的有序推进提供保障。

4. 总结巩固阶段的组织教学

这一阶段的主要任务在于教师与学生共同总结整堂课的教学内容，教师帮助学生对知识进行系统化、条理化的处理，方便学生对知识的记忆。不仅如此，教师还要布置难度、数量适中的作业，促进学生知识的迁移，从而将知识转化为能力。总结巩固阶段的组织教学要留有余地，通过阅读书籍、复习巩固、提出疑问等方法，学生能够对本节课的教学内容牢记于心，熟练掌握。

（二）教学内容的组织

教学内容的组织是实现高校语文课堂教学科学化、规范化管理的根本。教学内容组织的优劣，是影响课堂教学管理效果好坏的关键。从整体上看，高校语文教学内容的组织需要达到以下五个要求，如图 5-15 所示。

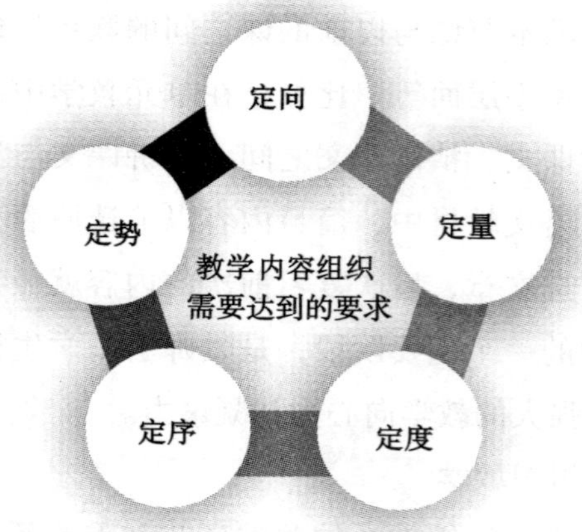

图 5-15 教学内容组织需要达到的要求

1. 定向

高校语文教学活动的开展，离不开教师的有意识控制，所以它是一种有目的、有方向的运动，这也是人们将这种控制称为定向控制的原因。所谓定向，指的是增强以教学大纲为依据的意识，进一步明确每个单元、每篇课文、每堂课的教学目标，加强“目标管理”。

2. 定量

在传递教学信息的过程中，语文教师要合理地控制量次，包括课时量、阅读量、听说量、写作量等，教师要做到心中有数，将量次控制在合适的范围之内。

3. 定度

所谓定度，指的是高校语文教师要进一步明确通过教学所要达到的知识程度、思维水平等方面的效果。如果知识程度过浅，就无法满足学生学习需求；如果知识程度过深，则很容易打击学生学习的信心。除此之外，教学要保持适当的速度与强度。如果该快不快，语文课就变成了“橡皮课”；如果该慢不慢，再好的教学都会付诸东流。因此，高校语文教学必须要做到定度，立足学生的学习结果，稳步提升高校语文教学质量。

4. 定序

所谓定序，指的是高校语文课堂教学必须要有一定的程序。对于讲解、指导、练习的内容与顺序，教师需要有可行性、合理性的安排，教段相连，井然有序，层层递进。换句话说，教师不仅要遵守知识本身的顺序、教学的顺序，还要遵守学生认知、思维的顺序，并将这些顺序巧妙地结合在一起。

5. 定势

定势又被称为心向、心理思维定式，是由一定心理活动形成的准备状态，对同类后继心理活动的趋势起着决定作用。在高校语文课堂教学中，教师对学生进行合理地定势控制，可以使学生获得一种动力准备状态，在一定条件下又能转变为高效的学习功能。

（三）师生交往方式的组织

通常来说，高校语文课堂教学的师生交往方式的组织形式主要包括以下三种。

1. 全班教学

全班教学组织形式指的是教师将全班学生共同组织到教学中，这种形式具有高效率的特点，在高校语文课堂教学中较为普遍。在这种师生交往过程中，教师在同一时间内可以为全体学生进行讲述、演示、解释，利用自己的知识修养、思想感情潜移默化地影响学生，促使学生的知识、思想、行动、情感体验等方面获得一定程度的发展。教师既能单向传递知识，又能与学生进行双向交流，但如果单纯地采用单向传授知识的方法，很容易出现“满堂灌”的现象，因此教师要尽量避免这一点。

2. 小组教学

小组教学组织形式指的是教师根据教学需要，将全班学生暂时划分为若干个小组进行教学。小组人数视具体的教学任务而定，以2—4人为主。小组教学适用于对教学重点、难点的讨论环节，有助于活跃、启发学生的思维。在这种组织中，教师与学生之间的交往呈现出多向式网状结构，能够大大地促进教学信息的交流，但教师需要巡回检查，避免“放羊”情况的出现。

3. 个别教学

个别教学组织形式指的是教师根据个别学生的不同情况，为其提供针对性的指导与辅导，确保每个学生都能获得来自教师的帮助与指导，同时教师也能借此机会了解学生的学习、生活状态，拉近师生之间的距离，从而增强高校语文教学效果。

总而言之，课堂教学组织形式必须要体现出灵活性、应变性，做到“管而不死，活而不乱”，不仅要充分尊重每一位学生，还要严格要求、管理每一位学生；不仅要热烈紧张，还要井井有条；不仅要动静结合，还要收放自如，从而让课堂教学生机勃勃。

二、高校语文因材施教技能

因材施教指的是教师根据学生实际情况，在尊重学生差异的基础上，采取“量体裁衣”的方式实施差异化教学，确保每个学生都能扬长避短，获得个性且全面的发展。一言以蔽之，因材施教指的是针对学生志趣、能力等具体情况实施有差别的教学。因材施教能够解决高校语文教学中的一些难题，因材施教技能对高校语文教师来说十分重要。

（一）高校语文因材施教技能的组成

1. 察材技能

所谓察材，指的是教师了解和掌握学生的资质等情况，以达到长善救失的目的。察材是高校语文教师因材施教取得成功的先决条件，如果教师不善于察材，很可能使诸多学生资质无法显现出来而被埋没。由此可见，察材本身就是对高校语文教师业务知识、教学能力、工作态度的考察。业务知识薄弱、教学能力不高、职业责任感不强等，都会对高校语文教师对人才的辨别与认识产生不利影响。

由于高校语文教学时间有限，要想真正了解每一个学生有很大难度，为了做到有效察材，可以从以下几方面入手。

（1）做家访。家访是了解学生的主要途径之一。家访并非辅导员专利，高校语文教师也能借助手机、网络等现代化手段进行家访。常言道："知子莫若父，知女莫若母"，这句话蕴含着深刻的道理。语文教师通过家访的方式与学生父母进行沟通，能够获取丰富、翔实的资料信息，如学生的兴趣、心理、特长、优势、劣势等。

（2）开展问卷调查。语文教师可以依托互联网，组织一系列的问卷调查活动，更加全面地了解学生的各方面情况，如知识掌握程度、学习性向、个性心理、价值取向、发展潜力、态度、情感等。

（3）在教学中了解学生。教学是教师与学生交流沟通的主要渠道。教师必须时时留心、处处在意，抓住一切机会更深入地了解学生。另外，语文教师还应是一名"心理医生"，可以通过组织一系列心理咨询活动，熟悉和了解学生。

（4）组织形式多样的课外活动。学生在参加课外活动的过程中的表现，为教师察材提供了良好机会。

2. 施教技能

施教技能指的是高校语文教师在察材的基础上，根据学生之间的差异进行针对性的教学，深入开发学生的潜力，促进学生全面和谐发展。施教的方法多种多样，但最基本的主要包括因势利导、分层教学、循序渐进、孵化生成、均衡发展。

（1）因势利导。对于在语文某些方面资质较高的学生，教师可以通过正确的引导，促进其进一步发展，使其成为语文某些方面出类拔萃的人。比如，对于写作能力比较突出的学生，教师可以充分引导其从散文开始创作，通过大量阅读、消化与吸收优秀作品，逐步提升其写作能力；对于口语表达能力较强的学生，教师可以侧重于对其演讲与口才能力的锻炼，进一步发展其口语表达能力。

（2）分层教学。分层教学指的是教师在班级教学中，从学生个体差异出发，制定层次化的教学目标、教学内容，获得多种形式的教学成果，为每个学生提供满足其自身需求的学习形式，尽可能地发展学生的语文素养。分层教学的优势在于能够兼顾不同思维形式、学习风格、学习水平的学生，兼顾学生差异，关注学生发展。

（3）循序渐进。循序渐进强调因材施教应该遵循学生发展和成材的规律，绝不能“听之任之”，也不能为了让学生快速成材而揠苗助长。要想贯彻循序渐进原则，需要做到两点，一是教学要有系统性，这是由科学知识自身特点决定的，无论是何种科学知识都具有严密完整的逻辑系统；二是从学生的年龄和才能出发，因材施教，让每个学生都“吃得饱”也“不掉队”。

（4）孵化生成。孵化生成强调教师要关注在语文学习中感到吃力的学生，在察材过程中积极捕获他们资质中的某些“苗头”，并对比进行孵化、催化与培育，使这些苗头能够顺利成苗成材。比如，如果教师发现后进生写字漂亮，就可以采取一系列鼓励手段让学生在语文学习中扬起自信的风帆，坚持每天练习写字，并取得一定的成绩。

（5）均衡发展。均衡发展强调每个学生的语文能力通常表现在多方面，这些能力相得益彰、相互促进，构成了一个系统化的语文素养体系，从而使人能够成为完全的“现代人”。

（二）因材施教应注意的问题

因材施教不是随心所欲的教学，要想取得良好的教学效果，需要注意以下几点问题，如图 5-16 所示。

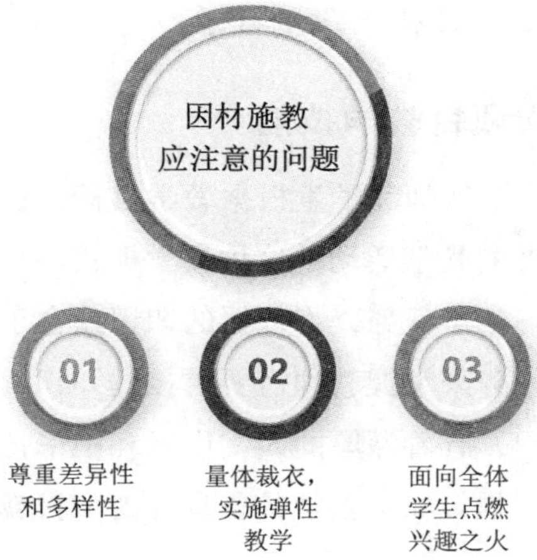

图 5-16　因材施教应注意的问题

1. 尊重差异性和多样性

每个人都是独一无二的个体，在学习风格、学习能力、学习过程、学习方法等方面都有自己的特点。因此，高校语文教师在因材施教的时候，必须要充分认识到学生的多样性、差异性，尊重学生在知识、能力、情感等方面的差异，全心全意地帮助学生成长，提高学生学以致用的能力，避免基础较差的学生的心理上出现自卑感、行为上出现伪劣感等。

2. 量体裁衣，实施弹性教学

高校设置大学语文课程的目的并不在于追求功利性，而是培养大学生汉语言文学方面的综合能力，循序渐进地提升学生的文化素养。因此，高校语文教师要根据学生的差异量体裁衣，开展具有灵活性的弹性教学，设置层层递进的阶梯性教学目标，组织层次性的练习，组织以促进学生发展的、有目的性的学习活动，客观公正地评价学生成绩等。

3. 面向全体学生点燃兴趣之火

每一个学生都有求知欲、自尊心、上进心，所以，高校语文教师坚决不可以放弃任何一个学生，每一个学生都是可塑造、可引导的。因材施教的对象是全体学生，教师要努力点燃每一个学生学习语文的兴趣之火，实现“星星之火，可以燎原”的目标。

三、高校语文项目教学技能

项目教学，指的是教师和学生根据教学目标，通过共同实施一个完整的教学项目而开展的教学活动。这种教学模式的特点在于：教师通过分析教学内容，分解教学任务，将传授的知识蕴含于需要完成的任务当中，学生通过完成任务来掌握教师需要讲授的知识。高校语文是一门基础性、综合性的课程，有着深厚的人文内涵和中华传统文化底蕴，是人文素质教育的重要课程。如果教师具备良好的项目教学技能，就能高效地实现这一效果。

（一）高校语文项目教学技能的分类

按照性质和特点的不同，高校语文项目教学技能可以分为三大类，分别为转化教学目标项目教学技能、拆分教学内容项目教学技能、分解教学环节项目教学技能。

1. 转化教学目标项目教学技能

转化教学目标项目教学技能，指的是教师以课堂教学目标为行为指向，将其转化为一个项目集的教学行为。这个项目集的呈现方式多种多样，主要有问题、项目要求、项目内在逻辑顺序、学生学习方式、几种方式有机结合等方式。教学目标向项目的转化形式也不局限于由教学目标一对一转化，还能拆分或合并教学目标。总之，转化教学目标项目教学技能的应用宗旨是完成教学目标。

2. 拆分教学内容项目教学技能

这一技能是指教师将教学内容分解为两部分乃至多部分，被分解的部分相对独立成一个教学项目的教学行为。教学内容的分解依据并不唯一，如教学内容的组成要素、教学内容的思路脉络、教学内容的线索等。

3. 分解教学环节项目教学技能

无论何种教学过程都包括若干个能够实现预定教学目标的教学环节，是一个积极的师生双边互动的过程，换句话说，教学过程是以实现特定教学目标为目的，由诸多教学环节组成的教师教学与学生学习双边互动的行为活动过程。将教学环节分解成若干个项目进行教学，这样的方式不仅能实现教学目标，还能改进教学过程，又能充分凸显教学的完整性、程序性的特点，具有较强的可行性、科学性。

（二）高校语文项目教学技能要注意的问题

1. 高校语文教学项目的设计要紧扣教学目标

对于高校语文教学而言，其目的在于完成教学目标，而教学技能是完成教学目标的主要手段，切不可本末倒置，为技能而技能。因此，高校语文教学项目的设计应该紧紧围绕教学目标进行，服务于教学目标的实现。

2. 高校语文项目教学技能要多思考、多探索、多实践

从实际情况来看，高校语文项目教学的研究尚处于探索阶段，理论研究还有很大的上升空间，实践经验还有待进一步的积累，因此，高校语文教师还需要不断努力，在项目教学过程中积极思考、探索与实践，为高校语文项目教学的研究做出贡献。比如，根据教学方法是否也能设计成项目教学，依据教学模式是否也能转换成项目教学等。

3. 高校语文教学项目完成后要及时评价反馈

任何项目的完成都需要对项目产品进行验收，高校语文教学项目同样如此。因此，在项目教学进行过程中，高校语文教师要加强对过程的监督管理，对于项目教学结果从不同角度入手，做出多种形式的评价反馈。

第四节　教学研究技能

高校语文教师不能只是做个“教书匠”，而是应该努力成为一名优秀的教育家和研究者，这是时代对每位教师提出的要求。真正意义上的高校语文教师，不仅是学者型教师，更应该是科研型教师，是教学路上不断进取的探索者和革新者。高校语文教学研究技能主要包括课程资源开发和利用技能、教学反思技能、说课技能、听课技能等。

一、高校语文课程资源开发和利用技能

高校语文课程建设的主要目标在于加强课程资源的开发和利用，从而有效避免课程教学出现过分重视知识传授的倾向，提高课程结构的选择性、时代性、综合性。

（一）高校语文课程资源开发和利用技能的主要表现形式

高校语文课程资源开发和利用技能，是指探寻并利用所有能够作为高校语文教学内容，并能够与语文教育教学活动建立起有效联系的资源。从目前的研究成果来看，高校语文课程资源的开发和利用技能主要表现在以下几个方面。

1. 开发富有特色的校本课程

在课程教材改革过程中，越来越多的学校充分利用自身的办学优势和资源配置，从实际情况出发，开发并制作出丰富多彩的校本课程。立足学校特点所开发的校本课程，通常富有创意、趣味十足、形式活泼，更容易激发出学生对语文课程的学习兴趣。比如，有学校开发出“我爱宋词”课程，有学校开发出“唐诗鉴赏”课程，有学校开发出“小说与我”课程，课程中蕴含着极其丰富的文化资源，有助于促进学生语文素养的全面发展。

2. 开发并利用好语文教材，充分发挥教材功能

教材作为重要的课程资源，对其进行开发和利用的重点在于研究和编排教材结构。不同教材编排的依据有所不同，部分教材是根据文学史时间顺序进行编排的，部分教材是根据文学史题材进行编排的，部分教材是根据主题板块进行编排的，等等。高校语文教材结构的编排是将多种特点结合到了一起，包括主题性与人文性、科学性与时代性、传统性与创新性等，以教材为媒介促使学生主动理解和体验教材中的内容，获得一定的感悟，思想和情感上分别得到启迪与熏陶，从而提高学生的语文素养和人文素质。

3. 组织丰富的实践活动，拓展语文学习空间

高校语文课堂只是小天地，宇宙自然乃为大课堂。高校语文教学要充分利用当地的自然和人文资源，如自然风景、风土人情、历史古迹等，使学生置身于自然、社会的大课堂中，在观察、探索中获取重要信息，完成对语文知识的学习。这就需要教师从学生的心理特点、兴趣爱好出发，组织一系列主题语文实践活动，允许学生选择适用于自己的学习方式，将所学知识恰如其分地应用到实践当中，在实践中锻炼和成长。

4. 创设便于母语学习的校园环境

大学校园是大学生生活、学习的主要场所，充分、有效地利用校园场地，创设丰富多彩的校园文化，赋予校园设施生命的活力，把这样的环境当成是高校语文重要的课程资源，对学生情感进行感染和熏陶，从而提高学生的语文能力。比如，学校可以组织才艺大比拼、辩论赛、朗诵比赛等活动，在教学楼展示学生独特、优秀的绘画、书法作品，营造真、善、美的环境，促进学生的健康成长。

（二）开发和利用高校语文课程资源应注意的问题

1. 教师要具备强烈的开发和利用高校语文课程资源的意识

高校语文教师要转变自身角色，不能只是作为课程的实施者，还要

在此基础上积极主动地开发和利用课程资源，不能将目光局限于教材、课堂，还要不断探索课堂之外的世界。语文教师要基于课程目标的指导，创造性地开发和利用有价值的资源，将课程资源作为实现课程目标的媒介，发挥课程资源在课程实施中的价值与意义。

2. 立足地方特点开发和利用高校语文课程资源

不同地区蕴藏的语文课程资源各不相同、各具特点，高校语文课程资源的开发和利用，应该立足地方特点、学校特点、教师特点，尽一切努力发挥各地优势。教师要根据需要，充分利用本地、本校的课程资源，开发地方或学校的语文课程，创造内容丰富、生动活泼的语文学习和实践的形式。不同学校应该发挥各自的优势，扬长避短，充分展现本校的特色。由此一来，才能充分发挥各个学校的角色功能，培育出满足社会发展需要的各级、各类人才。

3. 根据高校语文课程特点开发和利用课程资源

高校语文课程资源的开发和利用，不仅要充分考虑本课程与其他课程之间的联系，还要充分体现高校语文课程本身的特点。这里有三点需要注意，一是教师要根据课程特点开发课程资源，切不可盲目地效仿其他教师的做法，否则容易弄巧成拙。二是课程资源具有多质性的特点，换句话说，相同的课程资源能够服务于不同的课程目标，不同的学科可以应用相同的课程资源。高校语文课程具有知识广泛、内容丰富等特点，因此，高校语文教师要充分利用有益于学生学习的课程资源。三是课程资源具有替代性，如果语文教师没有找到适合的课程资源，可以寻找性能和特征相似的课程资源进行代替。

二、高校语文教学反思技能

高校语文教学反思，指的是教师将自己的语文教学活动作为思想对象，对备课、教学设计、教学目标、学情、师生关系、课堂提问等环节进行审视和分析，从本质上来看，这是一种利用高校语文教师的自我觉察来优化高校语文教学的途径。对于高校语文教师而言，教学反思技能是其学会教学、提高教学技能、实现专业化发展的重要技能。

（一）高校语文教学反思的过程

概括来看，高校语文教学反思主要包括四个过程，如图 5-17 所示。

图 5-17 高校语文教学反思的过程

1. 具体经验阶段

具体经验阶段的主要任务在于使教师明确自身所存在的问题，并进一步明确问题情境。教师一旦意识到问题，就会自然形成一种不适感，并试图解决这些问题，于是教师便进入反思环节。这一阶段的关键在于使问题与个人之间建立起联系，并清醒地意识到自身的不足。

2. 观察分析阶段

这一阶段的主要任务在于收集并分析相关经验，尤其是与自己活动相关的信息，并使用批判性思维审视自身的思想、信念、行为、价值观等。观察数据的获取方式多种多样，比较常见的有录音、录像、档案、自述与回忆、观察模拟、角色扮演等。在获取有效信息后，教师需要从不同角度分析这些信息，明确驱动自己组织教学活动的思想观点，并判断思想观点与自己的理念、行为、预期结果是否一致，从而找到问题的根源所在。通过观察分析，教师会更加充分地认识问题情境。

3. 重新概括阶段

这一阶段的主要任务是教师对自身的原有思想进行反思，并积极寻找新思想、新策略，从而解决当下面临的问题。此时，新信息的获得有利于形成更加有效的概念和策略，这种信息的来源并不唯一，可以是研究领域，也可以是实践领域等。这一过程既能单独进行，也能通过合作方式进行。

4. 积极验证阶段

这一阶段需要检验重新概括阶段所形成的概括的行动和假设，在进行验证时，不仅可以通过实际尝试的方式，也能通过角色扮演的方式。在检验的过程中，会遇到新的具体经验，从而又重新进入具体经验阶段，继而开始新的循环。

（二）高校语文教学反思方法

高校语文教学反思主要有以下几种方法。

1. 撰写教学反思日记

结束了一天的教学工作后，高校语文教师可以将自己的教学经验写下来，包括成功经验、失败经验、灵感等。

2. 听课和评课

高校语文教师要善于观摩其他教师的教学活动，同时相互描述与分享自己看到的教学情境，并对教学情境进行讨论、剖析、评价，从而达到取长补短、共同成长的目的。

3. 说课

面对同事或专家学者，高校语文教师对自己的教学全过程进行全方位、立体化的剖析，从教学设计理念到教学实施，从而进一步明确自己的成功之处、不足之处、改进之法。

4. 征求学生意见

学生是课堂教学必不可少的评价者。因为学生是课堂教学的主体之一，教师的教学方法、教学策略与学生是否相符，学生最有发言权，所以征求学生意见可以有效地提升教师的教学水平。

5. 评价学习效果

学生学习效果的好与坏很大程度上取决于教师教学水平的高与低。因此，在反思过程中，教师要有意识地评价学生的学习效果。如果学生学习效果较为显著，证明教学设计具有一定的科学性，如果学生学习效果不显著，证明教学有待改进，需要教师认真思考。

6. 总结和提炼教学经验

高校语文教师只有多对自己的教学经验进行总结和提炼，才能去粗取精、去伪存真、游刃有余，得心应手地操控课堂教学。

（三）高校语文教学反思的原则

高校语文教学反思是一种心理活动过程，是教师对新情况、新问题的再认识、再研究的过程，在具体实施中应该遵循以下几点原则，如图 5-18 所示。

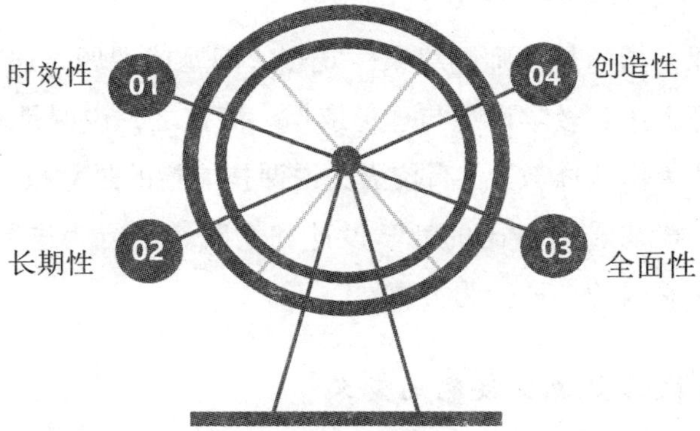

图 5-18　高校语文教学反思的原则

1. 时效性

高校语文教学反思应与高校语文教学同步进行，教师要将本节课的发现与想法及时记录下来，对收集的教学信息进行及时分析，对教学结果做出及时的评价与鉴别。

2. 长期性

高校语文教学反思是一项长期的、复杂的、艰巨的教学研究工作，是教学过程中不可或缺的环节，是教师成长的必要步骤。“三天打鱼，两天晒网”的教学反思的实际效果势必是微不足道的。

3. 全面性

高校语文教学反思所收集的信息必须是面向全体学生的全方位、全过程数据，不仅仅是课堂上的观察和调控，还包括教学前的探究、计划，教学后的反省、思考，既要关注教师的教学目标的完成程度，也要关注学生在教学活动中的自主性、积极性。

4. 创造性

高校语文教学反思主要是服务于发现教学的现存问题，并提出解决问题的策略。因此，教学反思必须要遵循创造性原则，采取科学的策略解决语文教学中存在的各种各样问题。

三、高校语文说课技能

所谓说课，指的是教师围绕某一观点、问题或课题，通过口头表述、多媒体演示等表述其教学设想与理论依据。简言之，说课是教师阐述“如何教”以及“为何这样教”。高校语文说课技能指的是高校语文教师面对同事、专家、学者，对自己的教学设计和实践教学行为进行阐述，并说清楚这样教的原因的一种行为方式。

（一）高校语文说课技能的意义

对于高校语文教师而言，掌握高校语文说课技能对其自身的教学和成长具有非常重要的意义。

1. 有助于提高教研活动的实效性

高校语文教师掌握了说课技能，就能清晰、顺畅、准确地表达出自己的教学意图，说明自己处理教材的目的与方法。这样一来，听、评课教师就能清楚地了解到授课教师教学设计的方法及原因，从而使教研主题更加明确，重点更加突出，为教研活动实效性的提升奠定基础。

2. 有助于提高教师备课质量

备课主要关注的是教师如何组织和实施教学，缺乏从教育教学理论角度对“这样教学的原因”进行思考。如果教师具备良好的说课技能，就能对上述问题进行思考，从教育教学理论角度思考“这样教学的原因”，从而提高备课的质量。

3. 有助于教师进行教学研究

说课与评课之间存在着密不可分的关系，高校语文教师在说课之前需要进行深层次、全方位的研究，评者需要提供理论点拨与科学评价。通过说评有机结合，广大教育工作者共同总结教学经验，使高校语文教师的教学研究由实践上升至理论，理论为实践教学提供进一步指导，实践教学对于理论有再次验证的功能，这样的良性循环，有助于培育更多的科研型、学者型教师。

（二）高校语文说课技能的基本要求

在实际教学中，高校语文教师的说课技能的基本要求，主要体现在以下三方面。

1. 语言简练，重点突出，条理清晰

通常情况下，说课的对象主要是同事、领导、专家、学者，所以说课时间要控制在适当范围，以 10—20 分钟为宜。一节课的教学设计内容比较丰富，所以说课应突出重点、抓住关键，要避免出现面面俱到、流于表面的泛泛讲解，要将更多时间用于重点、难点知识上，尤其是教法和操练方法的设计上。说课是语文教师语言技能的表演和思维品质的外在表现，所以教师在说课过程中要做到语言简明扼要、重点突出、条理清晰。

2. 重点内容应明确具体，说理透彻

说课的内容要明确具体，教师应紧紧围绕教学目标、教学重难点、知识呈现手段等方面进行论述，需要包括的内容必须要简洁清晰、有理有据、透彻深刻地进行讲述。

3. 理论与实践相结合

说课不同于授课，它既要阐述清楚“教什么”“怎么教”，更重要的是“为什么这样教”，这是说课的核心所在。说课涉及三个方面的理论，即教育学心理学的相关理论、大学语文学科教学法的理论、学校的办学特色理论，这些理论要随说课的步骤有机提出，使教例与教理有机结合在一起，避免出现穿鞋戴帽、油水分离的情况。

（三）高校语文说课技能的评价标准

1. 教学目标明确具体

（1）教学目标详细、全面、完整、明确。

（2）教学目标的依据充分，与高校语文教学大纲要求、教学内容、大学生特点相符，切实可行。

2. 教材分析透彻

（1）正确认识与分析所选课题在高校语文教材中的地位、作用，对教材知识结构、编排体系有一个准确的把握。

（2）对于教材内容的延伸与删减，能够做到科学合理地处理。

（3）确定教学重点与难点，并透彻地分析确定重难点的依据。

3. 教学方法的选择和运用具有科学性

（1）从总体来看，教学设计具有合理性、新颖性、独特性、科学性、有效性。

（2）教学程序的设计具有科学性、有序性，为教学目标的实现提供保障。

（3）导入和结束等重要教学环节，重点、难点的教学方法与学科特点相符，能够有效提高学生在学习中的参与度，培养学生的学习能力，引导学生形成良好的思想情感、态度及价值观。

（4）教学方法的设计和选择依据具有科学性，与学习方法相统一。

（5）教学用具、教学手段的选择和运用，以及课程资源的开发和利用，都对提高课堂教学效率有着重要影响。

（6）板书设计具有较强的科学性、逻辑性。

4. 教学对象的分析准确，对策恰当

（1）准确、科学地分析学生学习本课的原有基础和现有困难。

（2）所采用的教学对策能够帮助学生攻克学习困难和心理障碍。

5. 操练活动明确、到位

（1）操练目的必须是具体、明确、可观察、可检测的，与本课的教学目标协调统一。

（2）操练活动的设计要面向全体学生，层次分明。

（3）操练方法效果显著，对于学生综合能力的形成与发展十分有益。

6. 答辩准确无误

答辩条理清晰，准确科学，有理有据。

7. 总体评价

从整体上来看，说课内容翔实，逻辑严密，有条有理，语言简练，有创新意识，认识深刻，有特点。

四、高校语文听课技能

听课，是教师仔细观察课堂的活动，是初为高校语文教师的起点，是高校语文教师进步的基石，是高校语文教师自我检验的法宝，每个高校语文教师都必须掌握听课技能。下面具体谈一谈如何掌握听课技能。

（一）听课前的准备

无论做任何事，事先有准备就有可能成功，否则就有可能失败。听课亦然。高校语文教师在正式听课之前，必须要做好充分的准备工作。

1. 认识课堂，把握课堂特点

对于每个听课者来说，他们都应该在走进听课教室之前反思、审视自己对课堂的认识程度，避免对课堂中的行为产生不必要的误解，或者无法准确把握课堂的各个方面。比如，高校语文教师在听本学科的课之前，要反思、审视一下自己对作品主题思想、人物形象等方面的认识，听其他学科的课之前，要初步了解相应的教学理念、教学方法等内容。

2. 反思自己的教学观念

基于认识课堂的基础之上，高校语文教师要对自身的教学观念进行反思，梳理自己对教学的看法、期待，以及对教师扮演的角色、师生关系的看法等。比如，是否体现因材施教，是否一切从学生出发，是否客观、全面地评价学生等。

3. 了解学生相关情况

高校语文教师在听课之前，应该了解大学生现有的知识水平、班级整体状况等，在掌握班级和学生各方面情况的基础上，听课教师才能初步解释学生在课堂上的行为表现。

4. 准备听课记录的工具

在正式听课之前，高校语文教师需要事先选择好听课记录的方法，并准备好相应的记录本、笔、摄像机等记录工具，认真做好记录。对于摄像机这种电子仪器，教师需要提前进行试用，保证课上顺利运行。

（二）课上的观察与记录

1. 上课前的观察

在听课之前，高校语文教师通常要提前几分钟进入教室，并做好以下几点工作。

（1）观察学生上课前状况，并与其课上表现及行为进行比较。

（2）与任课教师进行沟通，了解教学与学生等相关情况。

（3）与学生进行攀谈，了解学生对知识的掌握程度与学习态度等。

（4）根据教室的空间布局，挑选一个不引人注目的角落坐下。

2. 上课过程的观察与记录

（1）关注教师的教。①教育思想；②教学活动安排；③教学方法与手段的使用；④教师主导作用的发挥。

（2）关注学生的学。①学习目标的达成；②学生主体作用的发挥；③学生的创造性。

3. 下课后的观察

下课铃声响起，并不意味着听课到此结束。课后也能捕捉到一些有价值的信息，这些信息能够为高校语文教师认识和理解这堂课提供一定的参考。比如，教师可以与学生进行交流，了解学生的学习感受和知识掌握程度，明确是否达到了预期的教学目标。或者观察学生课后是否继续讨论上节课内容，这其实是衡量教学效果好坏的重要指标。

（三）听后要讲评

听课的主要目的在于优化和提升高校语文教师个人的专业水平与整体教学水平。因此，听课作为第一感受，要想得到进一步的深化，必须要反馈式地交流、评价。任何一个教师的课，都会或多或少存在问题，不能神化别人。高校语文教师要积极动脑思考，提高自己的辨别力，既不能完全相信，也不能直接照搬，而是应该有选择地学习，创造性地吸收他人的优秀成果，肯定他人的优点，认清他人的不足之处，提出具有建设性的合理意见。

总之，对于高校语文教师而言，听课是一个重要的学习过程、反思过程、教学理念的建构过程。听课使高校语文教师明智、革新，使其通过日复一日的反思走向成熟，所以，高校语文教师掌握听课技能尤为重要。

第六章　高校语文教学与中华优秀传统文化的融合

第一节　中华优秀传统文化融入高校语文教学的必要性

当前阶段，我国正处于社会转型发展的关键时期，但是社会中出现了拜金主义、利己主义、享乐主义等消极文化因素，这些因素对大学生思想的侵蚀日益显著，已有部分大学生的价值观念、人生理想发生了一定转变。基于此，高校语文教学有必要将中华优秀传统文化融入其中，加强学生思想道德建设，逐步提升学生的人文素质，让学生立志成为对社会有价值、有贡献的人。本节主要分析中华优秀传统文化融入高校语文教学的必要性。

一、切实维护国家文化安全的现实需要

国家文化安全，指的是一个主权国家的文化价值体系，尤其是一个主权国家的主流文化价值体系，避免受到来自内部文化因素和外部文化因素的影响和侵蚀，从而能够很好地保持自己优秀的文化价值传统，同

时，学习和借鉴所有对本国有利的文化价值观念和文明生活方式，在自主、自愿的基础上对本国文化进行创新、吸收与借鉴，使本国文化的软实力日益强盛。1957 年 11 月，毛主席访问苏联接见中国留学生时说："现在世界正在大变，不是西风压倒东风，就是东风压倒西风。"同样的道理，如果我们不用自己的先进、优秀文化占领我们的学校和社会，就必将被落后的或外来的文化所侵占；如果我们不用自己的优秀文化影响和熏陶我们自己的学生，就必将被"西化"或"劣化"。总之，思想领域没有真空，正确、优秀的思想文化不去占领，必然会被各种错误、落后的思想意识占领。

伴随着经济全球化进程的不断加快，现如今文化商品倾销，再加之文化价值观念不断渗透，这与历史上直接依赖于军事占领和政治控制的文化侵略有所区别，这种文化现象被称为"文化帝国主义"。实际上，文化帝国主义是让其他国家的人民群众放弃自己国家的主流文化价值观念，转而信奉他国的主流文化价值观念，从某种角度来看，文化帝国主义就是在新时代用一种新方式实现对霸权主义的继承与强化，从而达到控制其他国家文化的目的。

众所周知，文化是一个民族的生命和灵魂，是一个民族的身份和标志。无论是隶属何种文化的文学文本，其形成都与某种文化传统和文化思潮息息相关，我们都可以指认出它的身份，"文化基因分析"已经在不知不觉中成为人们关注的焦点。因此，不少国家面对文化霸权主义，都自觉地增强了文化安全意识，想方设法提高文化主导权或领导权。对于当代大学生而言，将本民族的文化价值观念深深植根于他们心中，使其在了解、熟悉本民族的文化价值观念的基础上，对本民族文化保持尊重、热爱与信仰，并不断付诸实践，这是抵制文化霸权主义入侵、保障文化安全的重要方法。

20 世纪前期，美国经济取得了令人瞩目的增长奇迹，但文化优势尚未建立。第二次世界大战过后，美国从历史渊源和文化结构等角度出发，阐释了本国的“熔炉文化”，并加大力度研究和建设“美国学”，创建了处于强势的美国人文价值系统。一直以来，日本在国语学科的建设中，坚守“尊重日本的文化与传统”这一宗旨，致力于培养学生对古典的热爱之情以及写作能力。

根据美、日两国的文化策略可以发现，发达国家向来对本国的民族文化尤为重视、情有独钟。从中我们可以受到启发，如果我国的学校教育也能做到这样，重视并发展自己的优秀民族文化，那么，我们就能筑起抵抗文化帝国主义入侵的坚固防线。由此一来，那些生长于深厚文化土壤中的当代大学生，就有了充足的养分来源，他们的生命力会变得更加顽强、有活力，从而成长为参天大树。这就要求作为母语教育的高校语文教育，必须积极、主动肩负起自己的历史和时代使命，为学生阐释民族文化精神，传承和弘扬民族文化传统，增强学生对民族文化的认同感，使学生对民族文化的自豪感油然而生，提高对民族文化的自信心。

二、高校语文教师队伍是传承中华优秀传统文化的主导力量

中华优秀传统文化内涵丰富、意韵深远、历久弥新，是民族历史上道德传承、文化思想、精神观念形态的有机体。基于社会现代化背景，传统文化不仅影响当代中国人的生活方式、价值观念，还对中国未来的发展具有十分深刻的影响。中国要想坚持社会主义现代化道路，必须要将中华优秀传统文化当成基石和动力源泉。但由于社会无时无刻不受到多元文化浪潮的冲击，中华优秀传统文化一直面临着被边缘化的危险，“过时论”“无用论”等错误观点此消彼长，中华优秀传统文化被一些人当作历史的陈迹而忽略。基于此背景，高校语文教师从事语文教育，不仅要传授语文知识、提高学生母语应用能力，还肩负着传承与弘扬中华优秀传统文化的重任。作为中华优秀传统文化的主要传承者，高校语文教师教学水平与中华优秀传统文化的传承息息相关。因此，中华优秀传

统文化的传承，关键之一就在于高校语文教师队伍建设水平。

现阶段，高校语文课程普遍没有固定的师资，部分教学工作由其他专业课教师兼任。为了促进高校语文课程的进一步发展，避免教学理念出现混乱的局面，提高教学组织的有序性，就需要进一步明确高校语文课程的定位，避免语文课程在高校课程体系中处于尴尬地位。同时，为了更好地落实高校语文传承中华优秀传统文化的重任，也需要对高校语文课程做出清晰的定位，为高校语文教学的开展配置高水平、专业化的固定师资，提高高校语文任课教师的遴选标准。

高校语文教师应该具备良好的文学基础，在中华优秀传统文化研究领域积累了一定的学术成果，对于中华优秀传统文化有与众不同的见解和深刻的体会。高校要安排博古通今、教学经验丰富的资深教师担任语文教学工作，从而不断增强高校语文教学的成效。同时，这些资深教师还能给予年轻教师一定的指导，促进年轻教师的快速成长。高校语文师资队伍的建设可以从多途径入手，如加大岗前培训、在职进修、国内外访学等，从不同角度提升高校语文教师的专业素养，使语文教师在教学实践中积累更多的经验。

三、高校语文教材是传承中华优秀传统文化的重要载体

在高校语文教学中，教材是实现既定教学目标的最直接的工具与手段，对学生学习和成长具有积极、持久的影响。目前，高校语文教学选择的教材种类多种多样，编排体例的侧重点各不相同，质量良莠不齐。笔者通过调研和实践发现，由张铭远、傅爱兰主编的《大学语文》具有较高的思想性、启发性、适用性，是高校开展中华优秀传统文化教育的优秀范本。该教材内容以中国哲学、中国文学、中国艺术、中国民俗等为主，这些都是传承中华优秀传统文化的重要载体，有助于提高学生的中华优秀传统文化基本素养。其中，中国哲学部分的主要内容有《论语》《墨子》《老子》，这些经典作品简明扼要、内涵深刻，是中国社会五千多

年不断发展的内在驱动力，充满真知灼见，引人深思，对当今社会仍然具有积极而上进的意义。[①]

近些年来，在全社会范围掀起了一股“国学热”的浪潮，古典哲学的经典作品被视为21世纪人们都市生活的“心灵鸡汤”，由此可见，即便是在不断发展的现代社会环境下，优秀传统文化仍然可以使人们的心灵产生共鸣，对于当代大学生完美人格的形成也产生着十分重要的作用。在大学语文教材中，中国文学部分往往会编入不同历史时期具有代表性的文学作品，将这些文学作品当成大学生感知中华优秀传统文化力量和魅力的范本，一方面可以提升大学生在现代语境下的母语应用能力，另一方面可以培养大学生的文学审美鉴赏能力。中国古代、现代的作家、诗人往往都把自己崇高、伟大的人生追求和价值目标蕴藏于他们的文学作品当中，这些优秀的文学作品，有助于塑造学生良好的人格。在大学语文教材中，中国艺术部分往往会编入一些与传统艺术形式有关的内容，如书法、绘画、曲艺、建筑，引导学生学习这些传统艺术形式的艺术特点、历史渊源，更容易激发出学生了解中华优秀传统文化的欲望，能够提高学生参与艺术实践的积极性，感受中华优秀传统文化的独特之处。在大学语文教材中，有关民俗的内容与民间生活息息相关，是中华优秀传统文化在大众生活中的具体体现，是中华优秀传统文化中接地气的表现形式。落实民俗文化教育，不仅能让学生感受到中华优秀传统文化潜移默化的影响力，还能让他们更加深刻地认识和理解现代生活。

四、高校语文教学理念、教学方法关系到中华优秀传统文化传承的成效

语文特级教师于漪认为，母语教育并不是单纯地教学生识字、背词、做练习、写文章，更重要的是在帮助学生学习和理解祖国语言文字的同时，让全体学生接受民族文化教育，用民族精神对学生进行熏陶，

① 张铭远，傅爱兰．新理念大学语文[M].北京：商务印书馆，2015.

用民族情结对学生进行感染，培养学生的文化情怀。[①] 高校语文教育要想实现传承中华优秀传统文化的目标，必须要做到与时俱进，在原有的教学模式基础上不断探索和革新，掌握当代大学生的认知特点，使用学生喜闻乐见的方式传授知识与技能，尝试与现代流行文化结合起来对传统文化的现代化意义进行阐释，由此一来，不仅能帮助学生树立正确的认知观念，还能让学生深层次领会中华优秀传统文化的本源性意义。

学生是学习活动的主体，是主动的发现者、探索者。高校语文教学要充分体现学生的主体性，改变教师唱独角戏的传统授课模式，应用体验式的教学理念，关注学生的感性体验，使学生近距离、充分感受中华优秀传统文化的魅力。在古典诗词的欣赏中，教师应为学生提供更多的诵读机会，辅以教师的讲解，传授古典诗词的创作艺术，引导学生作诗填词。与此同时，教师要充分利用多媒体等信息技术的图文并茂、视听结合的优势，帮助学生更生动、形象地认识传统文化艺术，大力鼓励有艺术特长的学生上台展示自己，在培养学生自信心的同时，培养学生对中华优秀传统文化的学习兴趣。另外，高校语文教学要转变传统的考核方式，结合教学需要和学生特点精心设计考核形式，适当增加日常学习过程中考核的比重，引入中华优秀传统文化元素，提高考核的灵活性、自由性。

五、全面落实创新教育的内在需要

党的二十大报告提出："坚持为党育人、为国育才，全面提高人才自主培养质量，着力造就拔尖创新人才，聚天下英才而用之。"学生创新精神的培养尤为重要，是素质教育的核心要素与重中之重。

创新是需要一定的条件的。创新教育的前提条件是传承文明。对于教育的功能，我们必须要从整体上进行认识和理解，任何教育都必须在

① 于漪．点亮生命灯火[M]．北京：商务印书馆，2019：32-39.

传承与创造之间达到某种“生态平衡”。传统涵盖的范围十分广泛，不仅包括人类在教育史上积累的丰富经验，还可以延伸至整个社会文化的持续积淀的成果。传承是创造的前提和基础，如果抛弃传承只追求创造，就容易滋生出文化激进主义或文化虚无主义。当然，在传承和继承传统文化精髓的过程中，高校语文教育还需要注重引导学生传承质疑、批判、超越等优良传统，积极投入到新的创造当中。在高校语文教育中，牢牢把握传承与创造之间的平衡关系和张力关系，能够有效地培养学生的创造精神。总之，高校语文教育在传承文明的基础和前提下，培养富有创新精神的人，是切实落实创新教育的内在需要。

六、实现语文教育生态化的客观需要

中华优秀传统文化与生态化教育之间存在着天然的联系，从某种角度来看，中华优秀传统文化属于生态化的文明。“天人合一”的哲学思维，稳定、持久的农业社会，使中国的文化传统中蕴含着生态化的社会与生态化的教育。

社会在不断进步，科技在持续更新、升级，这给人类带来诸多便利和利益的同时，也给自然带来了灾难性的破坏。在人类慢慢丢失物质家园的同时，也深刻体会到精神家园正在迷失，并逐渐意识到敬畏生命、拯救地球的紧迫性、必要性。于是，自 20 世纪 70 年代以后，社会文化的发展趋势出现了一定的转变，即由科技文化向生态文化转变。这种动态变化恰恰与中华优秀传统文化的生态化意识有异曲同工之妙。

“敬畏生命”的思想在古代中国就有良好的文化基础，孟子、杨朱、列子等的思想和观点中都有强调尊重个体生命、和谐共处的部分。中国传统教育哲学极力主张人与社会、自然的和谐统一。这对于塑造健全人格、增进人类对自然的沟通与了解、加强生态环境保护、促进生态环境的可持续发展具有非常重要的意义。因此，高校语文教育有必要为学生传授优秀传统文化思想，为实现人类、社会与生态的协调发展奠定基础。

第二节　中华优秀传统文化融入高校语文教学的意义

高校语文课程是我国高等教育针对新时代社会发展对人才的要求以及大学生的实际需要而实施的，具有鲜明的针对性和科学性。高校语文课程中蕴含着丰富的中华优秀传统文化中具有教育价值的文化内容，引导学生学习这些课程内容，不仅能升华学生的文化与道德情操，还能落实对大学生的素质教育。下面围绕中华优秀传统文化融入高校语文教学的重要意义展开论述，如图 6–1 所示。

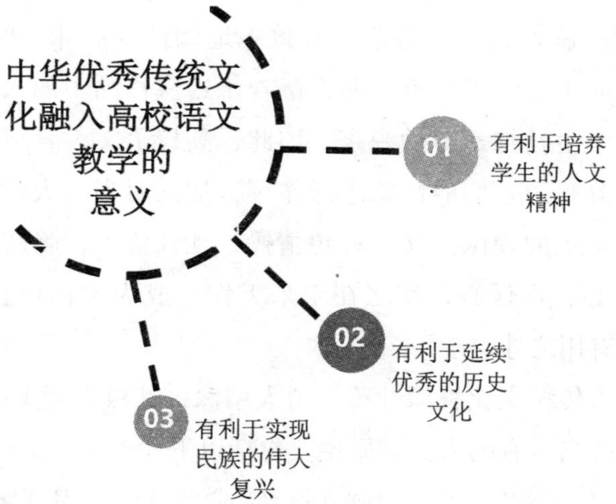

图 6–1　中华优秀传统文化融入高校语文教学的意义

一、中华优秀传统文化融入高校语文教学有利于培养学生的人文精神

近些年来，经济全球化加速发展，大量的西方文化如雨后春笋般涌入我国的社会和文化体系中，对中华优秀传统文化的传承工作造成了不利的影响。基于这样的文化背景，对于高校语文教师来说，将中华优秀传统文化渗透到语文课程中就成了重要的教学目标，教师利用中华优秀传统文化中的人本思想、人文精神等内容，使学生的思想、美德在不知

不觉中受到熏陶，既能帮助学生更好地认知中华优秀传统文化，还能提高学生的人文素养，帮助学生构建完善的世界观、人生观、价值观体系。

众所周知，高校语文教学的功能不仅仅是作为基础课，更重要的是高校语文教学肩负着承载与传播传统经典文化的重任。在五千多年的历史长河中，各个民族创造并积累了大量优秀文学作品、文艺典故等，这些内容本身就蕴含着能打动人心的深厚人文精神，对大学生精神层面的教化作用是不容小觑的，对大学生的情感态度与价值观也具有较强的熏陶作用，对大学生的文化品位、审美情趣以及审美功能也具有十分显著的提升作用。倘若大学生能够专心致志地阅读、品味、感悟这些作品，吸取这些作品中的精华内容，那么蕴含于这些作品中的人文精神就能自然地转变为学生精神素养的源泉。因此，高校语文教育可以依托优秀文学作品，充分利用它们的情感渗透作用，加强对当代大学生的人文素质教育，培养学生的爱国主义、思想情操、礼仪修养，唤醒与培育学生的爱心、同情心、责任心，使之在未来工作中成为善良正直、公正无私、宅心仁厚的有用之才。

中华优秀传统文化根深叶茂、博大精深，其核心要素就是人文精神。当代大学生应当具有的人文素质主要包括以下几点。

（1）责任。首先，大学生必须对完成自己的学习任务具备责任感、担当感，做任何事情必须有始有终。其次，大学生必须对自己的亲人、教师、同学抱有感恩之心。最后，大学生必须对自己负责，包括自己的身体健康、言行举止、未来等。

（2）信念。当代大学生应当树立马克思主义的科学信仰，树立为实现中华民族伟大复兴的中国梦而奋斗的共同理想。

（3）诚信。在生活中要讲诚信。对于每天要面对的一些事情、问题，每天要做的事情，都要讲诚信。讲诚信要对党忠诚、要对国家忠诚。不管将来处在什么岗位，不管身处什么地位，都要对国家、党忠诚。

（4）宽容。在遇到事情的时候，大学生要学会站在对方的角度想问题，切勿斤斤计较，要学会体谅对方。

（5）谦虚。在生活和工作中不能自以为是，不懂装懂，摆出凌驾于他人之上的架势。

（6）豁达。在生活和工作中能屈能伸，知进知退，经得起挫折、失败。

以上只是举例，中华优秀传统文化中可供汲取的精华要远远超过这些。高校语文教学通过充分挖掘中华优秀传统文化中的人文精神要素，有助于提高学生的科学文化素质，培养学生的人文素养，将他们逐渐培养成21世纪的高素质人才。

除此之外，高校语文教学在面向非文学专业的大学生时，实施科学教育的主要目的在于启迪灵性，需要将人文教育作为补充，它不仅能启迪灵性，还有启迪人性的功能。不断加强科学教育与人文教育的融合力度，能够使高校语文教育更好地回应时代的呼唤。在经济高质量发展的新时期，世界各国之间的合作逐渐深入、全面，科学技术更新迭代的速度也越来越快，21世纪的大学生不仅要具备有助于社会发展的专业能力，还需要具备良好的内涵修养。引导大学生学习中华优秀传统文化，让学生感悟和品味其中蕴含的民族精神，学习和鉴赏其中蕴含的道德情怀和民风民俗之美，一方面培养学生的审美能力，另一方面让学生感悟国家的光辉、伟大，增强学生的民族责任感。让学生接受专业课之外的人文教育，能够使其在掌握专业知识和技术的同时，形成高尚的道德情操，正确分辨真与假、善与恶、美与丑，深刻意识到民族语言和民族文化的神圣和高尚，从而为祖国建设做出更大的贡献。

二、中华优秀传统文化融入高校语文教学有利于延续优秀的历史文化

为了摆脱旧思想、旧文化的束缚，实现经济的可持续发展，我国从西方引进了先进的技术、先进的设备，这也给外来文化的入侵提供了机会。

为了避免我国历史文化的传承出现断层，高校语文教师可以依托语文教学平台，将有教育意义的中华优秀传统文化融入学生的日常生活和学习当中，在帮助学生了解中华优秀传统文化的同时，增强学生对创造民族文化的自信心，为中华优秀传统文化的不断延续与长足发展提供有效保障。

（一）在诵读中感受母语的魅力

语文不仅是汉语，也是中国人的母语，是中华优秀传统文化的重要内容，到目前为止已有几千年的发展历史。汉语的规范化、标准化发音具有和谐、优美的旋律美，在高校语文教学中，教师通过富有感情地朗读文章，能够让情感在课堂中流淌。在高校语文教材中，很多诗词歌赋都需要朗读者情感充沛地朗读，这样才能使文章娓娓道来却有直抵人心的力量。

高校语文教师在开展教学时，往往会鼓励和引导学生铿锵有力地朗读文章内容，这样做的目的在于使学生对母语传播的文化精神能够形成更深层次的感知，同时让学生在朗诵过程中树立对民族文化、中华悠久历史的自信心，这种通过朗读所散发的魅力是不能被其他语言所取代的。同时，高校已经在学生期末测试与评估中增加了语文等级考试，到目前为止，学习汉语或练习普通话的人数逐渐增多，这充分说明了感受到语文中中华优秀传统文化魅力的大学生日益增多。全球“汉语热”在持续升温，被称为“汉语托福”的汉语表达测试也受到越来越多的各国学习者的青睐。总之，中华优秀传统文化中母语诵读所散发的魅力是无穷无尽的，母语诵读也是当前阶段汉语面临突破的一个转折点。

（二）在写作中展示文字儒雅

在灿烂悠久的中华传统文化长河中，郁郁葱葱、根深叶茂且蕴含丰富历史文明的文化能保留至今，主要得益于汉字的功劳。汉字与汉语的其中一个相同之处在于，都能作为中华优秀传统文化表达中具有传承性的载体。从早期的“图形图画”，到后来演化出的“象形文字”，再到“简化汉字”，最后演变到现如今的“汉字”，汉字的演变历史，无时无刻不在展示着中华优秀传统文化的悠久历史和深厚底蕴。因此，在高校语文教学中，通过写作的方式来帮助学生掌握汉字中蕴含的驰而不息、奋斗不止的文化精神具有非常重要的意义。

一个有远大理想和崇高追求的大学生，首先要对本土的文化历史发源及本土文字的发展了如指掌。无论是哪一专业的学生，熟练地掌握中华优秀传统文化是其基础，也是关键，这也是很多高校语文教师选择引导学生使用汉字充分发挥自身想象力进行创作的主要原因之一。对于将来从事教育类、金融类、工商类等诸多专业的学生而言，在将来的就业发展中都离不开文字的支撑。这时，文字写作水平较高的学生就能脱颖而出，不仅能面向就业单位充分展现自己的写作水平，还能向面试官传递文字中蕴含的浓郁文化精神，进而有效地打动对方，以此获得更好的学习机遇。因此，高校语文教学通过提高学生的文字写作水平，有利于更好地展示文字的儒雅，为学生今后的工作奠定基础。

（三）在经典作品中诠释汉字的人文素养

在高校语文教学中，经典作品与著名典籍是传承中华优秀传统文化的载体。在五千多年漫长的历史文化积淀中，古人的智慧与生活经验为高校语文教学提供了不计其数的优秀作品。其中，比较有代表性的主要有《论语》《史记》《道德经》《三国演义》等，这些经典作品不仅涵盖了中国传统历史文化，还对外展示了古人的高深智慧与历史文学性涵养。

新时代大学生往往通过互联网来感知文化，以互联网为媒介来了解和接触五彩缤纷的世界，但他们通常对中华优秀传统文化缺乏系统性的了解。而高校语文教师通过将一些优秀文化作品引入到课堂中，可以传递更加丰富的文化知识，使学生掌握历史文化发展的概况。同时，在高校语文教学中，教师往往围绕一堂课的教学重点，精心选择一些著名的古典作品当成整堂课的教学案例，该教学方法一方面能够提升学生的学习水平，另一方面能够增强学生对人文知识、历史文化的认同感。总之，高校语文教师在课堂中展示的一些文学、文化、文字等内容，对于学生人文素养的提升具有促进作用，其作品中所蕴含的历史底蕴、文化精髓十分丰富，都是值得后人去反复揣摩、深入思考的。

（四）在文学活动中传递民族文化

在高校语文课堂教学中，引导学生关注各种各样的文学类活动，是中华优秀传统文化魅力再现的表现方式之一。基于信息化社会背景，中国不少悠久的文化与历史受到了西方文化的渗透与入侵，当代大学生崇洋媚外现象已然成为一种普遍存在的现象，甚至有部分大学生认为圣诞节的重要性要高于中国传统节日，中国传统节日并非不可取代。但高校语文课程的有效开展就为这一问题的解决提供了很好的思路与路径，教师可以通过组织丰富多彩的线下语文活动，积极呼吁传统文化的传承。

新时代的大学生作为社会中的特殊、活跃群体，也是凝聚着民族与文化的高尚群体，承担着文化传播的时代使命，也肩负着传承文化的历史任务。为此，在高校语文教学中，教师通过联合社团与协会，根据不同时期的民族文化特征，组织形式多样的语文活动，如在端午节来临之前，高校语文教师可以组织学生书写活动策划案，增强学生对传统节日的了解，由此激发学生积极承担文化传播、文化传承的责任。

三、中华优秀传统文化融入高校语文教学有利于实现民族的伟大复兴

文化是人类智慧的产物，同时也是中华民族赖以生存的根基。因此，在高校语文教学中融入中华优秀传统文化，能够极大地改善我国西方文化日渐盛行的现状，不断强化当代大学生的民族意识，有效激发出大学生的民族复兴的使命感、责任感，为中华民族的伟大复兴提供源源不断的推动力。

（一）中华优秀传统文化是中华民族精神之魂的具体表现

1. 关注人的价值，坚持以人为本

“民惟邦本，本固邦宁”，这不仅是中国古代国家治理的重中之重，还是治国理政非常重要的历史经验总结。对这些优秀传统文化的传承与弘扬，实际上就是要强调以人为本，将人作为主体，一切为了人民，致力于人的生活质量、发展潜能以及幸福指数的持续性提升，终极目标是实现人的全面发展。

2. 注重坚韧刚毅，强调自强不息

在五千多年漫长的历史长河中，中华民族之所以能够屹立不倒，历经坎坷而不屈，更多仰仗的是一种坚韧刚毅、自强不息的精神。

3. 注重和而不同，强调社会和谐

从古至今，中国人一直将“和”落实到生活的方方面面，将“和为贵”“和合”作为一种重要的思维习惯和人生信仰，追求人际和谐、身心协调、天人合一的境界，希望能够建立一个“人人相亲，人人平等，天下为公”的理想社会。现如今，我国进一步推动社会主义和谐社会的建设，其实就是对注重和而不同的中华优秀传统文化的发扬光大的一种表现。

4. 注重团结统一，强调独立自主

自古以来，中华民族就是一个统一的多民族大家庭。经过几千年的发展，真正实现了使团结统一的意识的入脑入心，使中国人做到内化于心、外化于行。中华民族众人拾柴火焰高、自强不息的民族精神具有不可撼动的强大力量。

（二）继承和发扬中华优秀传统文化，实现中华民族的伟大复兴

1. 科学认识传统文化和优秀传统文化

高校语文教学，能够使学生在尊重传统的基础之上，使用历史和科学的观点对中国的传统文化进行考察，做到有选择地吸收和创造性地综

合运用，准确掌握和全面理解传统文化的本质内容，从而更好地弘扬中华优秀传统文化。由此一来，处于新的历史条件下，学生就能以现代化的基本精神理念为依据，对历史文化尤其是前辈们传承下来的道德规范，坚持古为今用、革故鼎新，做到有鉴别地对待，有扬弃地继承。

2. 培养学生对中华优秀传统文化的向往与喜爱

要想实现各个民族传统文化的现代化，赋予各个民族传统文化体现时代要求、凝聚各方力量的伟大时代精神以及旺盛的活力，必须要融入和培植新的文化要素和文化精神。中华文明的发扬光大，需要不断强化哲学、人文社会科学的作用。在高校语文教学中，大力研究和挖掘优秀传统文化，讲授哲学、人文社会科学的相关内容，有助于增强学生对中华民族传统文化的了解、喜爱与向往。

3. 引导学生树立社会主义核心价值观

社会主义核心价值观在如今社会中居于统领地位、起主导作用，它是中华民族的核心价值观，融社会主义的价值特性与中华民族的文化特性于一体。社会主义核心价值观唯有一直深深植根于中国传统文化的深厚土壤中，才能充分发挥其指导作用。在高校语文教学中，有机结合弘扬优秀传统文化与社会主义核心价值观的宣传教育，在引导学生树立正确社会主义核心价值观的同时，还能激发学生努力学习的动力，为早日实现中国梦贡献自己的聪明才智。

第三节 中华优秀传统文化融入高校语文教育的创新途径

中华优秀传统文化是前人留下来的无价之宝，所以传承中华优秀传统文化非常关键。为了增强中华优秀传统文化与高校语文教育的融合效果，必须要创新两者融合的途径，使学生充分认识中华优秀传统文化之美，并自觉地传承与发展中华优秀传统文化。本节从学校、教师、学生三个层面入手，围绕中华优秀传统文化融入高校语文教育的创新途径展开论述，如图 6–2 所示。

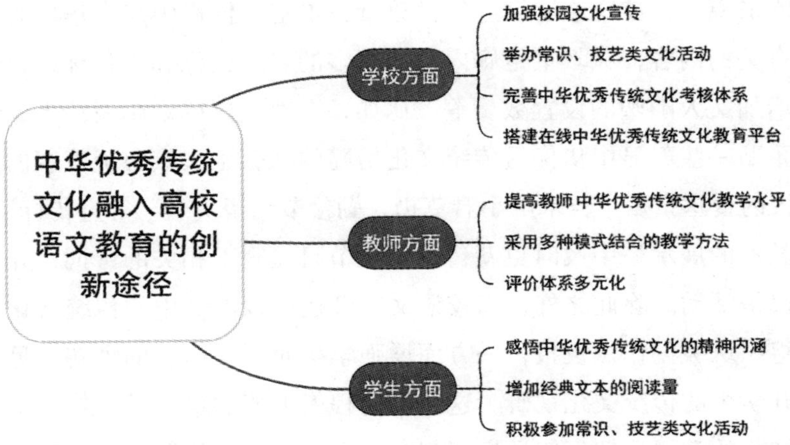

图 6–2　中华优秀传统文化融入高校语文教育的创新途径

一、学校方面

良好的校园文化是学校的窗口形象，展示着一个学校的办学理念和精神风貌。而学校作为学生活动的主要阵地，校园文化氛围建设与学生文化学习密不可分。中华优秀传统文化教育要想产生化人无痕的教育效果，完善校园文化是至关重要的一环。

（一）加强校园文化宣传

校园宣传栏是校园文化建设的重要载体，是教育引导师生的重要舆论阵地，是展示学校优良作风的重要窗口。在校园宣传栏中，除了可以张贴一些公告和优秀学生名单，还能展示一些中华优秀传统文化的内容。此外，在校内教室走廊中，张贴一些名人画像和文化标语，有助于学生在细微之处感受传统文化。对中华优秀传统文化的学习，并不仅仅是简单的翻译几篇文言文、背几首古诗，高校应该将中华优秀传统文化与校园文化融合在一起，使中华优秀传统文化逐渐全方位地渗透在学生的日常生活当中。

具体来说，高校应该增设宣传栏数量，丰富宣传栏中与中华优秀传统文化有关的内容，在教室走廊内悬挂更多的名人挂像和文化标语，在校园内增加文人雕塑的设置数量等。比如，在教室内或走廊墙壁上，学校可以张贴一些彰显中华优秀传统文化精髓的社会主义核心价值观的内容，在校内食堂张贴“粒米虽小君莫扔，勤俭节约留美名”等宣传标语，在每个教室的展示栏中及时更新传统文化节日，附上相关的诗词，并介绍相关民俗活动。除此之外，高校语文教师还能以课文中的传统文化为主题，组织班级创作黑板报，一方面增强学生对课文内容的理解，另一方面打开学生的传统文化视野。这在一定程度上能够培养学生对中华优秀传统文化的学习兴趣，使学生深刻意识到中华优秀传统文化学习的重要性。

（二）举办常识、技艺类文化活动

高校举办形式多样的校园文化活动意义重大，不仅能让学生的课余生活变得丰富多彩，营造良好的校园文化氛围，还能利用精彩纷呈的娱乐活动激发出学生的文化学习兴趣，使学生近距离接触中华优秀传统文化，让中华优秀传统文化的学习变成校园中的时尚元素。

1. 以传统节日为契机，策划和开展各类文化活动

在各个传统节日来临之际，高校可以策划并组织相应的主题演讲、诗词比赛、传统文化宣传画创意大赛等，并将脱颖而出的创意性作品放置于学校宣传栏进行展示，充分调动学生的主观能动性，引导学生树立不断进取的探索精神，使学生在各种各样的传统文化活动中获得强烈的参与感、获得感、成就感。比如，以中秋节为契机，高校可以组织学生自主完成有关中秋节诗词的收集，开展中秋主题诗词比赛，这不仅能帮助学生积累更多的古诗词，还能有效提高学生的文化素养。

2. 举办文化艺术节，激发学生对中华优秀传统文化的热情

高校应该举全校之力办好每一期艺术节，展示本校学生的绘画、雕塑、书法等优秀艺术作品，同时还能开展唱歌、跳舞等才艺比赛，为学生提供展示自己的舞台。每一期的艺术节主题需要由管理员和教师进行商讨，根据大学生当下的学习水平和时代发展趋势，举办相应主题的文化艺术节。同时，学校要设置相应的平台和奖励机制，组织相关的传统文化主题讲座，让学生利用课余时间通过互联网、图书馆等途径收集和梳理与传统文化相关的内容，并参加中华优秀传统文化的主题演讲活动。这样一来，既能有效锻炼学生的演讲能力，通过学生的演讲准备还能扩充学生文化知识储备库，让学生的文化视野变得更加开阔，提高学生文学素养，提高学生对中华优秀传统文化的学习欲望和热情。

（三）完善中华优秀传统文化考核体系

建立健全中华优秀传统文化考核体系，面向学生、教师制定具有针对性的、科学、合理的评价制度，制定具体、明确的细则，由此提高学生和教师对中华优秀传统文化学习的关注与重视，使传统文化教学水平得到不断提高。

一方面，学校可以将中华优秀传统文化教学与教师绩效挂钩，提高教师对传统文化板块的重视程度，使教师积极探索行之有效的教学方法，提高学生的思想品德和文学素养，而不是要求学生机械性地记忆。另一方面，针对学生对中华优秀传统文化的学习，高校可以构建完善的评价体系，评价重点不仅仅是学生知识的积累，还有学生对传统文化内涵的认识与理解，以及学生的思想品德、行为习惯、人格修养等方面的发展。另外，针对学生的考核评价应该体现评价内容的多元化、评价方式的质性化，扩展中华优秀传统文化学习效果的辐射范围，体现在学生日常生活的方方面面，而不是仅仅聚焦于试卷之上。

（四）搭建在线中华优秀传统文化教育平台

随着互联网时代的迅猛发展，互联网技术为中华优秀传统文化教育的开展提供了极大便利和新的思路。在信息技术日新月异的今天，中华优秀传统文化教育也发生了巨大变化，在线教育模式的出现使得中华优秀传统文化教育打破了时间和空间的束缚，学生实现了随时随地学习传统文化，并不只是局限于课堂之上。

基于互联网时代背景，高校要积极搭建中华优秀传统文化线上教育平台，每周组织学生进行中华优秀传统文化学习，学习内容可以结合学生教材、思想行为动态等进行有针对性的选择，作为教材的有效补充与延伸。从教育方式上来看，学校不仅可以通过课堂讲授模式传递中华优秀传统文化知识，还能通过播放电影、动漫、纪录片等激发学生的学习兴趣。作业的布置也要探索新模式，学校可以结合传统文化布置一些课外实践作业，帮助学生更直观、更贴切、更深刻地感受传统文化，弥补机械性背诵与记忆的缺陷。

二、教师方面

在高校语文教育教学中，教师要率先垂范，不断提升自身修养，力争成为“四有”好教师，即有理想信念、有道德情操、有扎实学识、有仁爱之心，并结合学科特点构建个性鲜明的传统文化因素渗透教学模式。

（一）提高教师中华优秀传统文化教学水平

1. 挖掘文本语言的精神内涵

中华优秀传统文化经过五千多年的风雨洗礼，为炎黄子孙留下了无比珍贵的精神财富，一脉相承、薪火相传是中华文化生命力保持连续性、持久性的关键所在。在新时代，中华优秀传统文化仍然需要我们继续传承下去，这样才能使传统文化在时代的大浪淘沙中更加鲜活、更有活力、更显价值，焕发出蓬勃、旺盛的生命力。

中华优秀传统文化是古人思想观念、精神内涵的承载体，或是以“回眸一笑百媚生，六宫粉黛无颜色”展示出杨贵妃的惊世容颜；或是以“两情若是久长时，又岂在朝朝暮暮”揭示出爱情的真谛；或是以“偶然值林叟，谈笑无还期”展示出诗人淡逸的天性和超然物外的风采……在那个路漫漫、车遥遥的年代，古人往往将自己的思亲怀乡、知己之情、爱国之情浸润于文字之中。中国人的思想观念、道德品质等都深深植根于传统文化的内涵中，这对于每个人来说，都是潜藏于其内心深处的心灵归宿和精神向往。

高校语文教师应该充分认识到传统文化具有的潜移默化的影响，包括个人修养、社会安定、国家发展等方面。教师面对传统文化应该保持正确的态度，增强文化学习的积极性，对文化生命力保持坚定的信念与信心，争当中华优秀传统文化的传播者、拥护者、实践者、传承者。另外，高校语文教师作为教育工作者，应该意识到挖掘中华优秀传统文化资源的重要性，并正视其对教学的积极促进作用，不断提高自身的专业素养和文化修养，密切关注传统文化的热点，阅读大量与传统文化相关的书籍，以自身积极的中华优秀传统文化学习态度来影响和带动学生学习的积极性，充分发挥语文课堂作为传承中华优秀传统文化的“主战场”作用。

2. 提高教师专业素养

苏联教育家巴班斯基提出教学最优化理论，强调教师在教学活动开始之前要对教学内容进行分类化梳理，使原本晦涩难懂的教学内容变得浅显易懂，将简单的教学内容进行深层次的拓展，[①] 这就要求教师具备一定的教学能力和专业素养。

教师的专业素养主要涉及两方面内容，即理论知识学习和教学能力培养。理论知识层面主要包括三方面内容，即学科知识、教育学相关理论知识以及文学素养；教学能力层面主要包括三方面内容，即语言表达

① 巴班斯基．教学教育过程最优化：方法论原理[M].赵维贤，译．北京：人民教育出版社，1985：72-75.

能力、课堂组织能力以及教学科研能力。教师只有不断夯实自身知识理论基础，不断提高自身的教学能力，才能实现教学效率提升的目的。高校语文教师应该深刻意识到传统机械灌溉方式已经无法满足当下语文教学需要，中华优秀传统文化与语文教学的融合并非对知识点的枯燥记忆与背诵，而是应该通过在课堂中引入中华优秀传统文化教学，学生能够体会到古人的思想观念和中华优秀传统文化精神内涵，从而塑造完美的人格，提高文学素养。

近些年来，大学生对语文课堂质量的需求日渐增加，对此，高校语文教师不应该安于现状、不求进步，继续搬用“老一套”教学模式，这无疑会打击学生学习中华优秀传统文化的兴趣，导致语文教学效果事倍功半。因此，教师需要对教育学理论进行系统性的学习，打牢传统文化教学理论基础，不断加强现代信息技术与课堂教学的融合力度，让学生享受到更加优质的学习体验。其次，教师应不断提高自身的文学素养，增加自身的阅读量，提高自身的文本审美能力。对于基础知识的学习，为了打牢自己的语言文字基础，教师可以阅读和研究王力的《古代汉语》、黄伯荣与廖旭东的《现代汉语》等；为了了解诗词格律、诗词手法等古诗词基础理论，教师可以研读王力的《诗词格律》、王维的《人间词话》等，在阅读的过程中能够更深层次地了解蕴含于古诗词中的人生哲学与精神内涵。

另外，教师不仅要增加对文学理论著作的阅读，还要对传统文化中的常识板块引起重视，大学语文教材中的常识内容分布没有规律可循，零散地散布于各个角落当中，这就要求高校语文教师具备过硬的基本功，不仅要做好文本重点知识的讲解工作，也要注重常识知识的普及与延伸，增加学生知识面的广度与深度。对此，教师需要拥有广阔的知识面，对于一些哲学、地理、古代民俗、礼仪常识等都要有所涉猎，这些知识既能拓展教师自身的眼界，还能让教师在引入传统文化的过程中做到引经据典、旁征博引，使学生感受到传统文化的根深叶茂。除此之外，高校语文教师可以学习一些传统技艺，如民家手工艺、书画、传统乐器等，这样既能陶冶学生情操，还能利用教师的传统文化魅力在课内、课外对学生进行熏陶。

（二）采用多种模式结合的教学方法

1. 情境创设法

传统文化有其特定的时代背景，从时间层面看与现代社会之间存在一定的距离，当代大学生心理上接受程度不高。为了增强学生心理上对传统文化的认同感，高校语文教师可以采取情境创设法，通过营造良好的文化氛围，使学生获得“在场的错觉”，缩短学生与传统文化之间的距离，使学生积极学习并践行中华优秀传统文化。

情境创设法的主要依据在于情感和认知之间存在正相关关系的教育科学原理，需要教师基于目标的引导，从某一教学过程入手，构建形象、生动、具体的情景，利用这些情景吸引学生注意力，培养学生学习兴趣，帮助学生更好地学习和理解中华优秀传统文化。在情感的辅助作用下，学生认知水平可以得到提升，继而促进学生将中华优秀传统文化知识内化于自身知识框架体系中。

比如，在《兰亭集序》的教学中，由于学生距离这篇文言文所处的时代背景比较久远，可能难以理解当时的文人雅士、书法之风，那么教师就可以运用情境创设法，为学生介绍当时的相关文化背景，如“东床快婿”“王羲之与鹅的故事”“魏晋名士风流”，帮助学生从不同角度了解王羲之及其当时所处的社会背景，激发出学生的学习兴趣，使学生产生共鸣，改善教学效果。

2. 多层次展示教学内容

在实际学习中，部分大学生积累的传统文化知识比较少，学习过的传统文化无法内化于心，对教辅资料的依赖程度过高，这不仅会对学生传统文化学习能力的提升造成不利影响，还容易打击学生对于传统文化的学习兴趣。基于此，语文教师可以多层次展示教学内容，不断完善传统文化教学内容，从而有效激发出学生对中华优秀传统文化的学习兴趣。

多层次展示教学内容，要求教师要以基础语言知识为基础，在传授字词搭配、句式用法等的同时，帮助学生理解中华优秀传统文化的精神内涵，多层次、全方位地提高学生的学习兴趣和学习能力。中华优秀传统文化中的语言知识主要指的是古汉语知识，主要包括通假字、句子结构以及词类活用等方面，如《桃花源记》中“不足为外人道也”中的“也”属于语气词；《论语》里“不亦说乎”中的“说”为通假字，表示高兴喜悦；《师说》中“彼童子之师，授其书而习其句读者”中的“习”为使动用法，翻译为“让……学习”。中华优秀传统文化的精神内涵主要包括五个方面，分别为人与自然、思亲怀乡、人格修养、家国情怀、知己之情。如《江南春》中的“千里莺啼绿映红，水村山郭酒旗风”，短短几字描述了明媚的江南春光，表达了诗人对江南春景的高度赞美与无限神往，以及对风景依旧、物是人非的感慨；《无题·相见时难别亦难》中的“春蚕到死丝方尽，蜡炬成灰泪始干”，表达了诗人暮春时与所爱女子别离的伤感以及别后的怀念。

3. 任务型教学法

任务型教学法强调以教学任务为主线，引导学生在实践过程中探索与反思教学内容，这区别于机械性学习，让学生在做中学，在学中做，在自我发现中巩固对传统文化知识的学习。

首先，在中华优秀传统文化教学中，语文教师结合教学内容设置相应的学习任务，突出体现学生在学习中的主体性，使学生在任务的驱动下输入和内化日常积累的阅读素材，通过自主思考完成特定的任务，从而系统地掌握中华优秀传统文化知识。而且，在备课阶段，教师要根据学生兴趣爱好设置任务主题，任务难度要立足于学生实际学习能力，与学生当前知识水平与生活环境相契合，而且任务之间必须具有一定的关联性，而且是环环相扣，在帮助学生获取知识的同时，充分调动学生学习的积极性。

其次，在新课改背景下，任务型教学法有助于培养学生的创新性思维，因为在这种教学法的指导下，教师更多是扮演组织者、引导者的角色，学生需要通过个人独立或小组合作的方式完成任务。因此，在学生完成任务的过程中，也会思考如何让自己的努力效果实现最大化。

最后，任务型教学法的应用有助于提高人文素养。在语文的文本分析中，不仅要求学生拥有一定的阅读基础，还需要学生在阅读中了解语言的人文性。那么任务型教学法就能帮助学生更好地融入文化之中，领略语言之美，并获得更深刻的体会，同时也有助于学生更深层次地理解篇章的含义。

（三）评价体系多元化

教学不应该是循规蹈矩、墨守成规的，也不是一件轻而易举就能完成的事，对于差异化的学生应该采取不同的评价方式。高校语文教学评价是一个完整的体系，所以要注重评价的整体性、综合性，注重多种评价方式的综合应用，处理好过程性评价和终结性评价之间的关系，以长远、动态、全过程的眼光看待学生的发展。这就要求高校语文教师在中华优秀传统文化教学中坚持定量与定性相结合的原则，不仅要将学生的考试分数作为参考，还要收集能够反映学生传统文化学习情况的数据，如学习态度、课堂参与度、上课回答问题情况、作业质量、作业完成情况等，这些数据都能作为学生质性评价的参考。由此一来，不仅能帮助教师全方位地了解学生传统文化学习情况，还能引导学生通过多元化方式学习传统文化，而非盲目地死记硬背。

除了教师评价，学生自评、学生互评、家长评价也有利于学生反思与成长，将多种评价方法有机结合起来综合运用，有助于营造良好的文化学习氛围。比如，在“家国天下”系列活动中，教师可以鼓励学生依次上台展示相关的文化内容，展示环节结束后，教师先进行点评，然后结合学生自评与学生互评等方法，从文化主题的契合度、逻辑思维的清晰度、声音的洪亮度等内容入手进行评价，使学生进一步明确自身的优点和缺点。多种评价方式相结合的方式，不仅能调动学生的积极性，还能帮助学生取长补短、共同进步。

三、学生方面

（一）感悟中华优秀传统文化的精神内涵

中华文化内容博大精深、丰富多彩，其思想内涵精华犹如天上的星星一般灿烂耀眼，除了中国古代的传统习俗、传统礼仪、传统科技，还包括先人的人生智慧、思想内涵以及生命感悟。

中华优秀传统文化精髓对一代代中华人民影响至深，深深烙印在每个中国人的基因之中。面对如此郁郁葱葱的传统文化，如果因畏难心理而放弃中华优秀传统文化的学习，这无疑是白白浪费了中华民族的宝贵精神财富。对中华优秀传统文化的学习，既要注重对相关知识的积累，更重要的是体会其中的精神文化内涵。如唐代诗人李颀的《古从军行》便是创作于唐朝从盛极转向衰败之时，作者描述了从军之苦，营造了一种肃穆而凄凉的意境，整首诗充满非战思想，表达了作者对边塞将士的同情，对当今皇帝好大喜功的讽刺，以及对战争的厌恶之情。

当代大学生应该积极主动转变自己的学习态度，以积极向上的心态看待和学习中华优秀传统文化。唯有这样，学生才能更好地理解与吸收中华优秀传统文化的精神内涵，并内化于心、外化于行，在提高自身文学素养的同时，养成完善的人格，争当中华优秀传统文化的忠实传承者和弘扬者。

（二）增加经典文本的阅读量

不少大学生容易因为古文晦涩难懂而打退堂鼓，“熟读唐诗三百首，不会作诗也会吟”，读书的重要性不言而喻。因此，无论是课上还是课下，学生都要注重传统文化知识的积累，研读大量的古文，明白其中字词的含义，进而准确领悟其中的精神内涵。

学生在选择书籍时可以选择一些经典作品，因为经典往往都是经久不衰、经得起时间考验的，它们不仅不会因为一时兴起随波逐流，也不会因为一时没落黯然失色。长期坚持阅读经典著作，不仅能帮助学生建立并完善自我思考的框架体系，增强学生的逻辑思维能力，还能培养学生的文化素养。倘若学生觉得阅读原著难度较高，也可以选择一些赏析原著的作品，通过大家对经典原著的赏析来全面认识传统文化的内涵。大家的赏析不仅能为学生阅读提供指导，还有助于激发出学生的探索精神，使学生形成独特、严谨的思维逻辑。以“大家小书”系列丛书为例，其中的“大家”指的是书的作者是大家，其内涵是这本书的阅读者指向的是大家，“小书”指的是虽然文章篇幅比较小，但具有较强的学术性。在这个知识爆炸、信息激增的时代，学生需要学习和掌握的东西非常多，浩如烟海、不计其数的书籍令众多大学生目不暇接，如果盲目地将读书等同于吃补药便会失去读书的初衷与乐趣，而这些高质量的大家之作，能够缩小学生的选择范围，增加学生的课外阅读量和知识储备。

总的来说，学生必须要充分意识到课外阅读的重要性，唯有不断扩充自身的知识储备库，才能实现量变到质变的突破。由此，从文化知识、精神内涵上，学生都是中华优秀传统文化的受益者、传播者、践行者。

（三）积极参加常识、技艺类文化活动

近些年来，各大学校基础设施逐渐完善，传统文化的受重视程度日益增长，越来越多的学校都开始组织周期性的与中华优秀传统文化相关的校园活动，如校园艺术节、文艺表演活动、读书会、书法展览活动，

这些形式多样的活动中都渗透着中华优秀传统文化内涵。因此，学生在日常生活中要注重对中华优秀传统文化知识的积累，充分利用身边的资源，珍惜并抓住一切学习和了解中华优秀传统文化知识的机会，提高自身的文化素养。

首先，学生可以通过查阅资料、咨询教师等方式，定期为自己规定基本读物，有计划地前往学校图书馆借阅图书，或者用移动设备阅读电子书。其次，学生要积极参加校内举办的有关传统文化的社团活动、诗词大赛，在赛前准备期间通过广泛收集和背诵诗词，增加自身的文化知识积累，这样不仅能了解诗词韵律和诗词格律，还能领略诗词的韵律之美，感受中华优秀传统文化的精髓所在。最后，在中华优秀传统文化学习过程中，学生要善于表达、表现自己，在此过程中能够快速发现自己存在的问题，为下一阶段中华优秀传统文化的学习指明方向。

另外，大学生不仅要积极参加学校举办的各类传统文化活动，还要在日常生活中积极践行中华优秀传统文化，这样才能感受到虽然中华优秀传统文化与当下有一定的时间距离，但在时光的洗礼中得到了新的诠释，依旧在新时代闪闪发光。如《出塞》中“秦时明月汉时关，万里长征人未还”，对当时的边塞战争生活作了高度的艺术概括，流露出作者对祖国的思念和深切的爱国之情，这对应着新时代的爱国主义。在今天，我们仍然要高举爱国主义旗帜，为社会主义建设做出积极贡献，表达自己的爱国之情。

总之，学生要坚持从自身做起，从小事做起，长此以往，会逐渐对中华优秀传统文化的学习产生兴趣与欲望，进而通过自主内驱力更好地推动中华优秀传统文化的学习，并由衷地认同与践行中华优秀传统文化。

第七章　互联网时代下的高校语文教学

第一节　网络时代下高校语文教学的理论基础

互联网时代背景下，各种新兴信息技术被广泛应用于各行各业，尤其是教育领域。大量实践证明，将新兴信息技术引入高校语文教学，不仅能够使教学内容变得更加精简实用，教学方法也趋于灵活性、多样性发展，还提高了学生学习的自觉性、主动性，极大改善了教学质量。本节主要从网络时代背景出发，对高校语文教学的理论基础进行阐述。

一、建构主义理论

建构主义是认知心理学派的一个分支，该理论的主要代表人物包括皮亚杰、维果茨基、科恩伯格、卡茨。建构主义的教学思想主要包括以下几点内容，如图 7-1 所示。

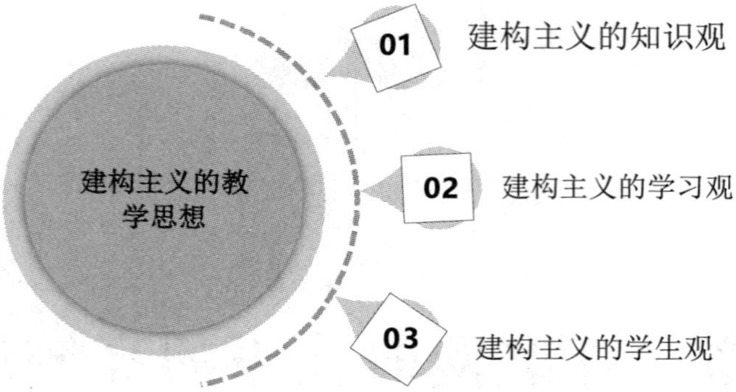

图 7-1　建构主义的教学思想

（一）建构主义的知识观

首先，知识并非是对现实的纯粹客观反映，无论是何种传载知识的符号系统，都不能作为绝对真实的表征。它仅仅是人们对真实存在的世界所作的一种解释、假设，并非问题的最终答案。所以，随着人们认识深度与广度的增加，知识势必会发生不断的变革、升华与改写，衍生出新的解释与假设。

其次，知识对世界法则的概括无法达到准确无误的程度，不能对每一个活动或问题都提供有效、实用的方法。在问题的解决过程中，知识无法一用就准、一用就灵，因此我们应该具体问题具体分析，对原有知识进行再加工、再创造。

最后，知识无法以实体形式存在于具体个体之外，纵使知识被语言赋予了一些外在形式，并获得广泛的认可，但这并不代表不同学习者对知识的理解能够保持一致的程度。真正的理解是学习者以自身经验背景为基础而逐渐形成的，这主要是由特定情况下的学习活动过程决定的。否则就不是真正的理解，只能算作机械的死记硬背，属于一种被动的、复制式的学习。

（二）建构主义的学习观

首先，学习并非只是面向学生传递相关知识，而是一个学生自主构建与完善知识体系的过程。学生在学习过程中并非只是作为听众被动接收信息，而是需要充分发挥主观能动性，积极地建构知识体系，这种建构必须由学生亲自完成，不能由其他人替代。

其次，学习注重建构意义，并非只是被动接收信息刺激。建构主义的学习观旨在使学生立足自己的经验背景，对来自外部的各种信息进行积极主动的选择、加工与处理，最终获得自己的意义。

再次，学习者要想获得学习意义，需要以自身已有的知识经验为基础，再一次认识和编码新信息，对自己的理解进行建构。在此过程中，随着新知识经验的不断进入与更新，学习者原本的知识经验也会发生一定调整与改变。

最后，同化和顺应是学习者认知结构出现变化的两种途径。前者是认知结构所发生的一种逐渐的、不显著的量变，后者是认知结构所发生的一种突发的、明显的质变。人的认知水平的发展就是一个循环往复（同化—顺化—同化—顺化）、相互交替（平衡—不平衡—平衡—不平衡）的过程。学习并不仅仅是信息的不断积累，更应该是新旧知识经验之间的冲突，以及由此而引发的认知结构的重组。学习过程不只是单一的知识输入、存储与提取，更重要的是新知识经验与旧知识经验之间的相互转化、相互作用，这也是学习者与学习环境之间相互交流、相互作用的过程。

（三）建构主义的学生观

首先，在日常生活和学习中，学习者并非是空着脑袋进入学习情景的，他们已经积累了一定的知识经验，对待每一件事情都有自己的看法与见解。纵使面对从未遇到、从未接触过的问题，缺乏可借鉴的现成经验，学习者也能根据以往的经验，凭借自身的认知能力，对问题做出一定的解释，并提出相应的假设。

其次，教学要充分考虑学习者原本的知识经验，将学习者原本的知识经验视为新知识的生长点，让学生从自身已有的知识经验入手，不断建构新的知识经验。教学并不仅仅是简单的知识传递，而是知识的处理与转换。

最后，师生、生生之间需要围绕某些问题展开共同、深入的探索，并在探索中进行双向的质疑、沟通与研讨，了解对方的想法。由于学习者有着不同的经验背景，所以他们会对问题的看法大相径庭。实际上，在学生的共同体中，这些差异本身就是一种可供开发和利用的资源。

二、系统科学理论

系统科学理论是研究所有系统的原理、规律及模式的科学，它的形成与发展建立在“旧三论”的基础之上，即系统论、控制论、信息论，并在发展过程中逐渐形成了“新三论”，即耗散结构论、协同论、突变论。系统科学理论的出现与应用，对于现代科学的跨越式发展具有巨大的推动作用，对教育科学这一复杂系统的运行具有一定的启发意义。

（一）基本原理

系统论的主要创始人是美籍奥地利生物学家贝塔朗菲。[①] 该理论将自然界、人类社会、人类思维均视为具有不同特点的系统，强调系统内部结构越合理、不同要素之间的相互作用越协调，系统可达到的水平就越高，由此才能达到整体功能大于各部分功能之和。控制论的主要创始人是美国数学家维纳。[②] 该理论强调系统会因为受到内外界因素的影响而

① 贝塔朗菲．一般系统论：基础、发展和应用 [M]. 林康义，魏宏森，译．北京：清华大学出版社，1987：28-34.

② 维纳．控制论：或动物与机器的控制和通信的科学 [M]. 北京：商务印书馆有限公司，2022：1.

出现不稳定的情况，这就需要控制系统来实现预定目标。信息论的主要创始人是美国数学家香农。[①] 该理论强调通过研究教育系统中信息传播的特点与规律，分析与处理教学信息，提高教育教学系统的有效性。“旧三论”既相互区别，又密切联系、相互依存，从中提炼出的系统科学的基本原理，能够为教学技能的训练与应用提供重要的方法性指导。系统科学的基本原理如图 7-2 所示。

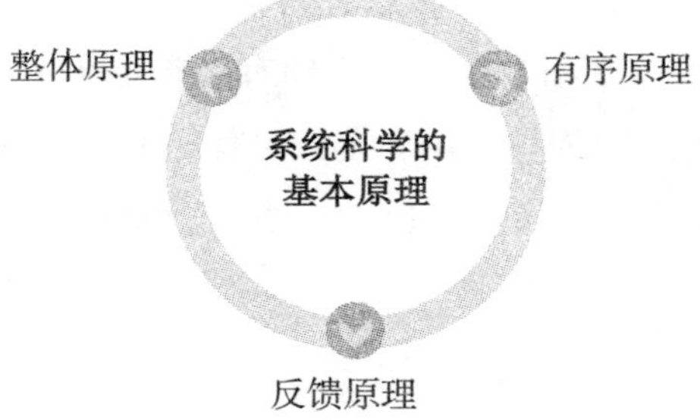

图 7-2　系统科学的基本原理

1. 整体原理

无论何种系统，唯有系统内各要素相互作用、相互影响，形成整体结构，才可以实现整体功能的最大化。在教学技能的训练与应用过程中，教师必须要将教学技能视为一个完整的系统，从整体上进行分析与把握，全方位考虑课堂教学的各个要素与环节，从而充分发挥教学技能的整体功能。

2. 有序原理

无论何种系统，唯有具备开放性、远离平衡态、有涨落的基本特征，才可以趋于有序性发展，形成新的、稳定性的有序结构，从而更好地适应环境的变化与发展。基于有序原理的启发，教学技能的训练与应用，不仅要处理好不同教学技能之间的关系，还要妥善处理教学技能与外部教学环境之间的关系，使彼此之间形成稳定、平衡、有序的状态。对于教学系统而言，要想在社会环境中存在与发展，就必须要与外界在信息、

① SHANNON.C.E. A mathematical theory of communication[J]. Bell system technical journal, 1948, 27 (4): 623-656.

物质等层面进行交换，这就要求教学系统具有开放性、包容性，不断吸收其他学科的新信息，积极引进新技术，从无序逐渐转变为有序，使教学技能与教学环境的变化相适应。

3. 反馈原理

无论何种系统，唯有通过反馈信息才可以实现有效的控制。对于一个控制系统而言，不仅要对信息进行输入，还要对信息进行输出。系统的控制部分以输出信息（反馈信息）为依据，经过比较、纠正与调整它发出的输入信息（控制信息），来达到有效控制的目的。基于反馈原理的启发，教学技能的训练与应用，要以反馈信息为依据来了解教学情况、调整与优化教学过程，从而实现教学系统的功能。

（二）自组织理论

系统科学的“新三论”又称为自组织理论，这一理论主要研究的问题包括系统如何产生、如何利用信息交流将各部分组织起来形成有机整体、系统如何演化等。

自组织指的是基于一定的外界条件下，通过系统内各要素之间的非线性相互作用，经过突变而形成的一种新的具有稳定性、有序性的结构状态。换言之，自组织就是系统通过“自发”组织而形成并完善的自身结构。系统形成的稳定、有序的结构，并非是由外界环境直接强加过来的，而是由系统内各部分的相互作用形成的。只要是由系统各部分相互影响、相互促进而组织成的稳定、有序结构，都属于自组织。

在高校语文教学中，教师在看待教学、学习过程以及学生时，要善于运用“自组织”观点，尤其是要将学生视为一个自组织的系统。教师需要从宏观角度分析与研究学生的知识结构、能力构成以及内部学习机制等，并为学生提供相应的条件和教学情境，促进学生进行积极主动的认知，这并不是教师强制教学能够实现的。因此，教师要让学生做学习的主人，而自己则积极转变为教学的组织者、指导者。

（三）系统方法

1. 系统方法概述

所谓系统方法，指的是从系统的观点出发，在系统与要素之间、要素与要素之间以及系统与外部环境之间的关系中，揭示对象系统的特性与运动规律，以达到高效、有效处理问题的目的。系统方法侧重于对系统的宏观分析与研究，立足系统的各个要素之间存在的关系、相互作用，探寻系统的基本规律，从而提供解决复杂系统问题的一般步骤、程序与方法。

2. 系统方法的作用

系统方法不仅可以认识和调控复杂系统，其还是改造、创造复杂系统的有效手段。万事万物的形成过程总是趋于复杂，其都由若干个因素或子系统的复杂作用组成。因此，我们对于系统问题的认识和解决，必须要从整体上进行思考与分析。在系统问题的解决过程中，系统科学方法不失为一个好方法。

（1）方法论为系统最优方案的制定提供有效手段

系统方法主要的研究内容包括系统要素、结构及其与环境之间的关系。相关人员经过精准、科学的计算与预测，制定有利于实现系统目标的多种方案，并从中选出效果最显著的设计与实施方案，同时制定最优控制方案，进行最佳管理，实现最佳功能目标。在人类认识和改造世界的过程中，无论是最佳方案的制定，还是组合与管理的优化，系统方法都是一个可供利用的有效手段。

（2）系统方法为人们提供新的思维模式

系统方法不同于传统思维，它不仅注重分析，还强调使人们从整体上进行思考，不断开拓科学技术发展的新思路，以达到自然科学与社会科学之间的和谐统一；加强哲学家与科学家之间的联盟，消除两种科学、两种文化之间的壁垒，形成统一的世界图景和文化图景，创建系统的自然观、科学观、方法论以及系统的人类社会图景。

（3）系统方法有助于促进教育系统的最优化

将系统科学理论的思想观点及方法应用于教育领域当中，从整体上分析与研究教育系统的各方面内容，包括组成要素、组织结构、信息传递及反馈控制等，有助于优化教育系统。教师在教学技能的学习过程中，通过应用系统方法，有助于从整体上理解与训练教学技能，能够为教学技能的获得与提升提供重要的方法论指导。

三、多元智能理论

多元智能理论又称为多元智力理论，该理论的创始人是美国心理学家霍华德·加德纳。[①] 该理论强调人类的思维和认识方式是多元的，任何人都至少具备七种智能。如图 7-3 所示，即言语语言智能、数理逻辑智能、视觉空间智能、音乐韵律智能、身体运动智能、人际沟通智能，以及自我认识智能。

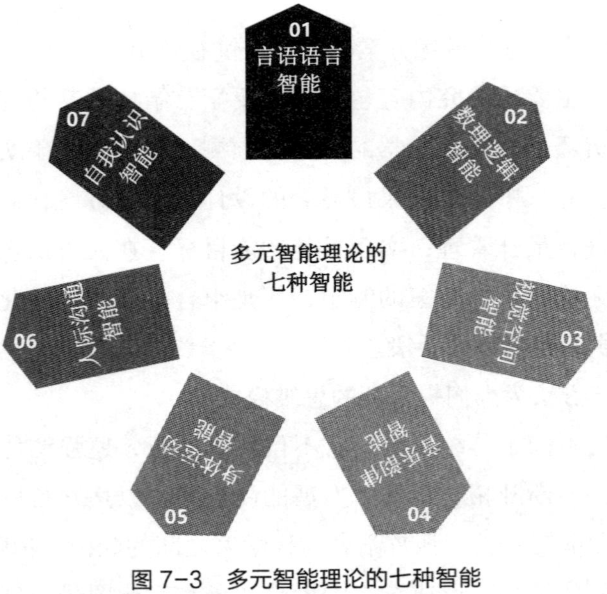

图 7-3　多元智能理论的七种智能

① 加德纳．智能的结构[M]．北京：中国纺织出版社，2022.

多元智能理论对高校语文教育实践活动具有全方位的影响，主要涉及教育的学生观、教师观、教学观、目标观、评价观等。

（一）学生观

任何学生都是由多种智力组合而成的个体，不同学生的智力在不同环境和教育的综合影响之下以不同程度、不同方式进行组合，这就使得不同学生之间的智能存在一定差异，而且每个学生的智力都有优势之处、薄弱之处。在充满教育性的环境下，学生智力是能够得到提升的。在适当、有效的刺激下，基本上人的每一种智力都能在任何年龄段得到发展。因此，从智能发展的角度来看，没有失败的学生。

（二）教师观

教师在教学中应当全面了解每位学生，包括他们的背景、智力特点、兴趣爱好、学习强项等。在此基础上，选择并制定适用于每位学生学习的教学方法与策略。衡量教师的“教”是否有效，需要以学生的“学”作为标准。

（三）教学观

学生个体之间存在着不容忽视的智力差异，这就要求教师在教学上要采取个别化方式来推进。在高校语文教学过程中，教师要充分考虑每位学生智力的强项与弱项，综合运用多种教学手段，为每位学生提供学会教学内容的条件与机会，并鼓励学生向身边人展示与分享学到的内容，最大限度地发展每一个学生的全脑智能。认真对待、充分尊重学生的个别差异，正是多元智能理论的核心。

（四）目标观

多元智能理论的教学目标在于挖掘学生的智力潜能，激活学生的学习内驱力，为多元智力而教，通过多元智力来教，为学生提供更多的机会，使其充分利用与发展自己的多元智力。

（五）评价观

基于多元智能理论指导，教学评价要凸显发展性。评价的导向并非发现人的薄弱之处，而是发展人的强项，并为人强项的积极变化创造良好条件，从而塑造全面发展的人。

基于网络时代背景，得益于丰富的信息资源、高效的教学平台，高校语文教学活动的开展变得更具吸引力、趣味性，其不仅改变了学生的学习方式，还充分体现了学生的主体地位。网络教学的一个显著优势在于充分尊重个体需求，平等地对待每位学生，促进每位学生全面且个性地发展。同时，从客观角度来看，丰富的学习资源和多样化的表达方式，都决定了网络教学是一种个别化教学。多元智力理论的观点与网络时代背景下高校语文教学的特点具有高度契合性，是网络时代高校语文教学开展的重要理论基础。

四、人本主义学习理论

人本主义被称为心理学的第三种运动，因为它不仅反对行为主义将人等同于动物、不深入研究人的内在本性，又反对弗洛伊德不研究正常人的心理。人本主义关注人的尊严、价值、创造力和自我实现，强调人的本性的自我实现主要依靠人的潜能的发挥。

人本主义的学习与教学观对世界范围内的教学改革产生了十分深远的影响。人本主义心理学倡导从人的直接经验和内部感受两方面入手，对人的心理进行了解，关注人的本性、尊严、兴趣和理想，强调对人的行为起决定性作用的因素是人的自我实现以及为了实现目标而做出的努力。人本主义心理学的目标在于要对作为一个个鲜活、完整的个体进行全方位的描述。基于这一理论的指导，我们在对人的行为进行理解的时候，首先就要理解他所知觉的世界。换言之，在看待事物时要从行为者的视角出发。因此，要想改变一个人的行为，首先就要改变其知觉和信念。人本主义学习理论注重以学生为中心构建学习情景，非常重视学习者的个人知觉、情感、信念与意图，并将这些因素视为造成不同个体差异的内部行为。

人本主义学习理论的形成与发展以人本主义心理学为基础。人本主义的学习理论立足全人教育角度，对学习者成长历程的全过程做出了详细、具体的阐释，致力于人性的进一步发展。该理论关注对学习者经验的启迪，以及对创造潜能的挖掘，引导学习者结合已有认知和经验，在自我肯定中实现个人理想和抱负。人本主义学习理论侧重对学习者良好环境的研究，引导学习者站到自己的角度上对世界进行感知，让他们对世界有一个自己的理解，从而达到自我实现的理想境界。

罗杰斯作为对人本主义学习理论具有深远影响的著名心理学家，认为学生学习主要可以分为两种不同的类型，分别为认知学习和经验学习，其学习方式也主要包括两种类型，即无意义学习、有意义学习；并认为认知学习等同于无意义学习、经验学习等同于有意义学习。① 因为，认知学习中对学生本身没有个人意义的内容占大部分，它仅仅与心智有关，与情感或个人意义无关，与完人无关，所以属于一种无意义学习。而经验学习的重心在于学生的经验成长，其学习动力在于学生的自发性与主动性。经验学习能够将学习与学生的兴趣、愿望、需求结合到一起，所以经验学习属于一种有意义的学习，毫无疑问，其能够促进个体的发展。

所谓有意义的学习，这不仅是一种增长知识的学习，也是一种能够

① 罗杰斯，弗赖伯格．自由学习[M].3版．王烨晖，译．伍新春，审校．北京：人民邮电出版社，2015：41-42.

将人的不同经验有机结合起来的学习，还是一种能够促进个体的态度、个性、行为等方面出现显著变化的学习。罗杰斯认为，有意义学习主要具备四个特征，如图 7-4 所示。①全神贯注：个体将全部的认知、感情都投入学习活动；②自动自发：在内心愿望的驱使下，学习者对某一事件的意义进行自发、主动的探索、了解与发现；③全面发展：学习者的各个方面获得协调发展，包括人格、态度、行为等方面；④自我评估：学习者对自身当下的学习需求、学习目标完成情况进行自我评估。因此，学习可以对学习者产生意义，还能融入学习者的经验系统当中。总之，有意义的学习能够将逻辑与直觉、理智与情感、概念与经验、观念与意义结合到一起，如果学习者通过这样的方式进行学习，就能成为一个统整的人。[①]

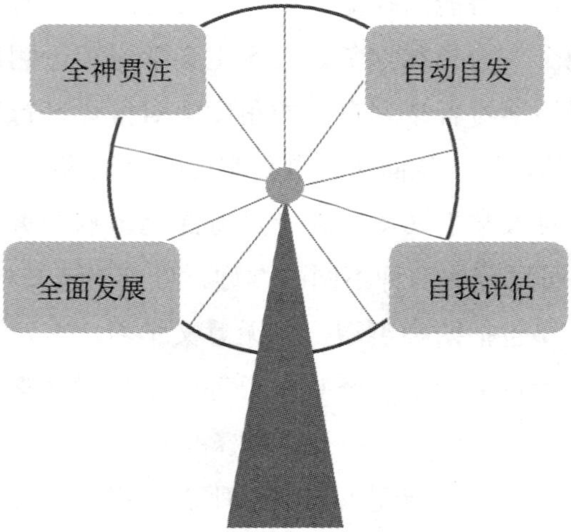

图 7-4　有意义学习的四个特征

人本主义的教学观以人本主义的学习观为基础。从人本主义的学习观角度来看，只有能够教给学生的知识，从某种意义上来看都是无用的；能够对学生行为产生影响的知识，必须是由学生自主发现并进行同化的

① 罗杰斯，弗赖伯格．自由学习 [M].3 版．王烨晖，译；伍新春，审校．北京：人民邮电出版社，2015：41-43.

知识。因此，从某种意义上来看，如果教学结果是毫无意义的，那么就很有可能是有害的。教师的任务并非教给学生知识，也不是教会学生学习，而是给学生提供各种各样的学习资源，营造一种有利于学习的氛围，让学生自主选择学习的方法。为此，罗杰斯猛烈批判了传统教育，认为在常规课堂教学中，教师是知识的拥有者，而学生仅仅作为被动的接受者；教师能够通过多种方式对学生的学习进行支配，如讲演、考试，而学生却不知所措；教师是权力的拥有者，而学生仅仅是服从者。所以罗杰斯极力倡导废除“教师”角色，以“学习的促进者”来做代替。[①] 关于促进学生学习，罗杰斯认为，其关键并不在于教师的专业知识、课程计划、教学技巧、演讲和讲解、试听辅导材料等，而是在于特定的心理气氛因素，[②] 如图 7-5 所示。①真实或真诚：学习的促进者应表现出真实的自我，不掺杂一丁点矫饰、虚伪与防御；②尊重、关注与接纳：对于学习的促进者而言，要充分尊重学习者的情感与看法，密切关注学习者的各个方面，包容每个学习者的情感表现与价值观念；③移情性理解：对于学习的促进者来说，要充分了解学习者的内在反应，全面掌握学生的学习过程。这种心理气氛下的学习，能够突出学生这一中心和关键，而教师主要是学生学习的合作者、引导者、引导者。学生的学习过程是学习目的所在。[③]

---

① 罗杰斯，弗赖伯格．自由学习 [M].3 版．王烨晖，译．伍新春，审校．北京：人民邮电出版社，2015：45-52.

② 罗杰斯，弗赖伯格．自由学习 [M].3 版．王烨晖，译．伍新春，审校．北京：人民邮电出版社，2015：157.

③ 罗杰斯，弗赖伯格．自由学习 [M].3 版．王烨晖，译．伍新春，审校．北京：人民邮电出版社，2015：159-165.

图 7-5　影响促进学生学习的关键心理气氛因素

总而言之，人本主义学习理论的出现与发展，对传统教育理论带来了巨大的冲击，对教育改革运动的发展具有积极的推动作用。这种冲击和推动集中体现在以下几方面：以学生的自我完善为中心，关注人际关系在教学过程中发挥的重要作用；教学活动重心由教师转变为学生，将学生的思想、行为、情感、体验等视为教学活动的主体，主要目的在于推动个别化教学运动的发展。但是，罗杰斯过于否定教师在教学过程中的作用，存在言过其实的情况。

五、现代教学结构理论

（一）对结构主义教学理论的认识

现代教学主要包括三大流派，分别为结构主义教学、发展性教学、范例教学。这三大流派不仅代表某一时代，还对当代教学的理论与实践具有非常深刻的影响。结构主义教学理论是1957年苏联发射第一颗人造地球卫星后，产生于美国的一种教学理论。结构主义教学理论主张让学生掌握学科的基本结构，倡导早期学习、主张广泛应用发现法等。美国教育家布鲁纳是该理论的重要代表人物。该理论的提出与发展，对20世纪60年代美国中小学教育改革运动的发展具有重要的促进作用，具有广泛的国际声誉与影响力。

结构主义教学理论又被称为现代教学结构理论，它的出现与发展主要建立在结构主义教育理论与皮亚杰结构主义心理学的基础之上，对当代国际教学理论与实践的研究与发展具有非常深刻的影响。基于结构主义教学理论指导，教师要对学生、教法、学法进行认真、深入的研究，学生则是要充分发挥自身的主观能动性，最大限度地调动自身的积极性和创造性。在课堂教学中，学生学习共包含两个转化过程，其一是由教材的知识结构转化为学生的认知结构；其二是由学生的认知结构转化为智能。在此转化中，只有将学生作为学习的主体，教师主动、积极的引导才可以实现。

1. 结构主义教学理论的要点

要让学生全面掌握学科的基本结构，即使他们认识到无论是哪门学科都有其独特的基本结构，即具有一定的内在规律性。教师在任何一门学科的教学过程中，都必须帮助学生认识和理解学科的基本结构，主要包括学科的节本概念、基本原理以及基本规律。这里提到的“基本”是获取和增长新知识的“基础”，是一个能够广泛适用于新情况的能力；“结构”指的是学科的基本概念、基本原理以及彼此间的联系。在教学过程中，除了要让学生掌握一般理论，还要端正学生的学习态度、对推测和预测的态度以及独立解决问题的态度，而这就需要教师投入一定时间和精力认真组织教材。

2. 提倡早期学习（学习准备观念的转变）

布鲁纳在《教育过程》中明确指出，无论哪一门学科，教师都可以采用某种理智的方法，向处于任何发展阶段的每一个学生传授知识。[①] 由此可见，学习准备是非常重要的环节。所谓学习准备，主要指的是学生的年龄特征、智力发展水平是否已经达到了与某些学科学习相适应的程度。在每一个发展阶段，学生都会使用自己独特的方式对世界进行观察和解释，进而掌握学科结构。不可否认的是，学生的认识发展阶段与其当下年龄息息相关，但其发展速度会随着文化和教育条件的改变出现加快、推迟等变化。因此，在教学过程中，教师在设置和选择课题时，要保证课题具有挑战性，从而更好地推动学生认识的快速发展。

（二）对布鲁纳结构教学理论的认识

1. 布鲁纳教学论原理

布鲁纳将教学论看作一种规范化的力量，它的侧重点并非描述学习，而是如何更好地学会人们想传授的知识与技能，同时促进学习。教学论主要具有以下四个特点：①教学论应该具体、明确地规定可以让人牢固树立学习的心理倾向的经验；②教学论必须对教学过程中贯彻奖励和惩罚的性质和步调做出详细规定；③教学论应当对大量知识的组合方式做出明确规定，以便学习者更轻松地掌握；④教学论应该对展示学习材料的最有效序列做出详细规定。[②]

2. 布鲁纳发现学习理论

布鲁纳在《教育过程》一书中提出了“发现学习”的概念，该方法主张教师加强对学生的正确、恰当指导，让学生如同科学家发现真理那样，通过亲身探索与认真学习，发现事物变化之间存在的因果关系及其内在联系，最终形成概念，获得原理。[③]

发现学习的主要目标之一在于培养学生的探究性思维。教师要以基

---

① 布鲁纳．教育过程 [M]. 上海：上海人民出版社，1973：23-24.
② 布鲁纳．布鲁纳教育论著选 [M]. 邵瑞珍，译．北京：人民教育出版社，1989：87-100.
③ 布鲁纳．教育过程 [M]. 上海：上海人民出版社，1973：51.

本教材为内容，引导学生在发现过程中完成对知识的学习。从某种程度上来看，学习是一种创建认知结构的过程，是一种能动的主观活动，具有鲜明的主观能动性。发现学习包括三个显著的特点，即再发现、有指导的发现、以培养探究性思维为目标。发现学习的主要优势在于有助于激发学生学习的内在动机，帮助学生更好地掌握探索方法，增强学生记忆的持久性。

第二节　互联网与高校语文教学的整合

一、“整合”和“互联网与高校语文教学整合”的基本概念

（一）整合的基本概念

在教育教学领域当中，整合指的是采用系统科学方法，基于教育学、心理学以及教育技术等教育理论和学习理论的指导，将教学要素与教学资源有机结合到一起。在整合过程中，重点要协调好教育教学系统中诸多元素之间的关系，包括教师、大学生、教学内容、教学媒体等，使这些元素能够更好地相互作用、相互促进，促使整个教学系统始终保持协调、一致，维持整体结果，最终产生聚集效应。

整合旨在通过充分发挥互联网尤其是网络技术在学习过程中的优势与特点，如自主性、开放性、协作性、交互性、研究性，进而加强互联网与学科教学融合的广度与深度，逐步提升互联网在学科教学中的应用范围与水平，充分体现教学内容的丰富性和以学生全面发展为中心，从而使教师开展的一系列教学活动更符合教学规律，从整体上提高学生学习水平。

（二）互联网与高校语文教学整合的基本概念

关于互联网与教学整合，西北师范大学南国农教授认为，这是将互联网作为一种工具，与课程教学进行融合，从而达到促进学生学习的目的。[①] 北京师范大学何克抗教授指出，从本质与内涵层面来看，互联网与教学整合要具备与时俱进的教育思想、理论，特别是以主导—主体教学理论为指导，将以计算机与网络为基础的互联网看成大学生学习的多功能工具，如自主学习的认知工具、教学环境的创设工具以及情感激励工具，并将这些工具广泛应用于学科教学的各个阶段、各个环节，促进教学资源、教学要素、教学环节相互融合，进而引发聚集效应，从根本上改革传统教学方式，培养学生的创新精神与实践能力。[②]

根据《教育信息化 2.0 行动计划》《关于加强新时代教育管理信息化工作的通知》《高等学校数字校园建设规范（试行）》等文件的要求，可以总结出中华人民共和国教育部提出的互联网与教学整合的宏观目标与具体目标。

宏观目标：加强数字化教育环境建设，加快教育信息化发展步伐，促进教学方式的根本性变革，增强学生的创新精神和实践能力，实现素质教育与创新教育的协调统一。

具体目标：教会学生新型学习方式，以适应信息时代发展；教会学生在数字化情境中进行自主学习；教会学生借助信息加工工具与创作平台，完成实践创造学习；教会学生借助网络通信工具，进行协商交流和合作讨论式学习；培养学生终身学习的意识与能力；不断提高学生的信息素养与信息文化；不断提高学生适应能力与解决问题的能力。

通过对上述目标进行分析，可以得出以下结论。首先，互联网与教

① 南国农．教育信息化建设的几个理论和实际问题（上）[J]. 电化教育研究，2002（12）：5.

② 何克抗．对美国信息技术与课程整合理论的分析思考和新整合理论的建构 [J]. 中国电化教育，2008（07）：1-10.

学的整合，需要以与时俱进的教育思想和理论为指导，重点改革教学内容的呈现方式、教学资源的整合方式、教学模式的应用方式、学生的学习方式、师生互动方式等。其次，互联网与教学的整合，是一个主动适应和改革课程教学的过程，这与被动纳入存在着本质上的区别。再次，互联网与教学的整合，必定会对课程实施带来巨大影响，而且对传统理念与策略造成冲击。最后，互联网与教学的整合，将改变课程教学资源形式，扩大课程教学资源辐射范围。

基于上述所说，作者结合本书主题，认为互联网与高校语文教学整合，指的是以行为主义、建构主义等教育理论为知识基础，深入挖掘与充分利用互联网独有的特点与优势，在特定的信息环境之中，根据高校语文的学科特色，推动高校语文课程教学与信息资源融合的不断深入，从而高效地完成高校语文学习任务的教学方式。

二、互联网与高校语文教学整合的设计定位

互联网与高校语文教学整合的设计定位，实际上就是要求基于科学、先进的高校语文教学思想的指导，充分利用与发挥互联网这一工具的多种功能，来营造丰富的教学环境、培养学生的学习兴趣、激发学生的情感，并将这一工具应用到语文教学的全过程，重新组合、构建各种教学资源、教学要素、教学环节，在相互融合的过程中促进整体优化，进而引发聚集效应；扭转以教师为中心的传统教学局面，转变为以学生为中心的教学结构与教学模式，从而巩固学生在教学中的主体地位，培养学生的创新精神和实践能力。

除此之外，互联网与高校语文教学的整合，意味着将互联网与语文学习活动有机结合起来，有利于更高效地完成教学目标。它是在教学中将互联网、教学内容、信息资源等相融合，相互协调完成教学任务的一种新型教学方式。而且，互联网与高校语文教学的整合，强调互联网应为高校语文教学的实施服务，为语文教育服务。因此，从宏观目标可以

将其定义为："加强数字化教育环境建设，加快高校语文教育的信息化发展步伐，促进高校语文教学方式的根本性变革，增强大学生的创新精神和实践能力，有效落实并不断强化素质教育与创新教育。"但是，由于不同学科教学有其独有的特色，所传授的教学内容也有所差异，所以互联网与高语文教学的整合应当有属于自己的独特目标，即培养大学生想象、观察、认知、动手等多种能力，充分发挥互联网的支撑作用，让高校语文在大学生的动脑、动手中被赋予鲜活的生命力，使教师教学变得更加容易、学生学习更加愉悦。

三、互联网与高校语文教学整合的基本形式

从总体上来看，互联网与高校语文教学的整合主要包括以下三种基本形式。

（一）把互联网作为学习对象

现如今，高校已普遍开设信息网络技术课程，并将部分高校语文知识融入网络课程教学。截至目前，越来越多的高校互联网课程教材都体现了这一点，如在信息网络技术教学中，汉字输入的学习可以与语文课的拼音练习与词组练习相融合；搜索引擎的学习可以通过网络检索语文学科专题信息练习等。总之，信息网络技术课程与大学语文课程并非毫无关联，两者有着广泛的整合切入点，这为互联网与高校语文教学的融合打下了良好基础。需要注意的是，这种以互联网为学习对象的整合方式，由于主要出发点是信息网络技术知识与技能的学习，对于语文学科而言属于副业，所以，其对语文学科不能进行系统整合的教学设计。

（二）把互联网作为教师教学的辅助工具

该方式指的是教师将互联网与教学有机结合起来，使其在教学过程中能够充分发挥优势与作用。在这种方式中，使用频率最高的模式是"情

境—探究”模式。这一模式以创设特殊的高校语文教学环境为基本内容，其目的是促进大学生的自主思考，进而不断深化学生对语文知识的理解，提高学生发现问题、分析问题、解决问题的能力，并在此过程中培养学生良好的情感态度价值观，提高学生的人文素养。

（三）把互联网作为大学生学习的认知工具

互联网的独特优势之一在于其通过在高校语文教学中的应用，能够成为深化学生认知的多功能工具，如在情境探索、交流讨论、知识构建、创作实践、自我评测等方面。总之，在语文学习中，大学生可以主动选择和利用互联网工具，高效地完成学习任务，快速达到学习目标。互联网作为认知工具，按照应用环境、应用方式的不同，可以划分为多种学习模式，主要包括基于网络的语文研究性学习模式、基于建构主义的自主学习模式、基于专题研究的开发型学习模式、基于互联网的校际远程协作学习模式等。

四、互联网与高校语文教学整合的价值意蕴

近些年来，随着信息技术的迅猛发展，互联网被广泛应用于高校语文教学，其与信息社会发展需要、学生信息接收习惯高度契合，发挥出非常重要的应用价值和优势，如图 7–6 所示。

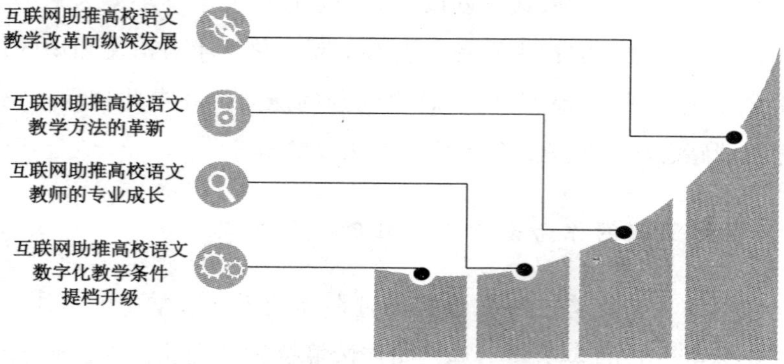

图 7-6　互联网与高校语文教学整合的价值意蕴

（一）互联网助推高校语文教学改革向纵深发展

互联网在教育教学领域的普遍推广与应用，推动了高校教学各个方面、各个层面的改革，也使高校语文教学环境发生了巨大改观，这些改观集中表现为基于计算机网络的语文多媒体教学模式的应用。从总体上来看，多媒体技术的持续快速发展，助推了高校语文教学的改革，其主要表现为以下几方面。

1. 有助于信息存储与利用

多媒体网络以信息为基础，其优势主要体现在对信息的存储、提取、双向传输等方面，所以在教育教学领域具有较高的适用性，有助于构建高校语文教学的信息传播机制。

2. 有助于培养发散性思维

互联网具有非线性、非结构性的基本特征，与人类认知特点十分相符。基于互联网时代，学习者通过进行非线性、非结构性材料信息状态下的自我学习，能够充分利用自身的发散性思维，分析并解决实际问题。由此一来，通过互联网进行高校语文教学，不仅能培养学生的创造性思维，还能提高学生运用知识的综合能力。因此，互联网对高校语文教学具有极大的影响，有助于培养学生发散性思维。

3. 有助于实现个别化学习

互联网具有实现个人学习目标的应用价值。由于大学生在学习需要、学习经验等方面有所不同，如果采用统一的教学方法难以产生良好的教学效果。而互联网的应用使大学生能够按照自己的需要，自主选择适合自己的学习内容、学习方式，实现个性化发展。交互式的网络系统、先进的人机界面的导航机制，为大学生主观能动性的发挥创造了良好条件，便于学生积极参与学习全过程。除此之外，大学生还可以根据自己的意愿选择学习内容，适当调整学习速度与步调，这也有助于高校语文教师实现因材施教，落实个别化教学。

（二）互联网助推高校语文教学方法的革新

部分大学生由于自身语文基础比较薄弱，所以面对理解起来有一定难度的高校语文知识，很可能会丧失兴趣，出现抵触情绪、畏难情绪，将语文学习视为一件单调、枯燥、无趣的事情，以至于语文水平逐渐退化。因此，为了点燃大学生对语文学习的兴趣，教师可以借助互联网构建特定情景，使学生产生一种身临其境的感觉，师生共同参与并完成情景交融的教学活动。轻松、愉悦的课堂氛围是取得良好教学效果的前提条件，大学生保持情感高涨有助于增强其对知识的内化与深化。另外，为了培养大学生良好的语文听说技能，高校语文教师可以借助多媒体技术，紧紧围绕教学内容，开展一系列课本剧表演、辩论赛等具有较强实践性的课堂活动，保证作为表演者、观看者的所有大学生都融入其中，使学生在欢快、和谐的气氛中增长知识，培养其良好的口语表达能力。互联网创新教学方法对高校语文教学效果的增强起着促进作用。

（三）互联网助推高校语文教师的专业成长

1. 推动学徒制发展，提升示范教师的指导水平

作为一种历史悠久的教育教学活动，学徒制通常是在真实的生活生

产实践当中进行的，其中蕴含着很多真实的教与学的信息，师徒能够通过这种教学方式进行深层次的沟通。对于那些难以言传但可意会的技能，学徒可以通过直觉和顿悟的方式获得，而且还能习得没有被师徒双方意识到的重要信息。随着社会和时代的进步与发展，学徒制活动也被赋予了新的内容与形式。比如，为了让学徒更方便地领悟知识，师傅可以通过思维描述的方式呈现自己的思维路径。在此过程中，师傅还能通过角色扮演、角色互换等方式，增强学徒的学习效果。当师傅（教师）熟练掌握互联网，并拥有良好的教学技能后，就能够向学徒（学生）传递教学技能，充分发挥教师的榜样作用。这不仅会对学生的学习态度和动机产生影响，还会对学生领悟技能具有直接促进作用。

2. 奠定技术支撑，完善教学子技能的掌握

根据难易程度，可以将智慧技能划分为四个不同的层次，分别为辨别、概念、规则、高级规则。要想掌握高一级的智慧技能，需要以掌握低一级的智慧技能为基础。由此可知，教学技能的学习是一个层层递进、逐步提升的过程，复杂教学技能的学习通常要建立在已获得相对简单的子技能的基础之上。互联网时代背景下，教学技能由若干个子技能组成，不同子技能之间存在着层级关系。先掌握低一级技能，再学习高一级技能，是学习教学技能的关键所在。在现代信息技术的支撑下，教师能够完善对教学子技能的学习与掌握。

3. 创设良好环境，形成积极情感信念

情感在学习中常常起着动力作用。互联网时代背景下，高校语文教学技巧的形成与发展实际上是一个情感沟通的过程，是语文教师的价值观念持续播散的过程。对于语文教师已掌握的教学技能来说，其中存在着各种各样的个人情感，只有具备丰富的个人情感，才能保证教师教学技能的稳定性、持续性。

4. 促进教学反思，增强教学效能感

反思在教师专业发展中尤为重要，这是推动教师成长的重要动力。

反思是一个不断发现问题、分析问题、解决问题的过程，在这个过程中，教师需要做到坚持创作与教学息息相关的日志，观摩与考察精英、骨干教师的教学过程，以及对自身的教学体验进行实践与升华。所谓教学效能感，指的是教师基于原有经验和对教育理论的了解，确定自己可以按计划完成教学工作，如期实现教学目的的一种信念。教学效能感的高低，能够对教师在教学工作中的情绪、经验总结产生直接影响，其也对教师学习和工作的积极程度起着决定作用。

（四）互联网助推高校语文数字化教学条件提档升级

随着互联网的不断发展，高等教育数字化的基础条件得到极大的改善。大部分普通高校实现无线网络覆盖，多媒体教室的数量和规模不断扩大，学校配备的师生终端数量也日益提升。基于此背景，高校语文数字化教学条件全面提档升级，优质数字教学资源不断丰富，教学融合应用持续深入，大致形成了网络覆盖完全的、线下多媒体教学空间与网络教学空间融合的泛在化学习环境，为高校语文数字化的进一步深化创造了有利条件。

数字化教学手段的应用，有助于提升高校语文教学的趣味性、直观性、生动性、形象性；能够有效点燃学生对语文课程的学习兴趣，充分调动学生学习的主动性与积极性，加深学生对语文知识的记忆，夯实学生的语文知识基础；为高校语文教学创设良好的学习氛围。

数字化教学手段的应用，能够使大学生在充满交际性的数字化教学环境当中将全部注意力集中到课堂之上，全身心投入语文知识的学习。只要大学生与所学知识之间建立关系，便能激发学生的获得感、成就感，他们的学习动力也就拥有了永不枯竭的源头，其积极性、主动性自然也能得到充分调动。

另外，数字化教学手段的直观性主要作用于对大学生视觉感官的刺激上，其能够以形象的画面形式演示出教学内容，进而集中学生注意力，锻炼学生的思维能力和观察能力。同时，通过这种方式传播知识，能够为学生提供大量色彩鲜明的视觉形象，进而为学生留下更深刻的印象。

五、互联网与高校语文教学整合的实践路径

互联网与高校语文教学的深度整合是大势所趋，两者的整合可以从以下几方面入手，如图 7–7 所示。

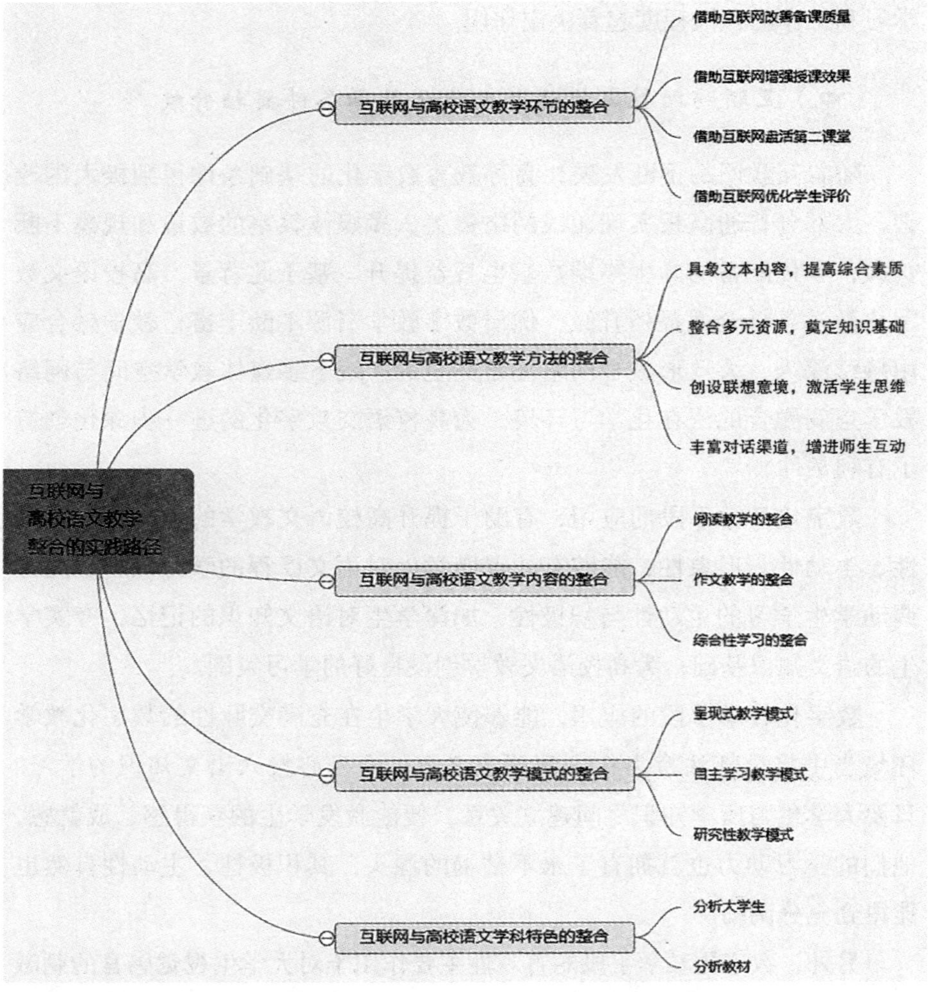

图 7–7　互联网与高校语文教学整合的实践路径

（一）互联网与高校语文教学环节的整合

1. 借助互联网改善备课质量

教师在高校语文备课环节应用互联网，对于备课质量的提升起着促进作用。具体来说，教师从语文学科与大学生自身特点出发，通过互联网这一平台，广泛收集、获取与教学内容相关的素材，主要包括图片、文字、视频等，并利用互联网形成课堂教学预设的各个环节。在互联网的支撑下，教师可以将自己准备的教学内容以幻灯片等信息载体的形式呈现出来，同时还能依托互联网实现教学内容的共享。

2. 借助互联网增强授课效果

语文教学方法多种多样，其中，教师试图将教学内容传递给大学生的互动全过程称为高校语文课堂讲授。这种以教师为主导的知识灌输方式，因为缺乏趣味性，往往使大学生感到兴味索然，使高校语文教学事倍功半。而当高校语文教师在课堂中融入现代互联网时，高校语文教师能够借助声形并茂的多媒体和网络形式多样的特色，充分发挥多媒体的技术优势，如快速便捷、教学资源丰富、图文并现，使学生兴趣盎然地全身心投入字词、语言、文章的学习，学习效果事半功倍。比如，教师在教授古代文学的相关内容时，可以发现这类知识并不常用于现实语言交际，而且缺乏相应的生活场景作为铺垫。因此，为了降低学生理解教学内容的难度，拓展学生的眼界，丰富学生的知识，教师可以事先给学生布置一个小任务，即根据所学内容，通过网络搜索与之相关的文化背景，并在课堂上组织学生相互交流与沟通，使学生在头脑中对文章的创作背景形成初步了解，为之后知识的学习奠定良好的感性基础，也为大学生的自主学习提供有效途径。除此之外，为了增强大学生对诗词内容的理解与掌握，教师还应该注重提高学生的口语表达能力和想象能力，从而达到让学生通过声画同步的画面构建情景的目标。互联网形式多样的表现手法，不仅能消除大学生学习的畏难情绪，还能扩大时空观，显著增强大学生学习效果与教师授课效果。

3. 借助互联网盘活第二课堂

第二课堂是相对课堂教学而言的，指的是以增强高校语文课堂教学效果为目的，将部分内容进行位移的过程。在实际教学中，出现频率较高的第二课堂活动主要包括专题性突破、辩论等形式。目前引起广泛关注的网络课题式学习也是第二课堂的形式之一。网络课题式学习就是指大学生将自己的学习内容按照一定标准划分为若干个学习单元后，可以自由选择感兴趣的课题，从丰富的网络资源中自主寻找问题与解答方法。作为自主学习者，大学生通过主动、积极的方式对知识进行探索，不仅能习得自行寻求资源解决问题的方法，还能一改枯燥乏味的学习过程。实践证明，自主认知的知识能给大学生留下更深刻的印象，且不易遗忘，由此就能更好地盘活第二课堂。

4. 借助互联网优化学生评价

学生评价是教育评价的重要领域之一，指的是按照一定的标准，采取一定的技术和方法，以学生为评价对象进行的价值判断。在学生评价过程中，通过运用统计数据分析软件等互联网手段，能够为教师调整教学内容与进度提供方便，有助于优化学生评价，增强学生的学习效果。

（二）互联网与高校语文教学方法的整合

1. 具象文本内容，提高综合素质

高校语文教材中精选了诸多文质兼美的经典传世之作。这些优秀的诗词文赋，相比于枯燥乏味的分析解说，高质量的诵读往往能够产生更加显著的效果。教师可以根据文本内容，利用互联网为其匹配合适的图像与声音，营造出特定美的意境，使学生沉浸于美的氛围中感知文本的内涵与美。通过具象文本内容，教师能够为学生创设出一种惬意的、诗化的教学境界，久而久之，学生的审美情趣、文化品位自然会得到提升。

2. 整合多元资源，奠定知识基础

随着现代互联网在教育教学领域中的应用，打破了只有教师占有资料的统治局面，教师的资料能够以多媒体为媒介分享给学生，学生可以随时从网上获取作家简介、作品创作背景、写作情况等所需资料。通过整合获取的资料，学生能够更好地知人论世，有助于增强学生对作家及其作品的认识和理解，同时，这些资料还能为大学生进行研究性学习提供便捷，培养学生一丝不苟的科学精神、做学问的良好习惯。

3. 创设联想意境，激活学生思维

语文的载体主要是文字，而文字是对现实生活的反映。因此，语文教师要善于运用多样化的艺术手段，将文字与具体事物之间进行相互转换，凸显两者之间存在的内在联系，从而激活学生的思维。比如，为了表现出秋天的思绪，寇准通过“萧萧远树疏林外，一半秋山带夕阳”等文字来描述，那么多媒体则可以通过一幅图画、一支乐曲、一段视频等方式来表达；为了表现出人物的言行举止、音容笑貌，小说家使用文字进行描述，那么多媒体就可以通过演员表演进行体现，这样能够带给学生更直观、形象的感受。通过多种艺术联想与转换，营造逼真的教学情景，有助于增强教学效果，激活学生思维。

4. 丰富对话渠道，增进师生互动

交互性是现代互联网的鲜明特征之一。网络和多媒体在高校语文教学中的应用，为师生、生生交流提供了有效的平台，使小组活动、班级活动组织起来更加便捷。在互联网的支撑下，教师与学生、学生与学生之间的交流渠道更加丰富，尤其是能够突破时间与空间的制约，打通师生之间沟通的壁垒。由此一来，师生之间的信息反馈也变得更加及时、顺畅，有助于教学的调整与控制，增进师生的交流与互动。

（三）互联网与高校语文教学内容的整合

1. 阅读教学的整合

在高校语文阅读教学中，要想达成教学目标，关键就在于保证全体学生都全身心投入整个学习过程。互联网时代背景下，大学生在收集、分析、感悟相关信息这方面有了更加充分的时间，可以深入思考、讨论在阅读学习中遇到的问题，提出相关假设并加以论证，最后在教师的正确指导下迈入新的学习阶段，形成“发现问题—积极探究—追求创意”的模式，促进教与学的优化。

2. 作文教学的整合

一直以来，作文教学都是高校语文教学的重点，也是常常令语文教师头疼的一部分。大量教学实践证明，相比传统作文教学，将互联网与作文教学整合在一起的方式，能够显著提升作文教学质量。研究与实践发现，“双主互动”作文教学模式推广意义重大，该模式不仅保留了教师适当的主导作用，还能充分发挥学生的主体作用。具体来说，“双主互动”作文教学模式主要包括以下几个环节。

第一，构建写作情景。教师利用网络和多媒体设备，为学生营造特定的情境，旨在点燃学生写作的热情与欲望。通常情况下，写作的兴趣来源于视听的冲击和心灵的感触。因此，在学生正式写作之前，教师如果可以录制并保存大自然美景、生活画面、外出活动情景，并在课堂中利用多媒体将画面呈现给学生，帮助学生直观地感悟形象，激发学生的心灵感触，这样就有助于点燃学生写作的热情与欲望。

第二，铺设写作素材。在以互联网为支撑的作文教学中，学生可以通过网络途径寻找、获取丰富的写作素材，或者随机调用计算机提供的相关资源。这样一来，学生个人智慧可以得到有效展现，主观感受能够得到充分表现，内心情感也可以得到真挚流露，有助于培养学生的求异思维，促使学生想象力由再现想象转变为创新想象，为学生个性化发展创造广阔的空间，把作文讲评课上成佳作欣赏课，最终使学生由“要我写”转变为“我要写”。

第三，优化创作过程。互联网以计算机为核心，在计算机的支撑下，学生可以通过键盘将自己构思好的内容转变为书面语言，并录入电脑，经过润色与修改，提高作文的质量。

第四，创新文后评价。相比传统作文教学，依托互联网技术的作文教学在作文评价方面具有显著优势。依托强大的互联网，学生可以将自己撰写的作文以电子邮件的形式发送给教师，或者保存在自己的文件夹当中，保证全校学生都能通过网络进行阅读。作文内容相互浏览完毕后，学生需要以小组为单位对作文进行讨论与批改，并撰写批改评语。随后，教师可以有针对性、有目的地对修改后的部分作文进行点评与总结。依托互联网的作文评价方式，极大地提高了作文的反馈效率，有助于加强资源共享与学生的互动交流。

3. 综合性学习的整合

（1）精心设计问题，促进学生思考

学起于思，思源于疑，疑问是思维的火花。在教学设计的准备阶段，教师要结合学生当下的学习水平与知识背景，从高校语文学科特点出发，为学生精心设置具有一定挑战性的问题，或者是学生关注的热点问题。教师设置的问题并不应该是毫无根据的，而是应该具有较强的灵活性、选择性。当教师设置的问题与学生知识、经验有机结合到一起时，要保证学生能够根据已有知识基础和经验，借助网络和其他资源有效解决问题。另外，教师还应该以教学目标为指导，明确学生在课前应当具备的知识，以及在课程结束需要掌握的知识与技能等。

（2）耐心点拨学生，充分利用资源

现如今，互联网已经被全人类共同拥有，每天都有很多新网站产生。目前，谷歌的搜索引擎作为世界上最大的搜索引擎之一，可以浏览上亿个网页。为了避免大学生迷失在纷繁复杂的信息海洋中，教师有必要为大学生解决问题提供相关学习资源，其中包括相关网络地址、文献索引、参考书目及其他多种媒体资源。

而且，教师还需要为学生推荐一些当下可靠、稳定的网上信息检索、发布的工具软件，为学生搜索、查找信息提供方便，以达到避免学生盲目查找信息资源的目的。同时，对于所收集的信息，学生还要注意筛选、分析及加工。在具体落实中，学生可以通过小组合作的方式，对获取的信息进行阅读、筛选、讨论及分析，之后从这些信息中甄别、选择出与问题相关的信息，并记录好信息的来源和原始信息。然后学生需要按照一定的标准分类处理信息，并及时收集更丰富的相关信息进行补充，将信息按照类别进行组织并列出纲要。

教师应该加强对学生学习过程的监督，积极鼓励学生对所收集资料的实效性进行评价，并删除不实、错误的信息，按照事理之间的逻辑性对留下的正确信息进行组织。大学生之间的互动交流需要建立在网络资源的基础之上，它是影响学生学习质量和效果的重要因素之一。在互联网环境中，学生可以面对面对问题展开深入探讨，还能借助互联网提供的交互手段展开学习交流，提高交流的灵活性、高效性、开放性。借助互联网进行的互动交流能够使学生敞开心扉、畅所欲言，促进学生之间的相互帮助、相互启发、共同进步。

（3）精心构建体系，适当予以评价

评价是教学设计活动的有机组成部分，主要包括学生在资料查询期间的形成性评价和资料整理后的总结性评价，还包括学生之间、小组之间的自评与互评等。对于资料查询阶段而言，形成性评价的主要目的在于对学生的思考和分析要点进行调整与修正，属于重要的反馈过程，能够为学生获得正确答案提供正确的指导方向。总结性评价主要应用于学生获取到有价值信息并进行整理分类之后，这种评价需要通过页面或工具将信息清晰明了地展示出来。在学生讲述自己根据所查询的信息得到的结论的过程中，教师可以结合展示内容提出相关的疑问。学生讲述完毕之后，教师需要对学生的学习成果进行全面评价，如材料准备的充分程度、发言的清晰程度以及结论的合理程度。

另外，教师可以综合运用多种评价方式，将教师评价、学生自评、学生互评等相结合，从而提高评价结果的真实性、客观性。教师还需要与学生共同研讨学习过程的利弊，针对概念形成、问题解决的过程进行回顾，要求学生思考与分析通过学习掌握的知识、获取的技能，以及是否有更高效的捷径等，这样做的主要目的在于提高并发展学生的信息收集处理能力。

（四）互联网与高校语文教学模式的整合

1. 呈现式教学模式

呈现式教学模式，指的是教师在课前利用多种功能强大的教学软件，根据教学内容制作教学用具，并在课堂教学中按计划进行播放，帮助学习者直观地观摩，从而促进学生认知发展的一种教学模式。在高校语文教学中，这是一种简单易行的、常用的教学方式。

2. 自主学习教学模式

素质教育主张“以学生为主体”，注重拓展学生主动思维的空间。互联网与高校语文教学的整合，为学生主动参与学习的思维意识的形成与发展创造了良好条件。比如，很多高校语文教师都认为作文是作业批改中难度最大的一项，即便教师对学生作文进行一一批改，但是很多学生都不认真对待，再加之班级学生人数较多，教师难以做到每次都对每个学生的作文进行当面批改。对此，为了达到最优的作文教学效果，教师可以充分利用互联网批改作文。具体来说，在每一次作文批改完毕之后，教师都需要留意并挑选出有代表性的优秀习作，以及某些作文中出现的典型错误，将这些内容制作到 PPT 当中，将精彩语句或有错误的语句用不同颜色凸显出来，引导学生欣赏优秀习作或自主完成病句的修改。在此过程中，不仅体现了“以学生为主体”的教学思想，还能提高学生主动思维的空间，有助于落实素质教育。

3. 研究性教学模式

所谓研究性教学模式，指的是借助于网络信息资源探讨和研究学科教学中的实际问题。该模式的主要目的在于拓展知识，提高学生自学能力。高校语文教学中包含着很多大学生难以理解的内容，如语言自身规律、历史文化、民族心理、风俗习惯。为了帮助学生理解这些内容，高校语文教师就可以运用研究性教学模式，根据教学内容，借助互联网的“加工工具”，收集、分析与处理所呈现的学习内容，并整理成多媒体、超文本的学习资源。或者教师可以利用网络，构建出一种丰富多彩、便于理解记忆的语言环境和语言交际情景，这不仅有助于学生学习和掌握课本知识、开阔视野，还能使能力强的学生获取更多的知识。

（五）互联网与高校语文学科特色的整合

从语文学科特点来看，学生学习的语文知识不仅仅是前人创作的结果，还是当代人思考的结晶。要想学好语文知识，学生必须要亲自思考、感知与体验，从而吸收与消化他人的思维结果，最终转化为自己的知识结构。从某种程度上来看，学习语文的正确方法是“再创造”，换句话说，就是学生要自主发现或创造需要学习的知识。作为高校语文教育工作者，高校语文教师必须要突破传统方式，依托现代教育理论和教育媒体，积极探索与研究以学生为主体的教学模式，从而更好地实现知识训练能力的价值。

互联网在高校语文教学中的应用，能够帮助教师“描述”思维过程，但不可以“再现”思维过程。所以，教师在应用互联网进行教学的过程中，必须要从以下两方面进行分析。一方面，分析大学生。这里主要分析的是大学生的语文思维发展水平，主要包括两部分，即非智力因素、认知发展水平。对于教师讲述的问题，大学生能否经过自身思考将其内化为自己的认知体验，以及学生是否对这一内容感兴趣，这两部分是影响教师应用互联网方式的决定性因素。另一方面，分析教材。教师需要分析教材中的教学内容，找出哪些内容是无法用常规教学媒体呈现出来的，通过综合运用多种手段，如对这些内容进行适时适量的讲解，对思维过程进行暴露。在现代互联网的支撑下，教师要以学生的思维特点和阅读习惯为依据，激活教学内容，对知识发生和发展过程进行再现。

第三节　高校语文教学中的翻转课堂

翻转课堂指的是重新调整课堂内外的时间，将学习的决定权由教师转移至学生。互联网海量的资源，为高校语文教学提供了丰富的素材。充分发挥互联网优势来改善翻转课堂教学效果，已成为当下高校语文翻转课堂教学的重要手段。本节主要从互联网时代背景出发，对高校语文教学的翻转课堂进行阐述。

一、翻转课堂的特点

翻转课堂之所以备受关注，主要是因为它具有如下三个鲜明的特点，如图 7–8 所示。

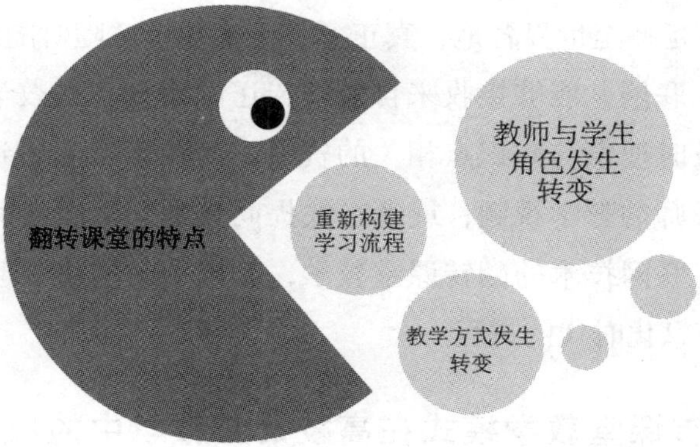

图 7–8　翻转课堂的特点

（一）重新构建学习流程

翻转课堂不同于传统课堂学习，它更加关注学生自主学习能力的提升，主张学生课前利用互联网信息技术，对新知识进行自主学习。通常情况下，教师会提前录制好短小精悍的课前视频，视频时长以 10~15 分钟为宜，由此保证重点突出，且避免学生出现观看疲劳的情况。教师通过网络发布视频，学生可以利用暂停、回放等功能控制视频播放，完成自主学习。

（二）教师与学生角色发生转变

在传统教学模式中，学习的决定权更多掌握在教师手中，学生主要是被动地接受教师传授的知识。而翻转课堂教学模式有所不同，它将更多的时间留给学生，使学生可以在课堂内外充分发挥自己的自主学习能力。在翻转课堂教学模式中，学生不仅获得了很多团队合作的机会，还能增强自身的主观能动性，掌握学习的决定权。

（三）教学方式发生转变

受到教学方式的制约，传统教学以教室等固定场所为主，教学用具以粉笔、黑板为主。而在翻转课堂教学模式下，以互联网信息技术为依托，教学场所延伸至世界各地，真正意义上实现了“随时随地学习”。学生通过登录互联网，能够接收来自教师传送的信息，如教学视频、课堂作业，还能及时搜索与知识点相关的资料。当在家学习遇到疑问时，学生可以回放教师的教学视频，或者在线提问教师，从而加深对知识点的理解。基于互联网技术的翻转课堂教学，实现了足不出户遍学世界的梦想，加快了信息化时代的进程。

二、翻转课堂教学模式在高校语文教学中的应用原则

为增强高校语文翻转课堂教学的效果，高校语文教师在实际教学中要遵循以下三个应用原则，如图 7–9 所示。

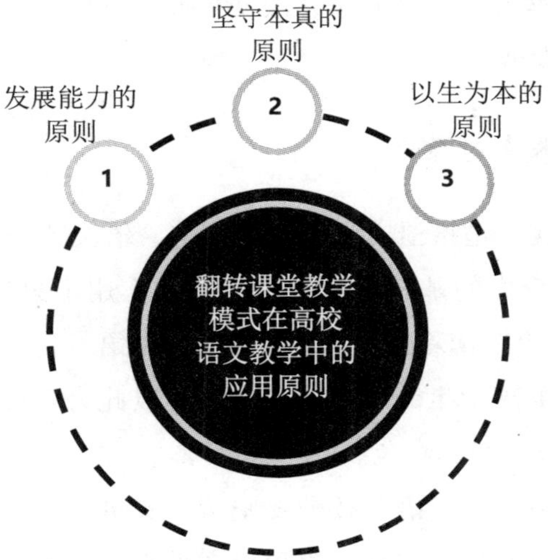

图 7-9　翻转课堂教学模式在高校语文教学中的应用原则

（一）发展能力的原则

听说读写不仅是所有语文课程的教学目标，还是每一个学生所必须掌握的语文学习能力。从教学内容和训练方向两个方面来看，虽然听说读写之间存在着显著的差异，但是这四部分有着密不可分的关系，每一项的训练都在能力上存在着不可分割的联系，只有四个方面同时存在，才可以形成完整的语文课程体系。

值得注意的是，在授课过程、布置作业等环节中，听说读写都应该相得益彰、相互促进，必须要保证彼此之间的平衡，这样才能实现学生对语文学习能力的全面掌握，避免其在能力水平上出现参差不齐的现象，以达到“塑造全面发展的人”的目标。而翻转课堂教学模式的应用，能够打破听说读写使用频率、难易程度失衡的现状。通过课前视频学习、课堂上的讨论互动，能够很好地激发学生各方面的学习机能，促进听说读写能力的相互交融、相互作用、共同发展。由此一来，便能显著提升学生的综合学习能力。因此，高校语文翻转课堂教学的开展，要将听说读写四方面的教学有机结合起来，改变彼此独立的状态，促进学生语文学习能力的全面发展。

（二）坚守本真的原则

所谓语文本真，是指语文课程所固有的“语文味”“真语文”。语文课程作为高等教育中的基础学科之一，它的作用不只局限于读书写作，更重要的是传承博大精深的文化，让我国的母语发扬光大。这就决定了语文课程不仅要提高学生的学习能力，还要以此为基础不断扩大学生的知识面，彰显出其本身的特色。

在实际教学中，高校语文教师要坚持“实事求是、求真务实”的精神，采取行之有效的教学方法，避免语文教学一味地追求“时髦”而变得“虚伪”。在翻转课堂教学过程中，教师不仅要鼓励和引导学生进行课前学习，注重学生的个性化学习，还要在此基础上加强教学内容与信息技术的相互交融。由于翻转课堂的课前学习环节需要依靠视频完成，所以多媒体技术在这个过程中起着非常重要的作用。不得不提的是，教师在录制和设计课前视频的过程中，必须要遵循坚守本真的原则，切不可因过分关注视频效果和视频技术而忽视教学内容，这无疑会使语文课程失去“本真”，以至于翻转课堂教学逐渐演变为浮于形式的视频教学，这显然是不可取的。因此，在高校语文翻转课堂教学中，高校语文教师必须要坚守本真，在保证教学内容质量的前提下，科学合理地运用多媒体技术，让互联网技术为我们的教学“锦上添花”。

（三）以生为本的原则

简单来说，“以生为本”共包含两层含义，一是“以学生的学为本”，二是“以学生的发展为本”，这不仅是传统教学模式的教学理念，更是翻转课堂教学模式需要贯彻的教学理念。翻转课堂教学模式将学生置于课堂教学中的主要位置，倡导教师在教学的全过程发挥答疑解惑、点拨引导的作用，这与以往灌输式、填鸭式教学模式有本质的不同，学生被赋予了充分的发言权、自主权。

值得注意的是，教师在运用翻转课堂教学模式进行教学的时候，需要学生留出一定的课前时间跟随教师事先录制好的视频进行自主学习。这种教学手法的出发点是好的，主要目的在于让学生提前了解所学的知识点，但对于部分学生而言，这属于不必要的环节，其在一定程度上压缩了学生阅读课外书籍、积累生活经验的时间，学生的课外学习压力在不知不觉中得到增加，这与语文课程的教学理念背道而驰，也并未充分体现出“以生为本”的教学出发点。因此，教师在构建翻转课堂教学模式的过程中，务必要合理把控好课前学习视频的内容与时长，争取利用时间尽可能短的视频有效突出学习重点，节省学生课前预习的时间，进而有充足时间参加其他语文课外活动，缓解课外学习压力。

三、翻转课堂教学模式在高校语文教学中的应用策略

翻转课堂作为一种新兴教学模式，需要与高校语文教学特点相结合，设计有序的、可操作性强的教学模式。高校语文翻转课堂教学模式的设计应该包括以下几大环节。

（一）课前准备设计，增强学生感知

1. 教师做好课前准备

在翻转课堂的课前准备阶段，教师主要发挥整体规划作用：设置难度适中且具有挑战性的学习任务，制作短小精悍的教学视频，充分整合现有学习资源，准备学习测试和课前讨论，帮助学生明确课前自主学习的目的与内容。

首先，教师需要根据所讲授的内容制作课程学习资料。在网络信息如此发达的时代，互联网、电视中蕴含着大量的资料，以“中国古典名著”专题为例，教师可以登录教育资源网站获取相关资源，或者通过搜集中央

广播电视总台的《百家讲坛》中的系列节目，如《西游启示录》《品读水浒人物》《刘心武揭秘红楼梦》，指定篇目让学生课前进行观看与学习。

其次，教师需要根据即将为学生讲授的重难点内容，制作专门的小视频，使学生更深层次地学习和了解重难点知识。以“诸子百家”专题为例，这部分教学内容既多又杂，教师可以分别制作儒家、道家、法家等专题视频，帮助学生清晰地了解先秦时期各个学术派别的人物及其指导思想。值得注意的是，每篇课文的辅助视频不宜过多，否则学生难以掌握重点。

另外，针对课前练习和课前讨论，教师还需要准备与之匹配的相关资源。教师需要合理控制课前练习的数量和难易程度，科学设计，为学生习得相关知识奠定基础。同时，教师可以借助网络聊天工具，如微信、QQ，或者利用雨课堂、超星、腾讯会议、智慧树等教学软件，组织学生进行激烈、深入的课前讨论。

2. 学生做好课前准备

翻转课堂的课前准备只依靠教师的精心准备是万万不行的，还需要学生的积极配合。在课堂学习正式开始之前，学生需要观看相关的教育视频，初步了解相关语文知识。所以，学生需要提高时间的利用率，高效地完成课前准备工作。除此之外，教师布置的课前练习，学生也要及时完成，由此加深对即将学习内容的记忆，为课堂学习的有序开展做好准备。

（二）课中合作讨论，促进知识内化

课前准备工作完成之后，便进入关键的课堂教学环节。高校语文翻转课堂教学可以从以下几方面入手。

1. 确定问题

课堂问题不仅可以由教师提出，也可以由学生自主反馈。教师可以从教学内容出发，结合课前视频与课前练习，总结归纳一些重难点问题，

并发挥这些重难点问题的引导作用来开展教学。根据课前学习和练习情况，学生可以反馈自己不懂、不会的问题。

2. 营造探究和合作的环境

在课堂上，教师需要“张弛有度”地把控课堂教学节奏，为学生营造自主探索、合作交流的学习环境，引导学生独立探究；加强师生与生生之间的交流互动，鼓励学生积极解决课前没弄明白的问题。

教师在设计课堂活动时，要遵循“授人以鱼不如授人以渔”的原则，致力学生独立学习、合作协同能力的培养与发展。首先，对于学生在课堂中提出的问题，教师可以根据学生的学习能力，挑选一些学生能够自主解答的问题，支持与鼓励学生主动对问题进行了解与分析，最终使他们能够通过自己的努力找到解决问题的方法。其次，针对学生很难独立解决的问题，教师可以组织学生以小组为单位进行探讨，让他们汇报小组交流研究成果，以此促进学生对知识的内化。

（三）课后回顾设计，完成知识迁移

所谓课后回顾，指的是以巩固知识、拓展知识点为主的课后延伸。这一教学环节以布置作业的形式为主，课后作业的形式要追求多样化。具体来说，教师不仅可以布置一些需要学生独立完成的课后作业，如专题内容 PPT、调查研究报告，还可以布置一些需要相互协作才能完成的课后作业，如精彩纷呈的演讲、朗诵、辩论比赛。以“汉字文化”与“汉语艺术”专题为例，教师在布置课后作业时，可以将课后作业与每年的“全国推广普通话宣传周”活动结合起来，这样不仅能积极响应国家推广普通话的号召，营造活泼、文明、和谐的校园环境，还能让学生领略汉语文化艺术的独特魅力。

总而言之，教师在课后作业的设置中要遵循内容针对性、实践可操作性原则，帮助学生更快速地梳理和回顾教学内容，完成知识的迁移，提高学生学以致用的能力。

第八章　高校语文教学模式创新

第一节　有效教学模式

一、有效教学与有效教学模式的概念解读

（一）有效教学

有效教学理念最开始出现在西方，起源于20世纪上半叶西方的教学科学化运动。在之后的一段时间里，该理念不断完善与发展，全世界的教育工作者都投来了关注的目光。但20世纪以来，科学发展影响不断深入，心理学、行为科学快速发展，人们充分认识到教学属于科学的一种，即教学不仅要以一定的科学为基础，还要采用科学的方法进行研究。基于此，人们越来越重视将哲学、心理学、社会学等学科的理论有机结合起来，积极采用观察、实验等科学的方法对各种教育问题进行研究。有效教学理论就在这个背景下应运而生。

随着有效教学理念的提出，试图解释有效教学含义、本质的研究者日益增多。通过查阅相关资料可知，所谓有效，指的是能够实现预期的

目标，或者是有效果。在本书的创作中，作者将有效教学解释为教师通过组织有计划、有步骤、有创新性的教学活动，使学生获得阶段性的显著进步与发展，以及教师的教学效率等于或高于平均水准的教学，其前提条件是与时代和个体积极价值建构相符。

（二）有效教学模式

所谓有效教学模式，指的是学生基于教师正确、积极的指导与引导，顺利完成预期教学目标的一系列教学内容和教学方法。在有效教学模式下，由于学生可以成功达到预定教学目标。所以会受到其自身学习成果的激励，有助于激发其自身的学习兴趣和欲望，这种教学模式能够促进学生自主获取知识，有效锻炼学生思维能力，培养学生终身学习的态度。

教学是一个极具创造性的过程，是一项需要多方面综合素质的工作，因此，教学对教师能力提出了较高要求，即需要教师广泛且深刻地理解所教学科。有效教学模式得以构建的前提，就是教师要具备良好的教学技能，主要包括良好的思维能力、选择合理的教学内容与运用教学策略的能力、处理和解决问题的能力以及与学生进行互动交流的能力。只有能够熟练掌握与运用上述几项教学技能，教师才能全面了解学生的知识深度，也才能使学生深刻感受到与教师处于平等地位、与教师之间的互动沟通是公平民主的，更好地刺激学生积极思考与学习，使学生获取更多实用的知识。

二、有效教学模式的特征

有效教学模式是提高教学质量的重要抓手与主渠道，该模式主要具备以下三个特征，如图 8-1 所示。

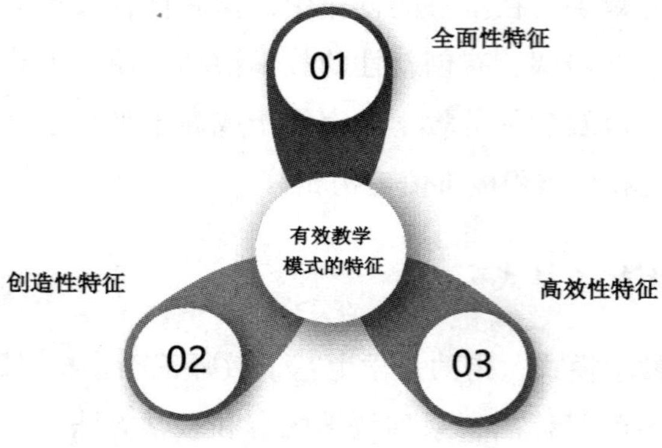

图 8-1　有效教学模式的特征

（一）全面性特征

有效教学模式的全面性特征主要表现在以下三方面。一是教育对象的全面性。在高校语文教学中，教师要树立因材施教的教育观，平等对待每一个学生，在充分了解学生的基础上，为学生的学习量体裁衣，努力发展每一个学生的闪光点与优势，为全体学生的发展创造良好条件。二是教学目标的全面性。高校语文教学目标的设置要满足两个要求，一个是与学生自身发展需要相符，另一个是与社会对人的素质要求相符。三是人才观的全面性。在高校语文课堂教学中，教师要认识到每个学生都有成功的潜能，每个学生都各有所长，他们可以在不同的方面取得成功。

（二）创造性特征

近些年来，国际竞争愈演愈烈，各国经济、科技、军事、教育的竞争归根结底都是创造性人才的竞争。因此，有效教学模式也应该顺应时代发展，注重对学生创造性潜能的激发与调动。高校语文教师要用创造性的教学，提高学生的创造力。高校语文教师在培养学生创造力时，要培养学生主动学习的习惯，倡导学生相互协作，发挥集体创造力，也可以对学生进行专门的创造性思维训练。

（三）高效性特征

有效教学模式的高效性主要体现在以下几个方面。

1. 学生的主体性

有效教学模式强调培养学生的创新精神与实践能力，因此，学生在高校语文教学中的主体性至关重要。首先，确立学生的主体地位。高校语文教师要将学生置于课堂的重要位置，利用有趣的教学内容吸引学生主动参与学习，使他们积极思考、亲自实践。其次，培养学生的主体意识。该意识主要包括两方面内容，即自主意识和自强意识，高校语文教师要注重对学生这两方面意识的培养。再次，培养学生的主体能力。主要包括四种能力，即思维能力、适应社会的能力、自我调控能力、创造能力。最后，塑造学生的主体人格、即独立人格。其实就是要引导学生承认、相信、尊重自己在高校语文教学活动中的主体身份与主体地位。

2. 师生交流的交互性

从社会学视角来看，课堂教学过程本质上是一种人际交往过程。在人际交往过程中，学生智力和创造力得以不断提高，社会观念逐渐形成，人格得到完善。人际交往活动形式多样，主要包括师生交往、生生交往、个体交往、小组及班级群体交往等，这些多向式的交流方式，增进师生、生生之间的横向交流，凸显学生的主体地位，能够让学生在交流中学会取长补短。

3. 教师、学生、教材、方法的和谐性

通常来说，教学过程共包含四个基本要素，分别为教师、学生、教材及方法。这四个基本要素通过相互组合可以形成六种不同的关系，即教师与学生的关系、学生与教材的关系、教材与方法的关系、教师与教材的关系、教师与方法的关系、学生与方法的关系。唯有这六种关系均处于和谐状态，才可以达到教学效益的最大化，实现有效教学模式的高效性。

4. 教学手段的先进性和多样性

所谓教学手段，指的是教师与学生在教学中相互传递信息的工具、媒体或设备。教学工具和媒体是教学环境的重要组成部分，是教学内容的重要载体。随着科技的进步与发展，教学媒体也得以更新升级，由以往的电视、电影、录音、录像转变为现如今的计算机，使教学内容的容量日益提升、呈现方式逐渐多样，对于教学效率的提升具有十分深刻的影响。为保证高校语文教学的有效性，高校语文教师就需要采用先进、多样的教学手段，充分发挥教学媒体的优势。

三、高校语文有效教学模式的实施条件

（一）做好充分的教学准备

高校语文的有效教学需要教师全力做好充分的教学准备。一般来说，教师、学生、教材是教学的三大要素，充分的教学准备需要以这三大要素为中心进行。

1. 钻研教材，分析文本

教师只有认真钻研教材、全面掌握课文的知识点，才可以从整体出发，筹划一学期的教学安排，准确找到课文中学生必须掌握的内容，有效把握课文要传达的核心，从而帮助学生更好地理解教材。因此，充分的教学准备离不开教师对教材的认真钻研。

在钻研教材的过程中，首先，教师要明确高校语文教材中蕴含的基础知识、文章传达的人生哲理，以及编者的意图等。高校语文教材往往以时代背景、体裁、主题等为标准划分课文单元，不同单元文章的创作背景、体裁以及主题等都有所不同，便于学生系统学习语文知识。其次，教师应该弄清楚教材的重难点，根据教材的特点制定有针对性的教学

方法。

另外，通过对教材内容的钻研，教师要弄清楚一系列问题，如教材中哪些内容便于学生学习，哪些内容理解和掌握起来难度较高，哪些内容有助于拓展学生的思维。教师只有认真钻研教材，加强对教材的了解，才能根据教材特点和内容选择合理的教学手段和教学方法，促进高校语文的有效教学。

2. 掌握学生情况，合理选择教学内容

要想构建有效教学模式，教师必须要了解自己的学生，由此才能结合教材内容设置合理的教学内容、选择切合实际的教学方法。首先，在讲授新知识时，教师需要全面了解学生当下的认知水平与思想情感准备。其次，教师要了解学生对于新知识的掌握程度，如学生是否进行课前预习、学生对新知识的学习态度与兴趣、学生的学习习惯及方法。最后，教师要及时跟踪学生的动态变化，如学生近期学到的有效学习方法、学生学习积极性、学生学习态度。

无论是上课时间还是下课时间，教师都要留心观察每一个学生，根据学生的言行举止了解每一个学生的性格特点。同时，教师还要通过与学生谈话的方式，对学生近期情况进行了解。针对不同学生，教师所采取的谈话方式要有所不同，如针对自我意识强的学生，采取点拨式谈话方式；针对情绪不稳定的学生，采取商讨式谈话方式；针对性格内向、自卑的学生，采取渐进式谈话方式；针对自我防范意识强的学生，采取突击式谈话方式。总之，教师要根据学生的性格特点采取具有针对性的谈话方式，对症下药，通过谈话的方式了解学生情况。

3. 选择科学得当的教学方法

为了提升高校语文教学的有效性，教师在选择教学方法时要以学生实际情况为出发点，保证教学方法的科学性、合理性。科学得当的教学方法，与学生认知水平和情感准备相符，有助于学生更高效地完成教师布置的学习任务，更好地实现学习目标。教师要全面了解与掌握不同类型的教学方法，包括具体教授方式、特点等，并根据不同类型的教学方法的特点合理安排教学内容，熟练运用多种教学方法，实现多种教学方法的优势互补。

总之，采取科学得当的教学方法，不仅能大大缓解教师的教学负担，还能使学生在学习课程内容时相对轻松，这种轻松的学习氛围有助于提高学生学习的积极性，改善学生的学习效果。

（二）探索张弛有度、收放自如的课堂管理

课堂管理是创设和谐教学环境、达成教学目标、提升教学针对性和有效性的方法之一。在课堂教学中，部分学生可能会做出一些对自身学习和课堂教学不利的违规行为，如果教师无法恰当处理这些违规行为，将会对课堂正常秩序带来一定阻碍，无法保证课堂教学的有效性。因此，教师要在课堂管理上下功夫，探索张弛有度、收放自如的课堂管理，积极创设民主、和谐的教学环境。

1. 掌握教学过程中师生心理沟通的艺术

随着教育教学的发展，教育的心理化发展受重视程度日益增加。心理是人脑对客观事物的反映，对人的行为起着支配作用。所谓心理化发展，指的是要从学生心理层面入手，调动学生的积极性。在语文学习过程中，学生产生心理障碍的因素主要包括智力因素和非智力因素两方面，因此，高校语文教师要根据这两大因素来掌握与学生进行心理沟通的艺术，以达到改善高校语文课堂管理效果的目的。

（1）沟通智力心理的艺术

学生的智力心理是影响学生有效参与教学活动的重要因素，其关乎学生能否顺利完成学习任务。从智力因素来看，影响学生有效参与教学活动的障碍主要包括以下两方面。

一方面是知识障碍。教师在传授新知识的过程中，会发现部分学生存在知识障碍，在这种情况下，教师可以通过简单的知识回顾，引导学

生对旧知识进行思考，消除学生的知识障碍。另一方面是方法障碍。在课堂教学管理中，教师应该转变灌输式教学思维，把学生作为教学的主体，帮助学生掌握科学有效的学习方法，以提升学生的学习效率。例如，教师可以通过问题引导法对学生循循善诱，再根据学生的思考情况为其做出下一步的启发，培养学生自主思考、自主探究的习惯。

（2）沟通非智力心理的艺术

在高校语文课堂教学中，也存在很多影响学生有效参与教学活动的非智力因素，这就需要教师从学生实际情况出发，通过沟通消除障碍，激发学生学习的动力。

一方面，消除动力障碍。学习动力因素对于学生有效参与教学活动起着关键性作用，它主要表现为学生的学习积极性、学习兴趣等。因此，高校语文教师要掌握激发学生学习兴趣的方法，如大力宣传语文课程的学习意义与价值，采取游戏引导、情境引导等方法激发学生强烈的探索欲、求知欲，以此来强化学生学习的动力。另一方面，消除行为习惯障碍。学生在学习过程中形成的行为习惯是影响学生有效参与教学活动的重要因素，如部分学生字迹潦草、写作文时不善于打草稿、学习中无法静下心来、不及时修改教师的批注等，这些不良习惯都会对他们的学习质量和效果造成负面影响。因此，教师有必要根据学生现存问题，采取科学的管理措施，为学生提供有针对性的纠正方案，培养学生良好的学习习惯。

2. 掌握教学过程中驾驭课堂的艺术

（1）具备科学分配课堂教学时间的能力

在高校语文课堂教学中，虽然每节课的教学时间都是固定不变的，但每节课的教学内容各不相同，且内容量也有所差异。这就要求教师掌握驾驭课堂的艺术，有效把控课堂教学时间，保证在有限的时间内完成对相关内容的讲解。

（2）具备教学内容的组织能力

作为一门语言类学科，语文课程涉及的内容纷繁复杂。要想让学生利用最短的时间有效掌握最重要、最核心的语文知识，需要高校语文教师掌握良好的教学内容组织能力，坚持定向、定量原则，保证教学内容具有正确的方向性，阅读量、写作量、词汇量具有适当性，使学生由表及里、循序渐进地学习，最终完成学习目标。

（3）具备课堂教学中组织讨论的能力

课堂讨论是高校语文课堂教学中的重要环节，这一环节具有活跃课堂气氛的作用，能够显著提升学生的积极性和主动性。

首先，科学设计讨论问题，合理组织学生讨论。课堂讨论环节的主要目的在于辅助教学、完成教学目标，所以，课堂讨论问题的设计与教学内容密不可分。总的来说，课堂讨论的问题应当是课文的重点和难点部分，问题的难易度要适中，且具有一定的深度，同时教师在设计讨论问题时，要针对学生的共性，保证每位学生在课堂上都能有事可做、参与其中。

其次，要注重发挥教师在课堂讨论环节的主导作用。教师要引导学生以问题为中心进行激烈的探讨，同时要指导学生抓住讨论重点。讨论时间不宜过长，要保证讨论的效率。

第二节　和谐课堂教学模式

和谐课堂，是指坚持以人为本教学理念的指导，使教育各个组成要素相得益彰、协调合作、相互影响，形成和谐美好的教学生态，从而促进学生自我激励、自我完善、自我成长。本节围绕和谐课堂教学模式进行阐述。

一、和谐课堂的具体内涵

人生本就应该是快乐的，只有悲观主义者、宿命论者才会将生命历程视为痛苦难熬的炼狱过程。课堂对于教师与学生来说，是他们生命的一段历程，师生理应享受课堂的乐趣。总的来说，和谐课堂的具体内涵主要包括以下五个方面，如图 8-2 所示。

图 8-2　和谐课堂的具体内涵

（一）课堂应该是轻松的

课堂是学生获取知识的主场所，但如果仅将课堂看成是知识学习场，难免会令人感到课堂过于刻板。课堂是生活不可分割的一部分，而生活是多姿多彩、其乐无穷的，因此，课堂也应该是充满乐趣的。在充满乐趣的课堂中，氛围应该是宽松、愉悦、融洽的，师生应该是相互尊重、相互理解、相互包容的，彼此应该是心灵自由、无防卫且放松的，教学对话应该是民主、平等、协商的。

我们常说“紧张的学习”，实际上，课堂学习应当是一件轻松的事情，这种轻松要求教师敢于放下“师道尊严”的架子，当学生的良师益友。而学习的紧张体现在两方面，即学习节奏的有机控制和学习结果的高效率。这种紧张不应是指师生关系的紧张，师生在相处时应该始终处于一种放松的状态。学生的心情要保持愉悦，即便学习中存在一定的紧张与疲劳，这也是一种良好的情绪感觉，即学生通过学习获得满足感，从掌握知识的紧张劳动中获得健康的疲劳感。

（二）学习本该乐趣无穷

知识学习是一件快乐且充满力量的事情，也是人类区别于动物的一个重要特征。高校中落后的教学观念、不科学的教学评价标准等，都会导致学习与其本然属性相背离，并异化为一件“苦差事”。

学习本该乐趣无穷。为了还学习快乐，首先，教师要成为一个乐于、善于学习的人，以热情饱满的状态投入教学工作，以自身的学、教之乐来感染和带动学生。其次，教师要不断提升自身的教学能力，根据教学规律和学生本性开展教学，使学生在学习的过程中能够获得更多的乐趣。同时，教师还要注重让学生享受学习的快乐，不能将快乐停留于形式的层面，还要进一步深入内在体验的层次，让这种快乐能够更加持久。最后，教师要注重唤醒学生的主体精神，这是最关键的一步，尤其是要激活学生的认知乐趣，通过引导学生亲自参与掌握知识的情感，唤起学生特有的对知识的学习兴趣。

（三）让求知欲得到满足

求知欲和探索欲是人类生命的本能，是创造性滋生的胎盘。人类求知、探索的欲望并非一成不变，而是伴随着生命的生长而变化，但大部分人的这些本能并未得到充分的呵护、顺应与培育，更多是受到了压抑，这也是个体对知识和周围事物态度冷漠的主要原因之一。

和谐课堂呼唤课堂生命的回归，倡导让学生享受生命的快乐。因此，教师应竭尽所能激发学生求知、求学的欲望，促使学生在求知欲的驱使下投入知识的学习，进而获得自身的满足。

（四）自主是乐之根本

在生活和学习中，学生只要能够获得自主权，真正体验到自主，就能获得充分的自尊感、自信感以及自豪感，并满心欢喜。这是来自人本质力量的自我肯定，在缺乏这种自我肯定的体验作为深层内涵的情况下，所有形式上、表面化的快乐学习都不是深刻和恒久的，而是肤浅和短暂的。因此，要想让学生真切地感受到生命之乐，就必须要使学生在学习和生活中获得自主权。

要想让学生体验自主，就需要把课堂还给学生。这里的“还”包括多个层面，主要有时间、空间、工具、提问权、评议权等。让学生享受自主之乐，强调的是一种理念，对此，不同教师都有自己独到的解读与创新实践。作者认为，要使学生充分获得自主权，就应该为学生提供完备的学习材料、充足的自主学习时间，以及足够的交流学习过程和结果的时间。

（五）合作让快乐共享

和谐课堂应该是团结协作、双向互动的，教师与学生、学生与学生之间应该展开密切合作与多维互动，整个过程要强调学生主体性参与，彰显出教学对话性、交往性的特征，促进课程“活资源”的创生。这不仅有助于学生的经验构建，还能促进学生解决问题能力的提升，表现出和谐课堂的特性。在合作学习过程中，学生之间在学习上互相帮助、你追我赶，在精神上相互支持、同甘共苦，分享彼此的收获与快乐，培养团结协作精神与共荣共存的态度。因此，合作学习对于学生来说，具有重要的生命享受意义。

合作学习是相对个体学习而言的，是一种教学条件下的组织形式，指的是学生在小组中以完成同一任务为目标，分工明确，各司其职，团结一致，有条不紊，进行互助性学习。合作学习的基本要素主要包括以下几点：积极主动地互相支持与配合，尤其是面对面的促进性互动；自觉肩负起在任务中的个人责任；学生之间相互信任、相互理解，进行有效沟通；学生个体在完成任务后进行小组加工；评估共同参加活动的成效，寻求提高任务完成效率的路径。

二、和谐课堂教学模式的应用原则

和谐社会需要和谐教育，和谐教育需要和谐课堂。和谐课堂教学模式的构建需要遵循的基本原则主要包括以下五点，如图 8-3 所示。

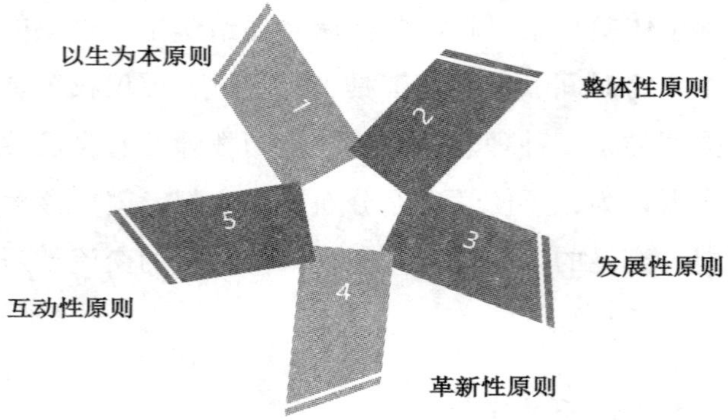

图 8-3　和谐课堂教学模式构建的基本原则

（一）以生为本原则

学校是培养人才的主阵地，课堂教学又是学校教育教学的基本形式，因此，课堂教学和谐才会有校园的和谐，校园和谐才会有社会的和谐。由于“以人为本”原则是构建社会主义和谐社会的一个重要指导原则，因此，和谐课堂教学模式的构建也需要遵循“以人为本”的原则。学生是课堂教学不可撼动的主体，是学习的主人，因此，“以生为本”是“以人为本”在和谐课堂教学模式构建中的具体体现。“以生为本”原则主要包括以下两方面内容。

一方面，教师在钻研教材、精心备课的过程中，要保证教学内容与学生实际情况相符，且能够被学生有效理解与吸收；另一方面，所有课堂活动都要致力于学生的全面和谐发展，要自始至终将学生置于教学的首要位置，以学生为出发点、目的、动力，着眼学生潜能的挖掘、素质的培养、能力的提升。

（二）整体性原则

课堂教学是一个由若干个相互依存的教学要素组成的有机整体，包括教师、学生、教学内容、教学手段、教学方法等。如果这个整体中的各要素能够保持有序、合理、优化的结构，就能实现整体功能高于局部功能之和。反之，如果这个整体中的各要素保持无序、不合理、欠佳的结构，就会使整体功能低于局部功能之和。因此，在和谐课堂教学模式的构建中，我们要坚持整体性原则，使课堂教学中不同要素相互配合，发挥协同作用，始终保持协调、统一的状态，也就是所谓的和谐状态，从而最大化地发挥课堂教学的整体功能。

整体性原则主要体现在两方面，一是面向全体学生。教师要关注所有学生，确保不同类型的学生都可以享受良好的教育；为所有学生提供参与各项教学活动的机会，使他们都能在原有基础上得到一定的发展。二是促进学生个体素质的全面发展。每个学生都是具有自然属性和社会属性的完整的人，都是具备德、智、体、美、劳等基本素质的有机体。高校语文教学要克服重知识、轻能力和品德教育的做法，侧重学生身心、认知、情感等多方面的发展，促进学生知识、能力、品德教育一体化，促进学生的全面协调发展。

（三）发展性原则

所谓发展性原则，指的是和谐课堂教学要以促进教师和学生共同进步、共同发展为原则。和谐课堂教学不仅包括学生的和谐发展，还包括教师的和谐发展。教师发展是一个自我反思、自我更新的过程，是学生发展的前提与基础，是学校可持续发展的动力。如果教师发展不能迎合时代要求，就无法实现学生素质的持续性提升。学生的发展是教师教育教学的出发点与归宿，是课堂教学的终极目标。教师和学生的发展相互制约，只有两者共同进步、共同发展，才能达到双赢境界，从真正意义上促进课堂教学的发展。

（四）革新性原则

现如今，我国正处于教育体制改革的重要转型期，教育要想实现变革，就要让课堂教学迈出坚实的第一步，如果课堂教学仍然故步自封，那么新课程改革目标的实现将遥遥无期。和谐课堂教学模式的构建也要迎合教育改革趋势，以革新性原则为指导。实际上，改革本身就意味着创新和前进，课堂教学应该紧紧跟随新课程改革的步伐，积极进行改革与创新。创新不仅是一个民族进步的灵魂，也是和谐课堂教学高质量发展的不竭源泉。

为了贯彻革新性原则，高校语文教师应从课堂教学各个方面着手，如树立先进的知识观、教学观、学生观、人才观，增强自身创新意识和创新能力，由单一角色转变为多元角色，倡导自主、合作、探究的学习方式，不断加大教育创新的力度，以教育创新推动创新教育。

（五）互动性原则

过分注重学科知识、忽视学生存在的课堂教学并不是和谐课堂应有的教学模式，学生身心在这样的课堂教学中无法得到和谐发展。社会是人与人交互作用的产物，个体的发展会受到和其他人直接或间接交往的影响。和谐课堂教学应该是教师与学生互动、学生与学生互动、心灵对话的重要舞台，应该是教师与学生共同创造奇迹、挖掘内在潜能的活动。因此，和谐课堂教学模式的构建要坚持互动性原则，以加强教师与学生、学生与学生之间的良好互动，促进师生的共同发展。

三、和谐课堂教学模式的创设策略

和谐课堂教学是目前课堂教学改革的主攻方向，这是一个漫长、复杂、艰巨的过程。和谐课堂教学模式的创设可以从以下几方面入手，如图 8–4 所示。

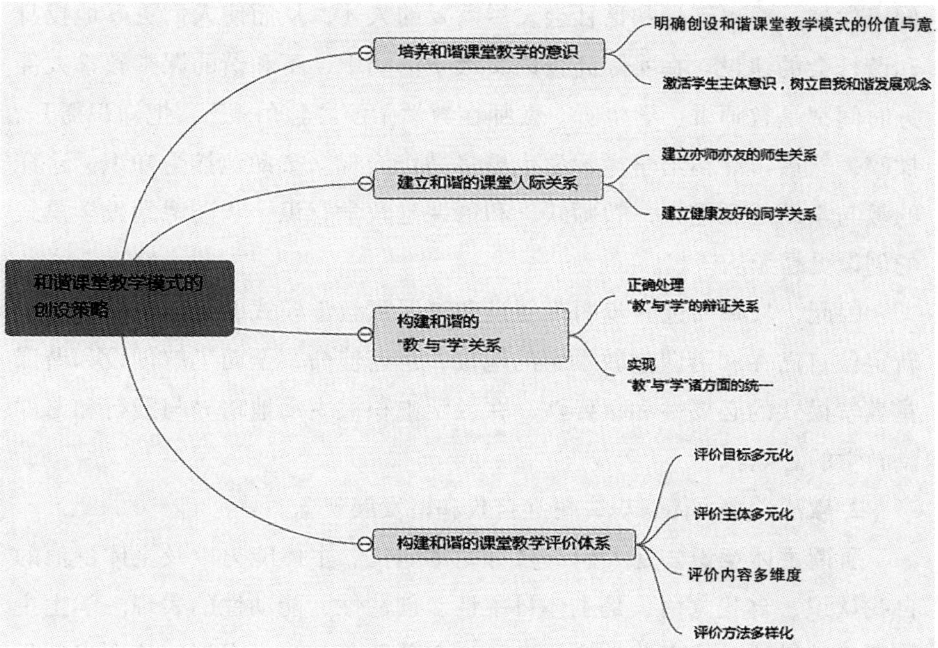

图 8-4　和谐课堂教学模式的创设策略

（一）培养和谐课堂教学的意识

思想意识是行动的先导，人在做某件事之前需要在意识的指导下有目的地进行。在课堂教学中，教师和学生是两个最基本的因素，和谐课堂教学模式的创设需要每一个教师和学生的努力，需要全体师生形成强大的合力。因此，和谐课堂教学模式的创设需要师生树立和谐理念，形成和谐意识，充分认识创设和谐课堂教学模式的必要性、重要性，为和谐课堂教学的构建打下牢固的思想基础。

1. 明确创设和谐课堂教学模式的价值与意义

创设和谐课堂教学模式的终极目标并非促进学生学科知识的单方面发展，而是促进学生充分、全面、和谐发展。社会主义和谐社会需要的是全面发展的人才，和谐课堂教学模式的创设就有助于学生身心的全面健康发展，输出满足和谐社会发展需要的人才，从而使人们更好地投身和谐社会的建设。在实际高校语文教学活动中，不和谐的课堂教学大部分时间都是教师讲、学生听，教师在教学中演“独角戏”，把知识掰开、揉碎，然后再灌输给学生，学生更多是作为观众被动地接受知识。这样的教与学缺乏和谐性，教师缺乏和谐课堂教学意识，和谐课堂教学模式的创设更是无从谈起。

因此，教师要进一步明确创设和谐课堂教学模式的价值与意义，重新定位自己在和谐课堂教学中的地位、角色使命，全面了解创设和谐课堂教学模式的必要性和重要性，在教学中积极主动地培养与践行和谐课堂教学的意识。

2. 激活学生主体意识，树立自我和谐发展观念

所谓主体意识，是人们对自身主体地位、主体能力以及主体价值的自我认识、自我觉悟，是主体自主性、创造性、能动性的表现。学生主体意识的激活，代表着学生要自觉、主动地参与自身发展，从而实现身心自由、全面发展。从某种意义上来看，学生对自身身心发展的自知、自主、自检、自分的程度，取决于学生主体意识的强弱。学生自主意识与其参与自身发展的自觉性成正相关，随着学生主体意识的增加，其参与自身发展的自觉性也会随之提升，对其身心发展的自知、自主、自检、自分的程度也会有所增强。

同时，没有和谐发展的教师不可能培育出和谐发展的学生。因此，高校语文教师要在自身专业水平和素养方面下功夫，努力成为一个“学习型”教师，在积极的自我学习和反思的基础上，学会选择、合作、分享、创新，最终实现自身的和谐发展。另外，针对和谐课堂教学、和谐社会的构建，高校要不断加大宣传力度，使学生充分认识到自己不仅是和谐课堂教学活动中的重要一员，还是和谐社会的一分子，从而树立自我和谐发展的观念，努力为构建和谐课堂教学做贡献，为和谐社会的发展添砖加瓦。

（二）建立和谐的课堂人际关系

课堂人际关系作为一种心理关系，其具有稳定性，它形成于课堂人与人之间情感与信息交流的过程中。课堂人际关系主要包括两种类型，分别是垂直的人际关系（师生关系）、水平的人际关系（同学关系）。和谐友好的课堂人际关系是滋养学生心灵的沃土，是促进学生全面发展的“助推器”；而冲突、矛盾的课堂人际关系会给师生带来诸多苦恼，不利于师生身心健康发展。因此，要想塑造全面发展的学生、创设和谐课堂教学模式，就有必要建立和谐的课堂人际关系。

1. 建立亦师亦友的师生关系

教师和学生是教学活动中的两个主要角色，前者在教学活动中起着主导作用，后者在教学活动中居于主体地位，两者之间存在着不可分割的关系，建立亦师亦友的师生关系是两者进行平等友好交流的前提和基础。而师生之间的平等友好交流是高校语文和谐课堂教学形成的重要条件，具体可从以下几方面着手。

（1）教师转换角色

在和谐课堂教学模式中，教师要转变角色，与学生共同参与到学习中，做教学活动的引导者，而非居高临下的管理者。教师需要给自己重新定位，清楚地认识自己，转变自身观念，扮演好教学活动的引导者、参与者，实现教学相长。

（2）师生互相尊重

一方面，教师要以正确的态度看待学生的主体地位，充分认识到每一个学生都是独立的个体，都具备独立思考的能力，他们面对教学内容有属于自己的见解与看法。由于语文学科的特殊性，有些问题的答案具有不唯一性，学生难免会提出不一样的观点，对此，教师要善于换位思考，站到学生角度上思考问题，尝试理解学生的想法，包容学生的不同答案。

另一方面，学生也要尊重教师，尤其是尊重教师的劳动成果，明确自身的不足，对于与教师观点不同的地方，学生要深入思考教师观点，接受教师的教学。只有教师与学生做到真正的相互尊重，两者进行充分交流、平等对话，才能让学生获取到更加丰富的知识。

（3）师生相互关心

教师不仅要做好知识的传授工作，而且要关心学生的生活和学习，教师对学生的关心是师生关系的润滑剂。大学生处于青年期，他们非常渴望得到身边人的关注，教师对学生生活与学习的关心，通常可以成为学生学习的动力。

2. 建立健康友好的同学关系

众所周知，学生的成长会受到来自内外界诸多因素的影响，尤其是同龄人的影响。同学关系的优劣，是影响学生学业成绩、身心健康的关键性因素，友好、融洽的同学关系是学生学习和成长的有力推手，对学生社交能力与情感的发展具有十分深远的影响。反之，矛盾、疏远的同学关系是学生学习和成长的强大制约力，是学生学业成绩和身心发展的巨大阻力。因此，和谐课堂教学模式的创设需要学生构建健康友好的同学关系。

（1）教师要帮助学生克服自卑和自高自大的心理

部分学生因为家庭条件不好或学习成绩不理想等原因，容易产生自卑心理，不善于、不喜欢与人交往，往往退缩在群体之外。而部分学生因家庭条件优渥、学习成绩优异等原因，则容易产生自高自大心理，看不起那些在某方面比不上自己的同学，并将这些人排斥在自己的交际圈之外。

无论是自卑还是自高自大的心理，对学生的发展都是百害而无一利的，不利于学生心理健康的发展和交往能力的提升。对此，教师要密切关注学生的交往情况，针对自卑的学生，要让其发现自身的优越之处，为其提供更多表现自我的机会，帮其树立自信心；针对自高自大的学生，要让其认识到自身的不足之处，发现同学身上的闪光点，使其学会虚心学习，从而促进同学关系的协调发展。

（2）倡导合作学习和良性竞争

合作意味着双赢，同学之间相互合作、相互讨论、相互鼓励，能够取长补短，最终实现共同发展。在课堂教学中，教师不仅要善于引导学生尝试与同学合作，还要鼓励学生之间建立良性的竞争关系。竞争是动力的前提，动力是进步的基础。在合作学习的过程中，学生要尊重对方的学习方式，在积极发表自己意见的同时，还要耐心听取别人的意见，营造良性的竞争氛围，建立和谐的人际关系。

（3）鼓励学生互评，为学生互评创造机会

学生互评作为课堂教学评价的重要形式之一，是增进学生之间互动交流的有效手段。教师可以鼓励学生以小组合作的形式进行互评，或者制定详细的评价表格来规范学生互评的方法，通过学生互评的方式加强学生之间的交往，协调他们之间的关系。

（三）构建和谐的“教”与“学”关系

课堂教学过程是师生以完成教学任务为目的而进行的交往互动过程，教师的“教”与学生的“学”是相互促进的过程，两者是课堂教学最基本的两个要素，“教”与“学”的和谐是和谐课堂教学的基础。在实际课堂教学过程中，“有教无学”“有学无教”都无法使“教”与“学”形成谐振效应。教学节奏与学生发展节奏不同步，不仅无法提高课堂教学质量，还会对学生全面、充分、和谐发展造成不利影响。因此，高校语文教师有必要构建和谐的“教”与“学”关系，具体可以从以下几方面入手。

1. 正确处理“教”与“学”的辩证关系

“教”与“学”实际上是矛盾的两个方面，两者存在着既对立又统一的关系，通过矛盾运动，推动教学的变化与发展。从理论的角度来看，教师的“教”是外因，学生的“学”是内因，外因不可能离开内因而单独起作用。有效建立“教”与“学”和谐关系的关键就在于妥善处理教师的主导作用和学生主体地位之间的关系。

在课堂教学中，学生作为“学”的主体，其自觉性、主动性、创造性是学习的内因，因此，点燃学生学习热情和学习兴趣、调动学生在学习中的积极性是课堂教学的重中之重。教师作为“教”的主体，在教学中起着重要的主导作用，其需要根据教育教学规律开展教学活动，通过引导和启发的方式实施教学，促进学生在知识与技能，情感、态度与价值等方面的协调发展。总之，教师“教”的目的在于促进学生“学”。

在课堂教学中，教师的主导作用与学生的主体地位是相互依存、密不可分的有机统一体。教师主导作用的正确和完全实现，是有效调动学生学习积极性、主动性的必要条件；而充分发挥学生的主体性，又是正确发挥教师主导作用的重要标志。和谐课堂教学要求教师坚持“以学习为本”，换言之，就是要明确并突出学生的主体地位。教师是学生学习的组织者、帮助者、促进者，学生的“学”需要仰仗教师的“教”，学生主体地位的确立需要以教师的有效引导为基础。教师主导作用的着眼点必须是“学”，课堂教学目标也必须通过“学”体现。因此，教师主导作用的出发点一定是学生主体作用的发挥，由此才能保证教师主导作用与学生主体地位的有机统一，从而充分调动学生的自觉性、积极性。

2. 实现“教”与“学”诸方面的统一

（1）“教”与“学”目标要统一

目标通常指的是人们从事某项活动所追求的特定预期结果。目标可以让学生明确其所追求的目的，有利于端正学生的行为动机、点燃学生的学习热情。所谓教学目标，指的是教学活动的预期结果，对教学活动具有激励作用、指导作用。新课改强调三维目标教学，分别为知识与技能，过程与方法，情感、态度及价值观。教师需要努力将三维教学目标转化为学生的学习目标，帮助学生充分认识三维目标的含义与意义，促进学生自我激励、自我调控、自我检验，为达成教学目标奠定基础。

（2）“教”与“学”思维要统一

在实际教学过程中，倘若教师和学生的思维活动能够保持一致，就可以取得显著的教学效果。为此，教师需要根据学生的认知特点和认知水平，站到学生的角度设计并思考问题。教师可以构建问题情境，点燃学生的求知欲望。在难度适中、新颖有趣的问题的启发下，使学生开动脑筋，勤于思考、反复推敲，最终得出结论。这样一来，教师和学生的思维活动有效联系起来，教师循循善诱，引导学生向同一方向思考，问题解决的方法就由主导方传递给主体方，进而实现教师“教”向学生“学”的转变，不仅充分发挥了学生的主体性，还能顺利达成教学目标。

（3）“教”与“学”的方法要统一

“教”与“学”是一对矛盾的统一体，是教学过程辩证统一的两个方面。因此，教法与学法属于“同源之水、无本之木”，是一个问题的两个角度，教法的研究角度是如何教，而学法的研究角度是如何学。从本质上来看，教法包含学法，渗透着学法指导。教师只有真正掌握学的规律、影响学习的可变因素，在此基础上为学生的“学”提供指导，才能探索出很多效果显著的教法。学习本身是一种认知活动，学生只有选择与自己认知规律、认知水平相符的学法，教育的四大支柱才能实现，即学会求知、学会做事、学会共处、学会做人。因此，教师要牢固树立“以学定教”的教学方法观，主动将教法与学法紧密结合，让教的规律符合学的规律，让教法适应学法，实现以学法定教法。

（四）构建和谐的课堂教学评价体系

课堂教学评价是以教学目标为依据，对课堂教学质量进行的全方位的评定，其能够为教师优化教学过程提供有效的反馈信息。和谐课堂教学离不开和谐课堂教学评价，和谐课堂教学评价应该充分体现新课程理念，注重形成发展性课堂教学评价，致力师生关系、生生关系的和谐发展，促进教师与学生的共同进步与提升。

1. 评价目标多元化

为给学生提供不同选择，使每一位学生在学习过程中各取所需、各尽所能，得到不同程度的提升与发展，高校语文教学就需要建立多元化的评价目标。多元化目标的功能主要包括以下几方面：体现学生学习效果与进步情况，激发学生学习动力；诊断学生学习中的现存问题，使教师有针对性地调整教学过程；帮助教师全方位了解学生学习历程，调动学生学习的主动性、积极性；端正学生的学习态度，培养学生积极的态度、情感及价值观，引导学生树立自信心。

2. 评价主体多元化

教学过程是一个多主体参与、多维互动的过程，所以，课堂教学评价不仅要有教师的参与，学生也要参与其中。学生参与课堂教学评价是实现评价主体多元化的重要途径。学生参与课堂教学评价的主要目的在于，培养学生自主意识、反思能力，为学生学习和发展注入动力。

3. 评价内容多维度

教学评价内容如果局限于对学生学习成绩的评价，那么就不利于学生的全面发展。和谐课堂教学评价强调设计多维视角的评价内容，对学生发展状况进行综合的衡量与判断，教师在关注学生学习成绩的同时，还要对学生“记忆”“思维”等认知层面进行考察。教师要充分尊重学生个体差异，由衷地认可个体发展的独特性，对学生进行积极评价，挖掘学生多方面的潜能，掌握学生发展中的需求，帮助学生悦纳自己、培养自信。

4. 评价方法多样化

对于不同的评价内容，要采用恰当有效的评价方法，如对于学生知识技能掌握情况，应有机结合量化评价和质性评价；对于情感与态度方面的教学评价，应综合考察学生的学习参与度、投入度等。考试作为一种重要的教学评价方式，应当采取开放性、动态性、灵活性的测评方式，以考试目的、对象、性质为依据，通过论文撰写、产品制作、辩论等方法对学生进行测评。但是，教师不能将考试作为唯一评价手段，要探索和应用更多的质性评价方法，如行为观察、成长记录档案袋、情景测验，提高评价结果的信度与效度。

总之，和谐课堂教学是和谐教育的重要组成部分，更是和谐社会的一部分，因此，和谐社会的建设离不开和谐课堂教学模式的创设。和谐是高校语文课堂教学的永恒追求，只有真正实现“教”与“学”的和谐统一，才能缓解学生的负担，促进学生充分、和谐、全面的发展。

第三节　生态课堂教学模式

生态课堂是一种全新的教育追求，是师生智慧充分展现的场所。师生在生态课堂中如同一个交响乐团，和谐地演奏着动人心弦的乐曲，诗意地栖居在课堂上。本节主要围绕生态课堂教学模式展开论述。

一、生态课堂与语文生态课堂的概念解读

（一）生态课堂

所谓生态课堂，指的是一种处于生态状态下的课堂，是触碰心灵、彰显蓬勃生命活力的课堂。生态课堂将课堂当作一个由教师、学生、环境等若干个生态因子组成的微观生态系统，不同生态因子之间彼此制约、相互促进，处于一种动态平衡的状态。生态课堂强调学生在课堂教学中平等、民主的地位，在生态课堂中，课程学习、生命发展等多维目标都可以有效实现，学生个性成长能够得到有力保障，随着教学效益和生命价值的不断提升，师生能力也会与日俱增。

（二）语文生态课堂

语文生态课堂是生态课堂在学科教育中的精细化划分，它是指师生以语文知识为交流基础，在民主、平等、共生的课堂教学环境中依据师生协同发展理念的指导，使每一个学生都具备足够的学习领悟时间，并

拥有广阔的自主发展空间。基于语文生态课堂，学生能够在语文能力上得到持续性增强，使自身的语文素养不断提升。语文生态课堂旨在用语文的本真激发学生主动学习的内在动力，用民主、愉悦、宽松的教学环境提高学生学习的参与度，让学生习得知识、个性飞扬，让语文课堂焕发生命活力。

二、高校语文生态课堂教学的本质和价值追求

（一）高校语文生态课堂教学的本质

作为一种以人为本的课堂，生态课堂是我们追求的理想课堂。高校语文生态课堂遵循社会主义核心价值体系，强调教育要坚持以人为本，实现从民族文化、社会文化到微观课堂文化的重建，关心人、爱护人、尊重人，在高校语文生态课堂中注入人文关怀。从价值观角度来看，高校语文生态课堂的关注点在于教师与学生生命的共同发展，侧重学生意志、情感以及抱负等完美心灵的塑造，其所彰显的教育根本价值是一种对人的关注、关怀与提升。

与传统课堂作比较，我们会发现，生态课堂的指导思想是生态哲学思想，生态课堂系统内部各个因子之间在进行信息、物质、能量的交换时具有稳定性、平衡性特征，因此，我们可以看出，生态课堂是一个开放且富有活力的课堂。

从本质上来看，高校语文生态课堂是一种新型课堂教学范式。其从生态学角度出发，对高校语文课堂教学现象进行思考与分析，对高校语文生态课堂中出现的各种教育教学问题做出合理的解释；将课堂当作一个由教师、学生、教学环境等诸多因子组成的生态系统，强调课堂的整体性、生命性、开放性等特征；以教师与学生生命的和谐与可持续发展为价值取向。

（二）高校语文生态课堂教学的价值追求

生态课堂主张反思型、批判型的知识观，质疑知识的客观性、确定性，强调知识不是静态的，而是动态的，即知识具有动态性。具体来说，知识本身是对现实的解释，而非现实的准确表征；知识需要在具体问题当中进行有针对性的再创造，它无法对世界法则做出精准的概括；知识的外在形式是以个体已有经验为基础进行重新建构，并逐渐形成内化思维中的具体，无法脱离个体以实体形式存在。高校语文生态课堂教学，应该是一种充分体现人文关怀的教学，学生应该努力成为主动状态下的意义建构者，而非被动状态下的信息接收者。

从认识论角度来看，生态课堂推翻了原有的显性思维的重要地位，在关心教学预设达成情况的同时，还侧重对教学过程复杂性、多元性的充分体现。

生态课堂与传统课堂的最显著的区别之一在于，融入了更多的生命关注，它的出发点并非知识，落脚点也并非学生成绩，而是落到了学生的幸福成长、终身发展、生命可持续发展上。为塑造出高质量、可持续发展的全面人才，高校语文生态课堂教学在构建过程中也需要落实全面、自组织、可持续。

三、高校语文生态课堂教学的特征

高校语文生态课堂注重创设一种平等互利、生命交互、动态发展的课堂教学氛围，其有着显著的生态特征，如图 8-5 所示。

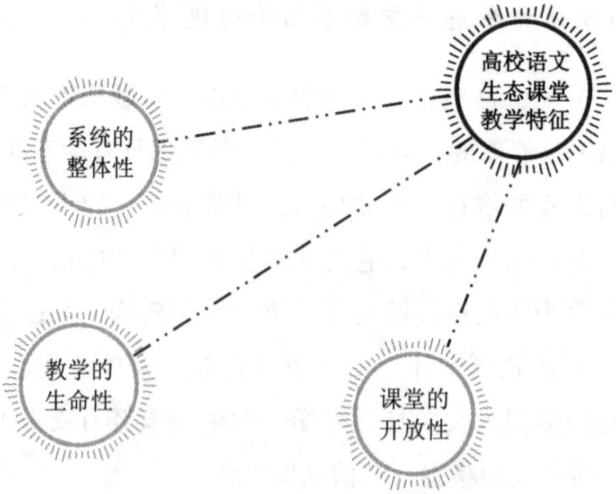

图 8-5　高校语文生态课堂教学的特征

（一）系统的整体性

高校语文生态课堂系统一旦形成，就不能将内部各要素割裂开来。如果强行分开这些要素，就会打破系统的整体性、有序性、稳定性，使该系统丧失原有的优势和功能，造成高校语文生态系统的失衡。因此，必须要将高校语文课堂教学中的各大因素视为有机整体来看待与评价。

具体来说，高校语文生态课堂系统的整体性涉及多方面，主要包括教学目标、教学内容、教学实施等。其中，教学目标是高校语文生态系统中师生的基本诉求，其目的在于让师生在认知、情感、价值等方面得以提升，从而实现师生的共同进步、全面发展。在教学目标的实现过程中，不能偏袒任何一方，否则教学就只能算是不全面的教学，是一种存在缺陷的教育，导致教师与学生发展的失衡。教学内容主要从宏观角度进行把握，即学生生命成长的角度，这就要求高校语文教师要善于将语文知识与其他学科之间有效联系在一起，消除学科之间的壁垒，将关注点由教学任务的完成转移到知识技能、情感素养的培养上。教学实施策略的选择不仅要围绕教学目标、教学内容进行，还要与教学对象的特点相符，这样才能提高整个教学过程的整体性。

（二）教学的生命性

高校语文生态课堂是一个开放且富有生命力的生态系统，教学的生命性是高校语文生态课堂的本质特征。无论是教师还是学生，他们都是一个个鲜活的生命，都是课堂教学中的主要角色，与其他客观事物存在着本质区别。因此，教师在高校语文课堂教学中要关注学生个体的生命性，尊重理解学生生命，摒弃功利化的教学模式，将学生的学习活动视为他们生命质量和品格的提升过程，让高校语文课堂“活”出生命的意义。

高校语文生态课堂的终极目标在于促进师生的和谐共生、生命发展，所以，高校语文生态课堂的教学具有人文关怀，焕发着生命活力。教师通过传授知识技能、组织情感交流活动，帮助学生获取知识技能，培养学生正确的情感态度，为其塑造正确的人生价值观，促使教师与学生的生命价值得到同步提升。

（三）课堂的开放性

高校语文生态课堂中的各生态因子都不是固定不变的，而是处于动态发展的过程，它们通过彼此交换信息、物质、能量来实现自我革新与成长，从而达到构建生态课堂的目的。从生态课堂本身来看，由于师生认知水平、情感价值有所不同，所以他们在课堂教学中获取到的信息也各不相同。这种影响主要体现在信息的反馈方面，教师在教学中的信息反馈影响着学生的学习活动，学生在学习中的信息反馈影响着教师的教学活动。在此过程中，师生能够实现思想观念的碰撞、知识的积累、情感价值的交流，从而形成完整、有序的课堂教学，使高校语文生态课堂教学始终保持自我调节、动态平衡、多元发展的状态。

四、高校语文生态课堂教学模式的构建策略

高校语文生态课堂是一个富有生命活力的微观生态系统，其在高校中的应用有助于实现高校语文课堂教学中各个生态因子的共同发展。高校语文生态课堂教学模式的构建可以从以下几方面入手，如图 8–6 所示。

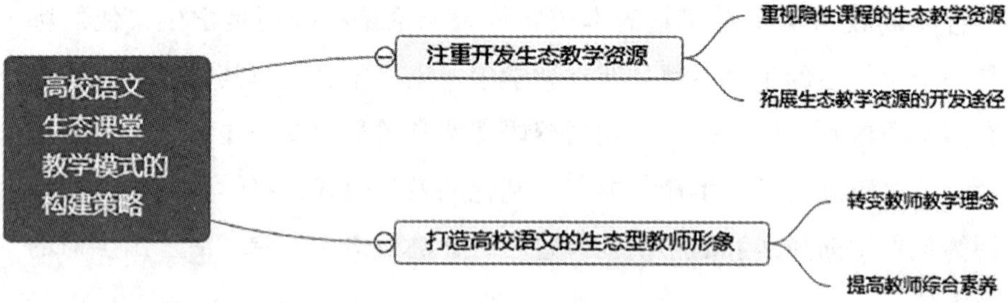

图 8–6　高校语文生态课堂教学模式的构建策略

（一）注重开发生态教学资源

1. 重视隐性课程的生态教学资源

隐性课程是相对于显性课程而言的，其是对显性课程的补充。显性课程指的是学校教育中有目的、有序开展的“正式课程”，其实就是我们在课程表上可以看到的课程。而隐性课程则是指不包括学校规定的学科课程在内的，对学生知识、态度、价值观具有熏陶和感染作用的非预期的课程。充分开发隐性课程的生态教学资源，既能优化课程结构，又能为学生实践提供更广阔的平台，对学生审美素养和人文修养产生润物细无声的影响。

根据呈现状态的不同，隐性课程资源可以划分为三大类型，分别为物质文化资源、精神文化资源以及行为文化资源。其中，物质文化资源主要包括学校所处地理位置、周边环境、建筑风格、教室陈设等；精神文化资源主要包括办学宗旨、学校制度、校风学风、文化氛围、人际关系等，这些资源可以潜移默化地影响学生的个性，提高学生人文素养；

行为文化资源主要包括课堂教学中各种人际关系行为体现出的文化资源，如教师人格魅力、学生个性表达、交往礼仪文化等。

高校语文隐性生态课程资源的开发与利用，能够使学生摆脱课本的束缚，与自然、现实、社会进行近距离接触，从而更好地感受生活、认识生活，并积极主动地进行学习。

2. 拓展生态教学资源的开发途径

（1）编写以人为本的生态教材

教材是教学活动中必不可少的资源，教材质量的优劣对高校语文教学效果具有直接影响。首先，高校语文生态教材的编写要充分体现生态化，坚持以人为本的根本理念，根据学生的身心特性编写教材，致力于学生的全面发展。其次，高校语文生态教材的编写还要兼顾时代性特点，融入最鲜活的现代生活，实现教育与时代的同频共振。最后，教材中篇目的选择要体现开放性，要与政治、经济、历史等联系起来，与国际国内形势结合起来，与主流价值观形成共鸣。

以上海交通大学夏中义、华东师范大学方克强主编的《大学新语文导读》为例，其在选择课文时遵循了一定的原则，即经典性与现代性相融合、文学性和思想性相融合、国粹性与世界性相融合。该书因具备浓厚的人文气息，引起学者的广泛关注，对高校语文生态教材的编写具有一定的借鉴意义。

（2）考虑教学资源对目标人群的契合度

在编写高校语文生态教材时，编写者需要充分考虑教材内容与目标人群的契合程度，主要包括动机、兴趣爱好、经历、词汇语言水平、特殊语言要求等，这些都是衡量教学资源与目标人群契合度的重要因素。

（二）打造高校语文的生态型教师形象

1. 转变教师教学理念

教师只有先塑造自己，才能塑造学生。教师要摆脱传统观念的束缚，树立开放的绿色生态课程观。

（1）树立生态意识

教师要充分了解生态文明、生态文化，特别是教育生态学，只有这样才能进一步理解生态意识，并将其内化到自己的教学之中。唯有教师形成教育生态理念、树立生态意识，才能用开放的眼光看待教学资源，才可以全面了解教育生态系统的特点，并有针对性地优化高校语文教育系统，真正将高校语文变成绿色生态课程。

（2）注重生命教育

生态价值观将生命价值作为最高级的价值追求，而教育的主要任务之一就是回归和实现人的生命价值，让学生生命质量更上一层楼。在实际教学中，高校语文教师可以利用丰富的教学资源，帮助学生充分认识生命的价值；通过精心设计教学环节，为学生追求生命价值注入强大的动力；引导学生进行审美体验，让学生深刻感受到生命的美好；组织丰富多样的实践活动，端正学生的生命态度，增强学生的生命意识。

2. 提高教师综合素养

（1）重视自己的人格魅力

人格是教师专业发展的内在动力，对学生具有非常重要的影响。为增强自身人格魅力，高校语文教师可以从以下几方面入手。首先，热爱岗位，投入教学。高校语文教师必须要体现对语文学科和语文教学的热爱，对教学工作展现强烈的热情和积极性，从而激发学生的学习热情。其次，严于律己，谨言慎行。教师的言行举止在学生眼中往往具有放大效应，这就要求教师要严格规范自己的言行举止，学为人师，行为世范。最后，践行师德，为人师表。一个对学生没有仁爱之心的教师，将无法以自身人格魅力影响学生。因此，教师要加强对学生情感的关注，平等对待学生，课上课下积极回应学生。

（2）展现教师的独特个性

教师的职业形象包括文化、道德、人格等，它从整体上反映了教师的精神风貌、精神状态以及行为方式。教育是发生于一定社会背景下的实践活动，对个体的社会化、社会的个体化具有促进作用。在倡导个体生命价值的高校语文教学过程中，教师不仅要重视和发展学生的个性，还要充分展现自己的独特性，发挥自己对学生的示范作用。如果教师对任何事件都善于独立思考，对文本有自己独到的见解，就能在无形之中引导和带动学生不迷信权威，勤于思考，勇于创新。

参考文献

[1] 范开田，范语砚 . 大学语文教育研究 [M]. 长春：吉林出版集团股份有限公司，2019.
[2] 毛丽 . 大学语文教学与传统文化研究 [M]. 北京：北京工业大学出版社，2021.
[3] 侯丹 . 大学语文创新教育研究 [M]. 长春：吉林人民出版社，2018.
[4] 郝晓辑 . 语文教育与文学素养研究 [M]. 北京：中国纺织出版社，2019.
[5] 文智辉 . 大学语文教育与教学研究 [M]. 长沙：湖南大学出版社，2019.
[6] 邓钗 . 互联网时代大学语文教学策略创新研究 [M]. 北京：九州出版社，2021.
[7] 乔芳 . 大学语文：人文思考与写作实践 [M]. 镇江：江苏大学出版社，2020.
[8] 杨杏红 . 语文朗读教学的有效实施 [M]. 长春：吉林大学出版社，2021.
[9] 洪华平 . 高校语文教学与和谐课堂创设研究 [M]. 北京：国家行政学院出版社，2018.
[10] 刘俊司 . 高校语文教育教学研究 [M]. 长春：吉林文史出版社，2020.
[11] 张玲 . 网络语言与高校语文教学研究 [M]. 连云港：江苏凤凰美术出版社，2018.
[12] 许颜 . 高职院校大学语文课堂教学现状调查研究：以新疆 X 职业技术学院为例 [D]. 乌鲁木齐：新疆师范大学，2022.

[13] 张鹤 . 现代语文课程性质研究 [D]. 长春：吉林大学，2022.
[14] 李婷 . 高职大学语文在通识教育中的定位及教学实践：以武汉商学院为例 [D]. 武汉：华中师范大学，2021.
[15] 韦益 . 高职院校大学语文课程培育文化自信的路径研究 [D]. 南宁：南宁师范大学，2021.
[16] 罗馨 . “三全育人”视域下大学语文课程育人的实现路径研究 [D]. 西安：西安科技大学，2020.
[17] 文智辉 . 深度学习理念导向下大学语文翻转课堂设计与实践 [D]. 长沙：湖南师范大学，2018.
[18] 张俏 . 高职院校“大学语文”课程实施的调查研究：以 J 市 J 校为例 [D]. 秦皇岛：河北科技师范学院，2018.
[19] 夏思远 . 审美视角下的大学语文教材研究: 以“徐本”《大学语文（第九版）》为例 [D]. 长沙：湖南师范大学，2018.
[20] 庄翠霞 . 提升应用型本科院校学生职业能力的大学语文教学研究 [D]. 福州：福建师范大学，2018.
[21] 王育华 . 高职院校大学语文教学改革研究：以渭南职业技术学院为例 [D]. 咸阳：西北农林科技大学，2017.
[22] 刘汭雪 . 生态学视阈下的大学语文教育研究 [D]. 重庆：西南大学，2016.
[23] 常建宝 . 微课在大学语文课程教学中的应用研究 [D]. 桂林：广西师范大学，2016.
[24] 王玲玉 . 自媒体视域下高职大学语文课程思政探究 [J]. 传媒论坛，2022，5（24）：118–120.
[25] 唐晓燕，王青 . 课程思政背景下高职院校大学语文教学中传统文化教育的实施 [J]. 西部素质教育，2022，8（24）：58–61.
[26] 郭慧慧 . 大数据背景下大学语文文化教学研究 [J]. 产业科技创新，2022，4（6）：123–125.
[27] 王蕾 . “课程思政”视域下大学语文教学改革策略探究 [J]. 品位 · 经典，2022（22）：119–121.

[28] 刘晓彤 . 中华优秀传统文化融入大学语文策略探析 [J]. 汉字文化，2022（22）：29–31.
[29] 赖敏 . 高职大学语文教学中优秀传统文化教学策略研究 [J]. 数据，2022（11）：167–169.
[30] 杨泽琴 . 大学语文教学创新的总结与反思 [J]. 文学教育（下），2022（10）：122–124.
[31] 胡家诚 . 课程思政背景下的大学语文教育 [J]. 汉字文化，2022（19）：44–46.
[32] 任红霞 . “互联网 +”背景下高职院校大学语文教学模式研究 [J]. 中国新通信，2022，24（19）：197–199.
[33] 宗晓丽，李凤双，胡蓉 . 大学语文的思政教育价值及其教学实践研究 [J]. 甘肃教育研究，2022（9）：29–32.
[34] 何志新 . 多媒体网络环境下大学语文新教学模式的构建 [J]. 江西电力职业技术学院学报，2022，35（8）：29–31.
[35] 刘秋瑞 . 新形势下大学语文教学模式探讨 [J]. 河南教育（高等教育），2022（8）：69–70.
[36] 周琳 . 中华优秀传统文化融入高职院校大学语文教学路径研究 [J]. 国家通用语言文字教学与研究，2022（8）：56–58.
[37] 高玉 . 大学语文是中国学术的“根服务器”[J]. 写作，2022，42（4）：37–42，86.
[38] 张丽芳 . “三全育人”理念下大学语文课程育人路径探析 [J]. 吉林工程技术师范学院学报，2022，38（7）：27–30.
[39] 关革妮 . 微课平台下的大学语文课程教学改革 [J]. 文学教育（上），2022（7）：101–103.
[40] 高春倩 . 基于应用型人才培养的大学语文课程建设研究与实践 [J]. 长春师范大学学报，2022，41（7）：139–142.
[41] 姜波 . 大学语文教学的现状及对策探析 [J]. 汉字文化，2022（14）：48–49.
[42] 周琳 . 中华优秀传统文化融入高职院校大学语文课程路径的研究 [J]. 江西电力职业技术学院学报，2022，35（6）：69–71.

[43] 刘庆华 . 大学语文的学科定位及文化功能探析 [J]. 教育导刊，2022（5）：25–30.

[44] 王灿龙 . 关于加强和提升高等学校“大学语文”课程教育的提案 [J]. 汉字文化，2022（9）：1–2.

[45] 王春凤 . 应用型本科基于大学语文课程发挥隐性育人功能的考评机制研究 [J]. 国家通用语言文字教学与研究，2022（4）：1–3.

[46] 李培培 . 新时代大学语文课堂微观生态模型建构 [J]. 佳木斯大学社会科学学报，2022，40（2）：244–246，253.

[47] 申霄 . 大学语文教学的“三个关注”[J]. 汉字文化，2022（7）：41–43.

[48] 杨帆 . 大学语文课程中优秀传统文化渗透策略研究 [J]. 中国民族博览，2022（6）：141–143.

[49] 肖徽徽 . 大学语文教学与传统文化传播关系研究：评《中国传统文化与大学语文教程》[J]. 中国高校科技，2022（3）：108.

[50] 杨雪 . 浅析大学语文教学与学生人文素养教育 [J]. 内江科技，2022，43（2）：157–158.

[51] 霍云佳 . 大学语文教学中中华优秀传统文化的渗透 [J]. 文学教育（上），2022（2）：113–115.

[52] 程琳 . 浅谈大学语文教学中的中华传统优秀文化教育 [J]. 华东纸业，2022，52（2）：186–188.

[53] 周青民 . 试论我国大学语文教育的合理走向 [J]. 牡丹江教育学院学报，2022（1）：70–73.

[54] 王倩 . 应用型本科大学语文课程发挥隐性育人功能的途径研究 [J]. 国家通用语言文字教学与研究，2022（1）：4–6.

[55] 曹亚 . 大学语文课堂教学反思与探索 [J]. 文学教育（上），2021（12）：172–173.

[56] 李青松 . 高职院校“大学语文”体验式教学初探 [J]. 兰州职业技术学院学报，2021，37（6）：102–103.

[57] 范耀华 . 大学语文 40 年：行走在教育革新与出版传播之间 [J]. 汉字文化，2021（23）：42–45.

[58] 邢馨月，王延东 . 大学语文课程线上线下教学模式研究 [J]. 长春师范大学学报，2021，40（11）：171-173.
[59] 安文 . 专业化背景下高职大学语文教学改革探索 [J]. 华东纸业，2021，51（6）：182-184.
[60] 高慧 . 现代媒介技术变革对语文教学的影响：以艺术专业大学语文教学为例 [J]. 中国多媒体与网络教学学报（上旬刊），2021（11）：18-20.
[61] 杨真真 . 以中国古代文学探讨大学语文“交互式”教学实践与改革 [J]. 北京城市学院学报，2021（5）：18-23.
[62] 朱雯雯 . 试析高职院校大学语文课程教学改革 [J]. 文学教育（下），2021（10）：136-137.
[63] 陶斯明，杨燕 . 网络环境下大学语文教学模式的构建策略探究 [J]. 文化创新比较研究，2021，5（25）：102-105.
[64] 刘满华 . 高职大学语文课堂教学改革探索 [J]. 泰州职业技术学院学报，2021，21（4）：31-34.
[65] 徐燕 . 分析大学语文教学与学生人文素质的培养 [J]. 江西电力职业技术学院学报，2021，34（7）：142-143.
[66] 李玉晗 . 大学语文课程教学创新举措 [J]. 汉字文化，2021（14）：27-28.
[67] 艾军 . 中华优秀传统文化融入高职大学语文课程教学的探索：以河南农业职业学院为例 [J]. 河南农业，2021（21）：34-36.
[68] 德吉曲珍 . 中华优秀传统文化融入大学语文课程思政建设初探 [J]. 文化创新比较研究，2021，5（21）：114-117.
[69] 金秀华 . 高职院校大学语文教学存在的问题与创新策略研究 [J]. 湖北开放职业学院学报，2021，34（13）：11-12.
[70] 李慧 . 中华优秀传统文化融入大学语文课程的创新研究 [J]. 淮南师范学院学报，2021，23（4）：139-142.